广播节目主持教程

徐 翔 编著

合肥工業大學出版社

前　言

PREFACE

新媒体的出现、融媒体时代的到来，促进了传统媒体自身改革与发展，广播（音频）节目主持形态和内容已发生了全新变革，在互联网+的催生下，在“人人都是主播”的业态下，节目生产的全民创业时代来临了。同时，主持人节目呈现出越来越窄播化的发展趋势：分众、适位、一对一定制。职业要求广播（音频）主持人必须具有节目策划创意、文案写作、新闻采编、即兴主持、对手配合、广播（音频）设备应用等综合能力，并强调广播主持人具有个性化风格的传播魅力。

作者根据现今业界对广播主持人岗位的要求，通过对国内广播（音频）节目主持现状的考察调研，同时对国内高校播音主持专业人才培养方案的分析、调查和实地访问交流，主导参与了多轮播音主持人才培养方案、教学计划及大纲的调整。在多轮课程教学中对本课程的规划与设计、培养目标、教材建设、教学方法、考试方式改革等进行了一系列的设计与调整。围绕业界互联网+融媒体的专业建设背景，创新课程内容教学体系，以期培养适应现今传媒新生态所需要的主播。

广播（音频）节目内容丰富，形式众多，分众对象性越来越强，窄播化碎片化、多元化；娱乐性及时性、深度性趋向鲜明。主持人应该根据不同语体节目的特点和客户受众的特点来体现自己富于个性化的思维品质和语言特点。节目和主持人和谐统一，主持人的语言风格应主动向节目特点靠拢，体现节目特色及语体特征，这样才能更好地传达节目内涵，达到预想的传播效果。

《广播节目主持》教程是一个入门型的基础教材，采用符合快速技能养成的“项目教学法”编撰而成，深入浅出，针对性强，师生均易于上手。适宜国内开设播音主持专业的院校使用，同时也可作为播音主持一线从业人员各类音频新媒体节目创客钻研广播节目主持的参考用书。

编著者徐翔老师曾长期从事广播电视播音主持及栏目策划创意工作，行业经验丰富，又在教学中勇于创新、不断尝试，凝练出特色鲜明的教学方法，深受学生欢迎。《广播节目主持》教程对现有的广播（音频）主持节目样式进行了梳理，将不同节目的主持形式、语体特征、构成设置、主持技巧等进行分类总结，理论与实践的贴合度较好，可以让学生在具体的项目操作中消化理论、锻炼技能。更进一步的是，作者从本专业教学法的角度，在分类教学中采用“项目教案化”的编写方式，为广大专业教师提供了一个不用备课的直接化教案，省去了教师重新梳理知识和操作技能的麻烦。

本书最初以自编讲义的形式在课程教学中运用，经过近十年的教学探索、多轮的修改完善，现已成型。相信本教材的推出，必将对应用型高等教育播音主持专业的人才培养和教育教学改革起到积极的推动作用。

此书目前虽填补了广播（音频）主持人节目语体教程的国内空白，仍是一部抛砖之作。这既有教学要求在时间上的紧迫无奈，也有个人学术涵养功力的欠缺遗憾，敬请业界方家及广大同学们在阅读和使用的过程中帮助完善。

目　录

基础理论篇

语体项目训练篇

基础理论篇

第一章
主持人概述及简史

学习目标>>

1. 通过本章的学习，了解主持人从无到有的过程，以及在何种社会背景下出现了主持人。掌握影响主持人发展的几位传播学先驱的重要思想，以及传播学“三论”的核心思想。

2. 通过本章的学习，明确主持人发展过程中相关的概念问题，通过学习进一步厘清中西方主持人的发展脉络。

3. 通过本章的学习，了解主持人的特性及工作职责。

知识结构图>>

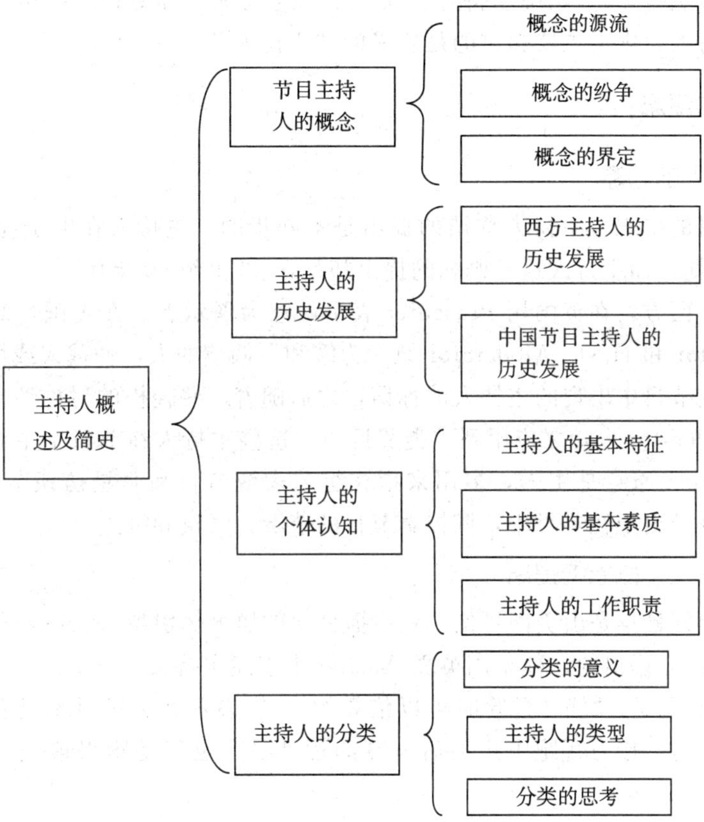

主持人，对于我们每一个人来说都不陌生，随着媒体和社会的发展，主持人已经广泛深入到各个领域，与每个家庭和各个层面的受众相联系，成为人们日常生活重要的组成部分。

我国的广播电视节目主持人经历了近40年的发展，形成了一支由数万人组成的庞大而充满活力的队伍。进入新世纪，主持人在广播电视尤其是新媒体中显得越来越重要，无论是传播者还是接受者，对于主持人职业化水准的要求都更高了，对主持人个性魅力的期待也更强了，因此，主持人在未来的传播领域中应该对自己有更高的要求。学生通过本章的学习，了解主持人产生的脉络及发展历史，明确主持人这一职业的特质，明确媒体与受众对当代主持人的需求，更好地明确自身学习和努力的方向。

广义的“主持人”包含的种类繁多，本书作为播音与主持艺术高教类教材，研究的主要对象特指在广播（音频）媒体节目中出现的“节目主持人”。

“节目主持人”是目前广播电视学科的一个分支。对于“节目主持人”的研究，是融媒体中新兴的、重要的，又是涉及面比较广的边缘性学科领域。

第一节　节目主持人的概念

在现代汉语中，“主持人”存在着广义和狭义的区别。广义的“主持人”，是泛指在各种活动、项目中负责掌管和处理具体事宜的人，如礼仪主持（包括婚礼主持、商务主持、开业主持、庆典主持等）、网络主持等。狭义的“主持人”即专指广播电视、新媒体音视频平台节目主持人。本书主要探讨的是狭义的“主持人”。

一、概念的源流

（一）主持人的起源

主持人节目的出现与主持人称谓的提出是不同步的。主持人在电子媒介中出现是20世纪20年代后期，而主持人这一概念的提出却是在20世纪50年代。

主持人源于西方，在英国用Presenter表示，意为展示者。在美国，对于它的英文表述包括Moderator和Host。Moderator原意为缓和、调节的人，仲裁人或协调人，最初是对在游戏、竞技节目中出现的主持人的称谓，之后随着一些轻松的讨论性节目和辩论性节目的出现，Moderator也随之应用到这类节目中。这些主持人在节目中主要起调节、客串和仲裁作用。Host原意是主人，多用来指在综艺表演节目和明星访谈节目中的主持人，他们以主人的身份出现在节目中，调控着节目的节奏、气氛和推进。

（二）“主持人”概念的提出

主持人这个词最早是由美国哥伦比亚广播公司的唐·休伊特（CBS新闻部制片人，著名编导）于1952年提出的，他是用英文Anchor来表述主持人。

Anchor的本义是：“锚，危险时可以依靠的人。”表示在关键时刻具有强劲支撑力的物或人，引申义是：接力赛跑中跑最后一棒的运动员，也就是跑得最快、最具有冲刺力的人。

【媒体视界】 概念提出背景

唐·休伊特是美国电视新闻节目的先锋人物，也是CBS电视台资深主持人，堪称美国电视历史上传奇节目的《60分钟》(60 *Minutes*) 就是由他创建的。唐·休伊特在1952年美国总统大选的报道中使用了Anchor一词，主要针对当时电视新闻对重要事件的报道通常表现出的板滞并零散的状况提出的。唐·休伊特认为，电视新闻应选择一个人将不同地点、不同角度的新闻报道组织到一起，形成一个整体，目的是强调对新闻的组织和串联。唐·休伊特把电视新闻传播这种形式比作接力赛跑队，其中最强的队员跑最后一段赛程，这名队员就是“新闻节目主持人”。他认为报道总统竞选活动的人应该具有Anchor那样的素质与能力，能够承上启下衔接各方，有能力把各种渠道来源的新闻稿件，组织串联为一个有机的整体，从而获得良好的新闻效应。由此可见，主持人从开始出现就成了电子媒介节目传播中的最关键的人物。

关于唐·休伊特选中的Anchor——沃尔特·克朗凯特

在1952年美国总统大选的报道中，唐·休伊特选中的Anchor正是日后在主持人史上立下不朽丰碑的老牌记者沃尔特·克朗凯特。沃尔特·克朗凯特被公认为是世界上第一位电视新闻节目主持人。在1972年的一次民意调查中，克朗凯特获评“美国最值得信任的人”。他经历并报道了肯尼迪遇刺、水门事件等新闻，用他自己独到的立场和见解，对新闻事实进行真实、客观的严肃报道，树立了新闻典范。他每天的节目结束语“事情就是这样”(And that’s the way it is.) 也一度成为美国流行语。克朗凯特为美国新闻行业制定了真实性的标准，他的职业生涯充分证明了这样一点：一个优秀的记者只有一件事情要做，那就是讲述真相。

二、概念的纷争

(一) 西方主持人称谓的提出

主持人的概念起源于西方。从诞生起，主持人便依照所主持节目性质的不同而分门别类、各司其职，主持着不同类型的节目，承担着不同的传播任务。目前用于描述主持人概念的英文词汇有十几种，包括Host，Anchor，Moderator，Compere，Presenter，Journalist，Analyst，Newscaster，Sportscaster，VJ等，这些英文单词虽然都是指主持人，中文翻译却各不相同（见表1-1）。即便有着统一分工，不同国家也会用不同的单词，如英国把游戏、竞赛、讨论和辩论节目的主持人称为Presenter，德国则称为Moderator。

表1-1 主持人称谓中英翻译一览表

英文词汇	中文翻译
Broadcaster、Host	谈话节目主持人
Anchor	新闻节目主持人

（续表）

英文词汇	中文翻译
Emcee	娱乐节目主持人
Commentator	解说员
Announcer	宣读员
Weatherman	气象节目主持人
Showman	演出主持人
Moderator	游戏竞赛类节目主持人

（二）我国主持人概念的纷争

节目主持人在我国出现已有30多年历史了，目前我国在广播电视栏目中已普遍设立主持人，他们主持方式、手段多样化，个性风格各异，生动活泼，深受群众欢迎。但对于节目主持人的概念究竟应该怎么进行定义说法众多，学术界也有所争议，有些代表性的定义可以参阅其他书刊辞典，在此不赘述。尽管各自的认知、理解和文字表达有差异，但对我们正确理解主持人的内涵，对主持人做出科学的界定，都有启发和帮助。归纳起来，有以下三个共同之点：

1. 真实性

主持人是一个直接面向受众的真实的人，以“自己的身份”“我”的口吻说话，非表演者。

2. 主导性

主持人在节目中处于“主导”地位，是主导、支撑、把握节目的“中心人物”“支撑人物”。

3. 传播性

主持人必须与受众直接交流、交谈、沟通、传情达意，是广播电视媒体中进行直接传播活动的人。

三、概念的界定

我国对主持人概念的界定一直存在纷争，学者们从不同的角度阐述了主持人的含义。在这些概念中，最能被大多数人接受的是《广播电视辞典》里对主持人的解释：主持人是“在广播电视节目中，以个体行为出现，代表群体观念，以有声语言为主干或主线驾驭节目进程，直接面对受众，平等地进行传播的人”。① 这个定义较为科学和全面，抓住了主持人的本质特征，即主持人与受众平等交流，用有声语言把握节目进程，和一个固定的节目联系在一起等。

编者认为，这个定义可以理解为主持人是节目进程的统领者、节目方针的体现者、内容上的组织者和主播者，这“四者”也阐述了一个利于学习者更为直观理解的主持人的定

① 赵玉明、王福顺：《广播电视辞典》，北京广播学院出版社1999年版，第212页。

义——主持人是以“我”的个体形象出现在镜头和话筒前，为受众群准备并驾驭一档固定节目的演播主人。这一概念包含以下七大要素：

（一）“我”的个体形象

主持人“我”的整体形象包括“小我”和“大我”。

“小我”即主持人的个体形象、个体行为，主持人以个体形象出现，以个人身份和言谈举止出现在受众面前，各自拥有不同的语言风格和形象气质。

“大我”指的是主持人的群体观念，主持人是节目群体的发言人、执行者。在我国，主持人是媒体的代言人，是电台、电视台的“台标”，一言一行都受到群体、栏目、社会的制约，因此主持人不可随心所欲、肆意发挥。只有“小我”和“大我”相融合，才可以更直接、更平等地进行大众传播。

（二）出现在镜头和话筒前

主持人借助镜头和话筒进行形象塑造和语言传播。在镜头和话筒前，主持人的任务是进行言语组织表达和空间运动处理。主持人在镜头前呈现出的样态，是观众理解节目内容、把握节目主旨的窗口。

（三）为受众群

为受众群主要是指对象化传播，对象化传播是节目主持的一大显著特征。不同的主持人面对着不同的受众群体。主持人总是以特定的受众群体作为对象在主持节目。面对不同的受众群，主持人的语言运用也各有差异，不能一概而论。如果用面对青年人的态度来与小朋友或者老年人进行沟通，将会影响节目主持的效果。

（四）准备

主持人在主持一档节目之前需要进行文化准备和节目准备。

文化准备指的是主持人需要做出关于综合素质的积累和储备。

节目准备提倡主持人积极参与节目策划及制作的全过程。主持人每次播出前还需要做话题准备、人物资料准备及节目大纲准备等，这些准备的充足与否，直接关系到节目传播效果的优劣，影响着主持人个体形象塑造的好坏。

（五）驾驭

驾驭能力，是主持人对节目的掌控能力，也就是如何渲染主题、营造氛围、把握节奏、控制场面等。主持人的驾驭能力，关系到节目是否能够如期顺利展开。节目现场存在着一定的不确定性，特别是现场直播，所以整个节目未必能够完全按照预期准备而展开，这个时候，主持人的驾驭能力就显得非常重要了。

主持人的驾驭能力，并不是与生俱来的，更不是在短短几期节目中就能够形成的，而是一个持续努力和经验积累的过程，而此过程持续的时间越长，往往越有利于主持人驾驭能力的提高。

（六）固定节目

只有节目固定、主持人固定、播出时间固定，才能产生真正意义的主持人，才能产生和形成相对稳定的受众群。主持人不是以节目多为荣，而是以做节目长久为荣，因为主持人只有长期主持一档节目，才能逐渐形成鲜明的个性形象和主持风格，也才能证明其主持的节目是为受众所接受和喜欢的。深入人心的主持人，能够让受众在想起该节目时自然而然想到其主持人。

（七）演播主人

“演播”，并不是指表演性的播讲，而是指主持人动态的、有变化的、有发挥的当众性播讲，也就是主持人的二度创作。

“主人”，是指主持人每一次做节目都应该以主人的身份和态度，把受众当作朋友和客人一样接待和招待。

尽管以上对主持人定义做了诸多说明、解释，但疏漏和缺憾是必然的。笔者希望通过以上阐述引导学习者了解主持人的职业特性，从而建立对主持人这一职业正确的职业认知。

第二节　西方主持人的历史发展

一、西方主持人产生的背景

（一）人类自身需要新的传播形式

交流与沟通是人类与生俱来的精神需要，翻开新闻传播史我们会清晰地看到，它的历史源远流长，英国作家丽贝卡·韦斯特曾形象地比喻说，社会需要传播就像人类需要眼睛一样，社会在迈步之前需要看清脚下的路，做到“心中有数”。

1. 人类需要双向交流

千百年来传播手段的演变与发展，虽然冲破了时空的局限，使新闻传播能力有了一次次质的飞跃，但是随着世界的进步、人们的民主平等意识和参与意识的增强，我们不无遗憾地发现，在新闻媒介传播活动中，传播过程单一化，人们更多的是一个被动的受传者，处于被传播媒介控制、灌输的地位，这种传播很难成为真正意义上的双向交流活动。

因此，当电子媒介更直接、更生动地对接收者的视觉听觉产生强烈冲击力的时候，就唤起了人们对直接、平等、面对面交流的渴望与幻想，并且无法再忍受机械的、单向的，缺乏交流感的单一传播形式。

2. 人类需要人性化交流

主持人的传播形式，从表面上看好像是对人类最原始、最直接的口语传播方式的回归，但是在本质上恰恰是人类自身对传播内在需要的体现。报纸的“我写你读”和最初广播电视的“我说你听”，形式板滞缺乏人情味，已不能满足人们接收信息的情感需要。主持人节目却从一开始便以轻松的生活气息、浓郁的人情味出现在大众面前，从心理上满足了接收者的这种需求。

此时，作为大众传播人际化的产物，主持人以轻松的生活气息、浓郁的人情味出现在人们的视野中，传播者亲切平和的朋友式传播，代替了以往居高临下的传播方式，使受众在接受信息时更容易产生认同感和交流感。

（二）信息加快繁殖对传统传播模式的冲击

人类社会飞速发展的一个突出标志就是进入了“信息时代”。进入 21 世纪后，科学技术突飞猛进，人类社会的信息量猛增，这些千变万化的信息对新闻媒介发出了挑战，也对已有的传播模式产生了极大的冲击。如何更快、更有效地采集、筛选、传播信息，成为传播者努力思考并竭力解决的问题。

在这样的背景下，丰富而完善的节目形式不断发展，主持人走进人们的视野。他们集采、编、播于一身，不仅丰富了节目形式，还大大加快了采集、筛选、传播信息的速度。主持人对信息进行个性化整合，将看上去互不关联的信息，组合串联成一个整体，形成一定的信息块，并对信息加以加工、分析和评论，便于受众接收和记忆，有效提高了受众接收信息的质量，有效应对日益增殖的海量信息。

（三）竞争机制推动主持人产生

西方国家的传播媒介大多以商业性质为主导，媒介要生存，必须依靠广告收入。“在电台和电视台兴起之后的岁月中，传播界为争取广告收入和吸引读者、听众或观众而展开的竞争是激烈的。”① “电视节目频道属‘买方’市场，谁的节目好，观众就看谁的，这是铁的纪律。所以，提高节目质量是在竞争中取胜的关键。”② 可以看出，媒体要想有丰厚的广告收入，就必须有优秀的节目吸引观众，广告商才肯投资，没有哪个广告商会把钱投到没人看的节目上。

正是由于这种激烈竞争的存在，各个电台和电视台都致力于提升自身节目质量，使节目形式更新颖、内容更丰富。主持人节目和主持人要以其独特的魅力，增强媒体的竞争力。主持人以一种亲切随和且富于个性化的语气，实现了与受众面对面的平等交流。尤其在起用一些富有新闻工作经验的记者担任主持人后，信息在质和量两方面都有了很大的提高。

总之，竞争力带来了良好的经济效益，也使传播活动更具活力，并促使广播电视节目不断推陈出新。

（四）西方传播学的兴起为主持人的产生提供了理论依据

理论研究对实践的发展往往起着积极的指导意义，西方传播学对主持人的产生影响巨大。传播学诞生于 20 世纪 20 年代，兴盛于 40 年代，其间许多专家学者从政治学、社会学、心理学、教育学等学科多方位、多角度对大众传播理论进行深入研究，开拓性地建立了大众传播学理论，为主持人的诞生与发展提供了理论依据。

这些学者从各自研究的领域对大众传播进行了研究，例如，1992 年著名记者、政治家沃尔特·李普曼出版的《舆论》一书，就是从理论出发研究传播现象的著作，这被认为是美国传播学最早的研究著作之一。

1. 传播学的四大先驱

被西方誉为“传播学开山鼻祖”和奠基人的四位学者来自不同的学科，他们围绕着传播学进行了各角度的分析和研究。学者们多侧面、多方位地开展对大众传播学的研究，丰富了这门学科的内涵和外延。这些研究在不同程度上影响到主持人的产生，并为主持人所借鉴和运用。

---

① ［美］埃德温·埃默里、迈克尔·埃默里：《美国新闻史》，董乐山，译，新华出版社 1982 年版，第 572 页。

② 于光华：《中央电视台大事记》，人民出版社 1993 年版。

政治家哈罗德·拉斯威尔（1902－1977）：通过内容分析方法，研究了战争的宣传问题；

社会学家保罗·拉扎斯菲尔特（1901—1976）：从受传者的角度出发，研究了传播媒介的影响；

社会心理学家康尔特·卢因（1908—1947）：致力于人类行为的研究；

实验心理学家卡尔·霍兰夫（1912—1961）：研究人们的心理对人行为所产生的影响。

2. 传播学中的“三论”对主持人产生的影响

“三论”（信息论、系统论和控制论）的理论和思想方法，推动了传播学的发展，“三论”在西方被认为是传播研究的三大支柱。

20世纪40年代，在“三论”思想方法的指导下，传播学者把信息、控制、反馈和系统等要素引入传播研究，从而深化了人们对创作过程、内容渠道控制以及受者效果方面的认识。在传播过程中，特别注重信息的双向传播，即通过信息交流活动，把自己的思想感受、消息和知识等传给对方，同时又及时地把对方的感受反馈回来，再随时根据反馈来调节、补充自己的东西，借以达到共同享受和利用信息互相影响的目的。

“三论”和传播学的有机结合、互相渗透，推动了大众传播理论的发展，给广播电视节目主持人以一定影响，为主持人的传播、交流、反馈增添了魅力，奠定了理论基础。

（五）传播手段的现代化使主持人的出现成为现实

我们所说的主持人，是特指广播电视节目范畴的。资本主义诞生以来数百年间所经历的三次科学技术革命对西方传播学产生了重大影响，同时也为广播电视的发展开辟了广阔的前景。19世纪末20世纪初，以电动机为主要标志的第二次科技革命，促成了20年代无线电网的建立。第二次世界大战后出现的以原子能（包括计算机）为主要标志的第三次科学技术革命，为大众传播提供了精密的仪器设备，又推动了电视的发展。广播电视节目主持人的出现，应该说与当时的科学技术革命，尤其是与电子音像技术革命有着一定的关系，不能截然分开。

现代科技的飞速发展，促使电子传播媒介不断更新与进步，一直带动着主持人节目的丰富、发展与完善。这也就是说传播手段的现代化是主持人产生的先决条件，快捷的、多维的、日臻完善的现代化传媒手段，为大量主持人节目提供了物质条件，没有这个条件，主持人节目的生命力、生存力就无从谈起。

传播手段现代化为新闻主持人节目的时效性、准确性、真实性、可信性，为娱乐主持人节目的丰富性、观赏性、参与性等，提供了传播手段上的保证。

二、西方主持人的特点

从西方节目主持人的发展脉络来看，主持人主要表现出如下特点。

（一）扎实的专业素质

任何一个职业都有其自身的专业素养要求，只是其中的知识与技术含量的多少、高低有所不同。主持人作为大众传播活动中的从业者，除需要一般媒介人的基本专业修养外，还必须具备特别强的传播能力、优秀的综合素质，不同类别的节目又有不同主持人的特点。

西方主持人特别以美国节目主持人为代表的主持人群体，在整体上体现了扎实的专业素质。我们可以从几个方面去认识：

1. 优秀的新闻记者功底

西方的新闻节目主持人大多来自资深的记者队伍，他们具有良好的新闻素质、敏锐的观察力、深刻的洞察力、清晰的表达力和丰富的实践经验，这使得他们转到主持人岗位后，能够驾轻就熟地应付各类新闻事件，并表现出自己独到的见解，令接收者信服乃至崇拜。

【媒体视界】　《60 分钟》的主持人们

美国最著名的杂志型电视新闻节目《60 分钟》的总编导唐·休伊特谈起主持时说："现时的六位主持人都是全国闻名的记者、电视明星。他们虽然共同主持这个节目，但每个人的个性和播报风格，又不尽相同。"

克朗凯特的记者生涯

克朗凯特的记者生涯要追溯到他 21 岁进入合众通讯社开始，二战期间他是合众社的随军记者，是当时由最优秀的随军记者组成的"第六十九写作组"的一员。二战一结束就被派到合众社莫斯科分社任社长，直到 1950 年哥伦比亚公司终于雇用到他。

他之所以能在 1952 年主持对共和党和民主党全国代表大会的电视新闻报道，能够在任何时候将各种消息综合起来，并以他的出色报道在电视新闻界崭露头角，不仅得益于他做了充分准备，查阅了大量宗卷，掌握了背景材料，实际上更得益于他多年的记者生涯和非凡的新闻素质。

因此，西方新闻节目主持人的选拔非常看重阅历中的记者经历。如果没有较长的新闻一线经历，你根本没有问津新闻节目主持人职业的资格。

2. 出色的语言表现力

主持人以语言为工具进行表达，因此良好的语言表达能力对于主持人是至关重要的。无论是哪一类主持人，都要通过有声语言和无声语言与接收者进行交流。语言水平的高低在很大程度上决定了他传播能力的强弱。所以，西方新闻节目主持人最初的来源除了记者外还有一部分出身于播音员。像汉斯冯·卡尔登邦、切特·亨特利，都曾是优秀的播音员。

拥有出色语言表现力的主持人们

切特·亨特利，从小就擅长演讲。1934 年开始在西雅图电台做播音工作。1939 年又为哥伦比亚公司所属的洛杉矶 KNL 广播电台雇用，做广播评论员，以后进全国广播公司，1956 年开始与戴维·布林克利形成黄金搭档的明星主持人。人们一致认为亨特利的伟大力量在于他的语言表现才能。他以优美洪亮的嗓音、潇洒调侃的风度，吸引着无数观众。

即使不是播音员出身的主持人也同样要具备良好的语言素质，这是走向成功的重要条件。爱德华·默罗在上大学时，就以擅长辩论和演说而闻名，大学期间主修演讲学，演讲成绩全校第一，并且担任过美国全国学联主席，是个出色的活动家。在他长达25年的主持人生涯中，正是通过自己深厚的语言表现力，“善于把自己的正直感和准确感传到美国家庭的起居室里。他那为人熟悉的深沉而又富有说服力的声音，像他严肃的表情和庄重的举止一样，增添了节目的感染力”①。

3. 良好的主持状态

状态从某种角度看几乎可以说是节目主持的灵魂。它是主持人综合素质、专业能力的集中体现，是评判主持人的第一要素。轻松、自然、积极的“无镜头”状态在许多西方节目主持人中是共有的。这使这些主持人都极具亲和力，有良好的观众缘。

良好的主持状态，还包括善于渲染氛围，营造气氛，这一点也是西方的一些谈话、竞技、游戏、综艺类主持人的长项。在节目中我们可以看到主持人竭尽所能投入节目、进入节目、拉动节目。

拥有良好主持状态的代表——奥普拉·温弗瑞

奥普拉·温弗瑞可以说是主持人中拥有良好主持状态的优秀代表。“温弗瑞的亲和力给观众一种可触摸的真实美感。‘虽然她不是高挑完美的金发美女，但是她给了人们真实。’一位观众如是说。她的热情与率真使她能够谈论任何话题，而且无论谈论什么样的话题，她都能让观众动容。”② 我们看到她在每一个节目中都始终精神饱满，既积极热情又从容自若，充满亲和友善，与现场观众气氛融和，节目进展张弛有度，深受观众的喜爱。

（二）新闻、谈话节目主持人唱主角

在西方主持人中，最具知名度、最具影响力的多是新闻节目主持人，在美国更是如此，如克朗凯特等主持人在美国人民心目中的威望可能比总统还要高。原因不仅在于这些新闻节目主持人自身的杰出才华，还在于所处的社会背景，正是“电视观众渴望客观真实新闻的愿望和商业电视网追求最大利润的欲望相互推波助澜，将电视新闻节目主持人推到一种神通广大、法力无边的地位之上”③。

在美国，许多新闻访谈、综合谈话节目都是直接以主持人的名字命名的。如：CNN的《拉里·金直播》、NBC《杰·雷诺谈话节目》、CBS的《莱特曼夜间秀》等。据美国盖洛普民意测验调查表明，克朗凯特在美国人民心目中的威望比总统还要高。“在与外界打交道时，丹·拉瑟和汤姆·布罗考等人发现，对一般记者犹如远在天边的高级官员，对他们就像电话机一样近在眼前。”④ 形成这种状况的重要原因，不仅仅在于这些新闻节目主持人自身的杰出才华，还在于社会背景，时势造英雄。二次大战时期的广播现场报道，本身就对无数关注着这场战争的人们形成极大的吸引力。“60、70年代瞬息万变的时局和此起彼伏的爆炸新闻，更使声画并茂现场感强，因而可信度较高的电视新闻变成美国人不可或

---

① [美] 埃德温·埃默里、迈克尔·埃默里：《美国新闻史》第546页，新华出版社1982年11月版。
② 汪文斌、胡正荣著：《世界电视前沿》第212页，华艺出版社2001年11月版。
③ 施天权、高冠刚、陆卫华：《当代世界广播电视》，复旦大学出版社1991年版，第115页。
④ [美] 埃德温·埃默里、迈克尔·埃默里：《美国新闻史》第546页，新华出版社1982年11月版。

缺的精神食粮。而美国电视网的商业性质又着意渲染捧出电视明星——希冀借助新闻节目主持人的道德权威和智慧权威为整个电视网增加收看率和广告客户。”因此，正是“电视观众渴望客观真实新闻的愿望和商业电视网追求最大利润的欲望相互推波助澜，将电视新闻节目主持人推到一种神通广大、法力无边的地位之上”①。

（三）主持人拥有较大的权利

西方的国情、新闻体制，决定了西方的主持人从一开始便拥有了比较大的权力范围，并且很快就走上了主持人中心制的轨道，使主持人在很大程度上真正成了节目的主导者——主人。

我国著名的节目主持人赵忠祥在出访美国之后，曾经谈道：“在美国，主持人已是权力很大的职务，三大广播公司的新闻节目主持人，不仅在编采、报道上有极大的发言权，就是在周围一班人的组织安排上，也有极大的发号施令的权力。主持人实际上是‘头儿’，他可以主宰一个部门。”

从爱德华·默罗、沃尔特·克朗凯特到丹·拉瑟都有自己的工作班子。他们有权决定并安排人员去采写什么，报道思想如何，同时掌握最终修改权。在整个新闻节目制作过程中，由主持人负责协调一班人马，选择国内外各个地方的各类新闻，而最终的审定、播出尤其是评述更明显地表现出主持人的主观意识。比如“在CBS电视网，新闻节目主持人在很多方面是新闻部的精神领袖，有1000多人看着他如何定调子，不仅是为他自己的节目定调子，而且也是为整个电视网定调子”②。

主持人拥有较大的权力也就意味着对所主持节目拥有更大的控制空间，这对主持人主体观念的表达，能动地驾驭节目，把握节目节奏与进程，提高节目质量、提高工作效率、减少运作障碍无疑是有益的。但同时也对主持人提出了更高素质的要求，不是单纯业务水平的尺度。必须在敬业精神、道德规范、协调管理等多个方面表现得出类拔萃。因而也难怪在《美国新闻与世界报道》1975—1977年连续三年举办的关于美国领袖人物的典型调查中，克朗凯特均当选为最有影响的“决策人”之一。在尼克松时代，他的信任指数为73%，而尼克松仅为57%，从某种角度说，作为全方位的新闻节目主持人，他具有一定的领袖素质。当然需要指出的是，主持人的工作是以整体协调团队合作为特征的，因此一个名主持背后必然有一个强大的团队在支撑着，这是名主持获得成功的坚强后盾。

【媒体视界】 媒体最看重的是品牌

2002年7月30日，美国维亚康姆公司董事长兼首席执行官萨默·雷石东（Summer Redstone）在北京的一个研讨会上介绍了他创建国际传媒企业的经验。

雷石东称，他领导的维亚康姆公司已经应用这些简单的入门知识脱颖而出，几乎在传媒和娱乐业的每个领域都已经成为全球性领导者。

雷石东指出，创建国际传媒企业的三部曲就是并购、品牌和版权。所谓并购就是购买

---

① 《当代世界广播电视》第115页，复旦大学出版社1991年8月版。

② 芭芭拉·马图索：《美国电视明星》第3页，中国广播电视出版社1987年7月版。

和开发最好的内容；品牌，是指对内容进行品牌建设，并在经济可行的前提下将这些内容在尽可能多的平台和市场上进行杠杆经营；而版权即为自己创建品牌的内容进行严格的版权保护。他说："内容就是国王，这是我的观点。具备了高质量的内容和材料，节目就将拥有无穷的价值潜力。"

这代表了美国广播电视界的主流看法。本人在拜访前公共广播网主席格罗斯曼时，他告诉我："我接待了不少来自中国的电视工作者，他们每次都不厌其烦地问一个问题：怎样进行广告创收。为什么他们老问这个问题？广告创收非常简单，你把节目的品牌经营好了，广告就上去了。"

美国的广播电视经营者认为，频道、栏目都是商标，都可以像其他产品一样创名牌。把名牌创造出来，让收视报告来说话，这是电视工作者的唯一职责，也是进行广告创收的最好办法。因此他们不惜血本培养、挖掘主持人，投入大量资金创造名牌栏目。

名主播是媒体的重要号召力

在美国，主持人是重要的竞争因素。新闻方面，主播被称为电视网、电视台的"脸面"。由于美国三个最大的新闻网每天晚上的新闻都安排在同一时间开始，同一时间结束。电视网为了竞争，除了拼内容外，就是以主播为号召。栏目方面，主持人也是收视率的重要原因。在CNN《赚钱快线》担任主持人和主编的杜布斯（Lou Dobbs），1999年被CNBC挖走，主持"头对头"竞争性节目《商业中心》。他的离去使该节目收视率直线下降，在广告方面的损失超过3000万美金，而《商业中心》直线上升，击败CNN的《赚钱快线》。2001年5月杜布斯重返CNN，几个星期后，《赚钱快线》又击败了《商业中心》。

无论是电台、电视台还是有线电视台，都非常强调名人主播。各广电公司也不惜重金培养、挖掘和留住主播。以三大电视网为例，最有名的全国新闻联播节目分别由三人担当：CBS的丹·拉瑟、NBC的布罗考、ABC的詹宁斯，担任主播都超过30年。新闻联播的呼号直接用主播的名字作号召，例如ABC的EVENING NEWS WITH PETER JENJNGS，如果直译成中文的话，就是《彼得·詹宁斯的晚间新闻》。即使詹宁斯不在，也是用一样的呼号，再由当晚的主持人声明"詹宁斯正在休假，由某某代为播出"，每天如此，不厌其烦。

这些主播都有着丰富的经历，当过记者，在重大事件甚至战场上做过直播报道。例如丹·拉瑟曾经在越战的枪林弹雨中做过采访，在尼克松访华时通过卫星做过现场报道。而布罗考更是二战老兵。

这些主播都是镇台之宝，媒体给予他们特殊的待遇。

一是给予高薪。据美国全国广播工作者协会和广播及有线财经管理协会1999年进行的调查，电视记者平均年薪为33700美元，新闻部主任50000多美元，主播可以拿到83400美元，名主持人和名记者的工资则更高。1989年，ABC为了将名记者索耶尔从CBS挖过来，给其170万美元的年薪。而最有名的主持人像丹·拉瑟、彼得·詹宁斯可以拿到300万美元的年薪。

二是给予高位。上述三大名主播，都有总编辑的头衔，有权决定新闻的取舍。

三是不轻易换人。上述三大名主播的年龄都超过60岁，一直播音几十年。美国观众觉得，这些播音员是值得信赖的，从他们嘴里说出的新闻是真实的，因为他们不会说假话。CBS的老主播克伦凯特就曾经被美国人评选为“美国最值得信赖的人”。

第三节　中国主持人的历史发展

通过本节的学习，我们将了解中国主持人的发展之路，了解我国从零的突破到今天几万人庞大队伍走过的30多年的路程。

一、中国主持人产生的背景

（一）传播观念的转变

我国早期的广播电视传播强调“以阶级斗争为纲”，因此广播电视与政治密切相关。1940年，在毛泽东、周恩来等老一辈无产阶级革命家的亲切关怀下，中央人民广播电台的前身——延安新华广播电台开始播音，1958年5月1日，我国第一座电视台——北京电视台（今中央电视台）开始试播，当年9月2日正式播出。试播前的4月29日，中央广播事业局党组在给中央宣传部、国务院并转党中央的报告中写道：“北京电视台应根据自己的工作特点，担负起宣传政治、传播知识和充实群众文化生活的任务。”① 因此，在相当长的一段时间里，我国广播电视新闻以重大的党事国务为主要内容，强调广播电视政治宣传和鼓动功能。

党的第十一届三中全会之后，我国广播电视事业迎来了它的春天。全面走向市场经济的中国社会、宽松开放的政治氛围，使得人们逐渐认识到：广播电视不仅具有政治属性，还具有经济和文化属性；不仅具有喉舌功能，还具有信息传播、教育、文化娱乐、社会公共服务等多种功能。这一时期，广播和电视媒介努力做到内容上“贴近现实、贴近生活、贴近受众”，同时注重在传播中满足受众的各种需求，更加注重满足主持人作为“人”的“传播者”② 形象。

1983年3月，第十一次全国广播电视工作会议召开，在报告中，时任广播电视部部长的吴冷西充分肯定了主持人节目的方式，指出了广播电视宣传适合用谈心和对话的形式，采用节目主持人方式比念稿子的做法好。在广播电视节目中，主持人可以通过有声语言与眼神、表情、姿态、服饰、化妆等，与嘉宾、受众进行交流，或者屏幕上交谈，或进行现场采访，并把整个过程呈现在受众眼前，让受众有亲切的直观感受，从而增强其临场感和参与感，增强节目的吸引力和受众对节目的信任感。

（二）受众心理需求的出现

广播电视节目作为一种特殊的商品，节目形态必须要满足受众的心理的需求。中国的电视节目主持人之所以出现，除了改革开放为其提供了较为宽松的成长环境外，另一个不可忽视的原因就是受众的个性需求给主持人发展提供了广阔的空间。

---

① 于光华：《中央电视台大事记》，人民出版社1993年版，第4页。

② 黄旦：《80年代以来我国大众传媒的基本走向》，《杭州大学学报》1995年第25卷第3期，第122页。

在“文化大革命”等一些极“左”运动中，人的个性、需求和价值曾被否认和扭曲，整个舆论界也走向了更大的偏激。但是，当这个时代结束后，人们开始崇尚事实，崇尚独立思考，崇尚严密的论证分析，这直接瓦解了“一言堂”① 的神圣性，使主持人的个性化发展成为可能。

（三）经济基础和物质条件的具备

经济基础决定上层建筑。一个国家经济实力的强弱，很大程度上决定了其文化事业的发展状况，也影响着主持人事业的发展。在西方，随着经济建设的不断发展，早在20世纪三四十年代，收音机已在各国逐渐普及，到了50年代，电视机也得以普及。而我国的情况却不够乐观，以1937年6月的统计数字为例：全国收音机的总数只有20万台左右，电视机的情况更令人失望。经济的落后和国力的现实情况，导致我国的电台、电视台的建设和发展远远被甩到了西方发达国家之后，主持人的产生与发展相应受到了阻滞。

改革开放以来，我国的经济日益繁荣，广播电视事业得到了极大发展。2010年，广播在国内的覆盖率超过95%，广播听众逾6.5亿人。国家广播电影电视总局数据显示，截至2010年7月，国内现有广播电台234家，广播频率2704套，电视节目1327套②。

广播电视事业的迅速发展，为中国主持人的发展带来了前所未有的有利时机。高新技术在广播电视节目制作中得到应用，主持人凭借卫星传输、数字技术等高科技手段使受众可以直接、同步地参与到节目中来，现场直播、热线电话、短信互动、网络留言等形式让受众与主持人能够进行双向或多向交流，所有这些都为主持人的发展和兴盛提供了物质和技术的保证。

（四）开放的文化背景提供了适宜的土壤

在广播电视界，随着改革开放国际交流明显增加，中央电视台记者小组频繁地随同国家领导人出访，同时积极参加国际有关组织活动，广泛建立联系、交流节目、联合拍片、人员培训等，加之先进的卫星接收设备，更使得广播电视人可以耳闻天下事，眼观海外景了。

总之，宽松、开放的文化氛围，是我国主持人开始萌芽就迅速发展的重要条件，在这样的生存环境里，主持人的发展有着较高的起点。同时，西方主持人节目和主持人成功道路是我们点评、借鉴的榜样。所以主持事业迅速在全国范围内发展，得以良性循环。

二、中国主持人的发展历程

（一）萌芽阶段（1980年开始）主持人的基本形态已具雏形，广播电视主持人发展齐头并进

1. 广播方面

（1）主持人及其节目应运而生，广播主持人很快形成“北徐南李”的格局。

1981年元旦，我国第一个主持人形式的广播节目《空中之友》诞生，由徐曼主持。中央人民广播电台从对台湾地区宣传实际情况出发，开办了《空中之友》节目。节目宗旨

① “一言堂”，指一个人说了算的不民主现象。

② 李岚、张苗苗：《我国广播影视强国建设的现实差距和总体思路》，人民网传媒频道2011年10月19日。

是为台胞解疑、解惑、解虑、解难。从此，在中国广播史上，徐曼成了第一个正式的以主持人名义出现的节目主持人，《空中之友》成为第一个主持人形式的节目。徐曼用平实的语调、谈话的方式为台湾同胞服务，其中一个“寻亲访友”小板块帮助很多台湾同胞找到了亲人。

1981 年 4 月，广东人民广播电台由李一萍、李东主持的《大众信箱》节目开播，这是我国第二个广播主持人节目。“二李”用口语播讲，用“一对一”的方式和听众谈心，受到听众的欢迎，节目收听率明显提高。节目播出不到 20 天，就收到 1800 多封来信。截至 1983 年《大众信箱》节目停办时收到的听众来信已达到 13470 封。

1981 年 12 月 5 日，四川台将《农村信箱》改为主持人节目，由播音员李民主持。

1982 年 5 月 1 日，海峡之声电台播出由王薇、小潺主持的《青年之友》节目。同年 12 月，主持人形式的节目在海峡之声电台全面推行了。

随后，江苏、浙江、黑龙江、上海、北京以及吉林台、太原台也相继开办了主持人节目。主持人的迅速崛起，吸引了广大受众。

（2）“徐李模式”影响全国，成为这一阶段最为主要的标志和显著特点。

我国节目主持人的崛起阶段，可称为“徐李模式”，其原因有两条：

一是徐曼、李一萍、李东成为我国节目主持人的开拓者，他们率先主持节目，其主持手段、播讲方式以及节目的选题、编排技巧等影响了全国广播界。

二是在这几年全国优秀广播节目评选中，主持人节目的夺魁者总是徐、李。“徐李模式”影响到全国广播界。

2. 电视方面：代表性节目及主持人

（1）《观察与思考》庞啸。我国正式打出“主持人”字幕的电视节目，是中央电视台在 1980 年 7 月 12 日开播的《观察与思考》。播音员出身的庞啸率先出镜，第一个节目《北京居民为什么吃菜难》播出后引起了强烈反响，节目组收到了许多观众的来信，一些观众甚至寄出了钱，希望能够帮助解决问题。

（2）《北京中学生智力竞赛》赵忠祥。1981 年 7 月至 11 月，中央电视台推出了由赵忠祥主持的《北京中学生智力竞赛》节目，每周 1 场，共 13 场。赵忠祥在节目中使用“节目主持人”这一称谓，知识竞赛的问题和答案由主持人来宣布和评判，同时主持人还要对现场的节奏、气氛进行控制、调节，让节目既严肃又充满趣味。从此，智力竞赛节目掀起高潮。

（3）《为您服务》沈力。1983 年元旦，中央电视台改版后的《为您服务》（曾在 1979 年开办，初期很受欢迎，但后来由于报道面窄、形式呆板、播出时间不固定等原因停播）推出了我国第一位真正意义上的主持人沈力。沈力那充满亲和力、真诚而平和的主持风格让人耳目一新。这时的《为您服务》节目调整了内容，扩大了服务范围，固定了播出的时间，并设立了专职节目主持人。从此，沈力成为中央电视台第一位固定节目主持人，《为您服务》节目也迅速成长为国内的品牌节目。一年后，这个节目收到观众来信 4 万多封，观众纷纷对主持人沈力的出色表现表示赞扬，称其“将中国妇女文明、礼貌、感情丰富、端庄的气质溢于言表”，可谓是“温文尔雅、亲切平易、热情周到、为人民服务的老大姐”。1983 年，在全国优秀栏目评选中，沈力被评为“优秀主持人”。《为您服务》节目的成功，对促进我国电视节目主持人的发展产生了积极而深远的影响。

（4）《话说长江》和《话说运河》陈铎、虹云。如果说《为您服务》等节目是主持一个专栏的成功，那么《话说长江》和《话说运河》则是系列专栏的突破，是主持人在电视专题中的一次创新。1983 年 8 月 7 日至 12 月 26 日，中央电视台播出了 25 回、长达 500 分钟的大型专题片《话说长江》，其中设置了两位在演播室与观众交流的主持人陈铎、虹云，他们在演播室里直接与观众交流，探索了专题片主持的新形式。

《话说长江》系统地介绍了万里长江的山水风光、名胜古迹、历史文化、风土人情和巨大变化，被人们称为“激动人心的爱国画卷”；大胆地舍弃了长期沿用的只有讲解员画外音的做法，首次让主持人从画外音中走向电视屏幕。如果说《话说长江》仅是采用主持人初次尝试成功，那么时隔两年半之后的 1986 年播出的长达 35 回的《话说运河》，无论从主持方式、手段，还是主持的整体水平，都有明显的突破，主持人陈铎、虹云从演播室走向运河，时而泛舟运河中，描述两岸秀丽风光；时而漫步岸边，报道古今变迁；时而涉足江南古镇，了解风土人情。在主持整个节目过程中，主持人与观众亲切交谈，回答问题，增强了观众的参与感。总之，两位节目主持人在《话说运河》中的出色串联和演播，使电视节目的艺术形式和思想内容珠联璧合，得到了广大电视观众的认可。

（5）《七巧板》鞠萍姐姐。1985 年 6 月 1 日，中央电视台少儿节目《七巧板》改版播出，“鞠萍姐姐”的形象走进千家万户，成了千千万万儿童的偶像。

这一时期，节目主持人和主持人节目都刚刚起步，主持人的素质和主持人节目还处于初级水准。在当时，主持人节目讲究的是播音方式、语气的改变，要求从“高调门、强语气”的传统播音向亲切自然、平易柔和的风格过渡；节目主持人开始提倡个人风格，以交流感、对象感强的方式服务受众。[①] 主持人以个人身份与受众对话，提高了人格化的程度，但个性化传播仍不太明显。

（二）发展阶段（1986—1992）主持人开始向多种多样的风格发展

1. 广播方面

（1）出现了“节目主持热”。1986 年元旦，徐州广播电台一下子办起了两个主持节目，造成收音机脱销。

1986 年 12 月 15 日，广东珠江经济广播电台开播，1987 年收到听众来信超过 100 万封，接到听众电话 7 万多个，其中有 3000 个是直接与主持人交流的，已在《热线电话》中播出。广东珠江经济广播电台的开播，收到非常好的经济效益和社会效应。

1987 年元旦，中央人民广播电台同时办了四个主持节目，《午间半小时》《今晚八点半》《对农村广播》《青年之友》，这几档节目的热播受到观众的广泛喜爱，也引发了较大反响。

（2）出现了“板块节目热”。板块结构节目亦称大时段综合式节目，是 1985 年 7 月由广东台首先提出并付诸实践的。开办了两个专题节目——《星期天早晨》《农村天地》。这是对专题节目形式进一步改革所做的新尝试。

1986 年 12 月 15 日，我国第一家经济广播电台——珠江经济广播电台成立，率先在全国广播界实行大规模改革。“珠江模式”的核心正是主持人中心制，它的诞生标志着我国

---

① 原默：《节目主持人的新层面》，《主持人》第 9 辑，中国国际广播出版社 2001 年版，第 577 页。

广播工作者开始走自己的路，并按照广播自身的特点和规律办广播。珠江经济广播电台首创“大板块”节目构架，将全天节目划分成为七大板块，每个板块的内容由新闻、专题、文艺、天气预报等组成，并从早到晚，大时段、大板块直播，这些板块全部采用主持人形式，主持人集“听众热线电话参与”等互动方式，使这次改革大获成功，“节目主持人”作为一个新的独立工种，逐渐为广播电视界乃至全社会所承认。

(3) 新人新节目迭起，竞争激烈。1992年10月28日，上海东方广播电台开播，成功地把大规模的听众参与热（包括热线点播、热线专访、热线谈话、热线咨询）推向了高潮。渐渐地，从中央电台到地方电台都纷纷出现了各种类型的主持人节目，并涌现出一大批听众喜爱的主持人。这个时期，午夜热线、交通服务等电台主持人节目在社会上反响很大，是电台的收听热点。

电视方面：代表性节目及主持人

1.《燕子信箱》“燕子姐姐”陈燕华

上海电视台推出了少儿节目主持人陈燕华，人们亲切地称她为“燕子姐姐”，几年中，她先后主持过《娃娃乐》《燕子信箱》《快乐一刻》等少儿节目，深受孩子们的欢迎。

2.《新闻透视》李培红

1987年6月，上海电视台推出了全国第一档社会多视角的杂志型电视新闻专栏节目——《新闻透视》，电视新闻节目主持人李培红亮相。节目按照新闻性、知识性和服务性的要求，及时捕捉、剖析观众关注的重大新闻和社会问题，反映观众的意见和呼声，成为观众心目中的“社会瞭望”，李培红突破了单纯的播音工作，直接参与选题、现场采访、拍摄和节目制作，个人向采、编、播结合的方向发展。

3.“如意杯”主持人大赛

1988年，中央电视台首开主持人大赛的先河，举办第一届“如意杯”主持人大赛，这标志着国内电视节目主持人的选拔、培养开始走上规范化的轨道。大赛的评选活动包括北京地区业余主持人选拔赛和全国专业主持人评选两项，最后评选出10名“观众最喜爱的主持人”，鞠萍、程前、高丽萍、任志宏、张泽群、晨光等主持人，以其较高的专业素养，赢得了观众的认可。

大赛结束后，国内有50位著名的电视节目主持人和学者举行了研讨会，他们从不同角度对近年来我国电视节目主持人的状况、发展趋势，电视节目主持人的素质、个性与多样化以及电视节目主持人是否需要“表演”，主持人与一般的播音员的异同等方面的问题，进行了广泛的探讨。会后，《话说电视节目主持人》一书出版。这是我国第一部有关电视节目主持人实践与理论探讨的书籍。

4.我国综艺节目逐渐兴起

进入90年代，中央电视台相继推出了不同风格的《综艺大观》《正大综艺》等栏目。一批优秀的电视节目主持人倪萍、杨澜、赵忠祥、姜昆、王刚等脱颖而出，并随节目而家喻户晓。倪萍真诚、质朴、热情的主持风格与王刚成熟、老道、松弛的主持风格都深得观众喜爱；具有大家风范的赵忠祥与聪慧灵动的杨澜珠联璧合的主持，把《正大综艺》推上了巅峰。与此同时，上海电视台叶慧贤主持的《今夜星辰》开播，实行“主持人中心制”，叶慧贤集制片人、编导、主持人于一身，以幽默风趣的语言、机制灵活的应变、恰到好处的即兴发挥，使节目相得益彰。

5.《望长城》黄宗英、焦建成、李培红

1991年，大型电视纪录片《望长城》开播，创下了纪录片的最高收视率，这对主持人的设置具有开创性意义。《望长城》中设置了三名主持人，即黄宗英、焦建成、李培红。他们贴近百姓的本色主持，引领了主持艺术的新飞跃。

总体来看，这一时期，主持人亲切自然、平易柔和的风格逐步确立。主持人开始摆脱"播音腔"，开始体现个性化特点。这一时期，电视节目主持人主要呈现以下两大特点：

一是出现并设立主持人的新闻节目和新闻节目主持人，这是一种新的尝试，新的突破。1987年以前，我国电视中设有主持人的节目主要是娱乐性节目、竞技性节目、服务性节目和知识性节目。1987年以后，随着改革的大潮，广大群众希望电视新闻发挥更大的传播优势，设主持人的新闻节目和新闻节目主持人也应运而生了。

二是面向社会招聘主持人，为明星主持人成长创造条件。如北京、上海、天津、广东、江苏等省市均面向社会招聘和挑选主持人，都取得了很好的效果。

（三）飞跃阶段（1993—2003）主持人的主体意识和个性得以凸显

1993年，中国广播电视学会节目主持人研究委员会在第一届理事会议上，正式设立"金话筒奖"。这一阶段举办了"金话筒"开拓奖和第六届"金话筒奖"的评选活动，共评选出140位广播电视"金话筒"主持人。该奖项的设立，极大地调动了广播电视节目主持人爱岗敬业、努力创优的积极性。代表性节目及主持人：

1.《东方时空》方宏进、敬一丹、水均益、白岩松、崔永元

1993年5月1日，中央电视台新闻杂志类节目《东方时空》开播，标志着我国新闻栏目化时代的开始。《东方时空》以方宏进、方静、敬一丹、康辉、水均益、白岩松、柏杨、柴静、崔永元等主持人为节目串联者和结构主导者，将节目涉及的各种事实、观点、材料、背景等灵活自由地串联起来，记者型主持人正式起用，主持人的主持技艺开始进入成熟阶段。

2.《一丹话题》敬一丹

1993年5月1日《一丹话题》开播，这是我国首个以主持人个人命名的电视栏目。

3.《焦点访谈》白岩松、水均益、敬一丹、方宏进

1994年4月1日，中央电视台评论节目《焦点访谈》诞生，在不到一年的时间里，这个栏目就跃升为观众最喜爱的栏目之一，收视率与《新闻联播》相当，成为中国"第一品牌"节目。

朱镕基曾经在视察央视时，用"舆论监督，群众喉舌，政府镜鉴，改革尖兵"四句话肯定了它的成功。伴随着《焦点访谈》出现的一批记者，成为我国家喻户晓的采访记者和电视明星，他们不同于单纯的主持人，而是能够深入新闻现场进行采访，以充满个性化色彩的语言，及时报道、剖析受众关注的重大新闻、热点新闻和社会问题，直接反映受众的意见和呼声。《焦点访谈》的成功肯定了深度参与型主持人的作用，白岩松、水均益、敬一丹等共同塑造了客观、权威、深邃的中国电视新闻评论类节目主持人群像。

此后，各电视台开始实施"以栏目培养主持人，以主持人提高栏目知名度"的战略，从单纯的业务素质培养开始转向按主持栏目"量身定制"式的培养。

4.《实话实说》崔永元

1996 年 4 月 28 日，中央电视台谈话节目《实话实说》开播，崔永元以他特有的幽默、机智、亲和的主持风格赢得了观众的认同和喜爱。他的口语化的主持方式，从根本上颠覆了大众传播媒介的“高高在上”，电视机前的受众能够在谈话现场袒露自己的情感，表达自己的想法。崔永元的主持实践让栏目和主持人紧紧地联系在一起，人们一提起《实话实说》，就会自然想到崔永元的名字。

5.《新闻调查》柴静、董倩、敬一丹、王志、孙宝印

1996 年 5 月 17 日，中国首个“调查性纪录片”栏目《新闻调查》在中央电视台开播，这是中央电视台唯一一档深度调查类节目，时长 45 分钟，每周一期。

节目开播以来，它以记者的调查行为为表现手段、以探寻事实真相为基本内容、以做真正的调查性报道为追求目标，崇尚理性、平衡和深入的精神气质。在中国社会发生重大变革的时候，《新闻调查》注重研究真问题，探索新表达，以记者调查采访的形式，探寻事实真相，追求理性、平衡和深入，为促进和推动社会和谐进步发挥着点点滴滴的作用。栏目主持人董倩、敬一丹、王志、柴静、孙宝印等都是典型的记者型主持人。

6.《快乐大本营》李湘、何炅、谢娜、李维嘉、杜海涛、吴昕

1997 年 7 月 13 日，湖南卫视《快乐大本营》开播。《快乐大本营》不仅是湖南卫视一直保持的品牌节目，同时也成为全国最有影响力的娱乐节目之一，节目采用全民娱乐的方式，初期经常邀请一些有特殊才能的人物或可爱的孩子来表演，后又转为选秀节目来选举主持人，现在多是嘉宾访谈游戏竞技型的综艺节目，经常邀请一些我国大陆、中国台湾、中国香港的知名艺人来访谈、游戏等。以“快乐家族”何炅、谢娜、李维嘉、杜海涛、吴昕等担任主持人的《快乐大本营》，是湖南卫视的品牌节目之一，也是中国电视界综艺娱乐节目的领头羊，已经当之无愧地成为中国亿万观众消遣娱乐生活中的一部分。

（四）繁荣阶段（2004 年至今）：主持人素质不断提升并呈现多元发展之势

这一阶段，除新闻类和谈话类节目外，一些综艺娱乐节目主持人也风起云涌，如湖南卫视《快乐大本营》何炅、谢娜等“快乐家族”，《天天向上》的汪涵、钱枫等“天天兄弟”，浙江卫视中国蓝《我爱记歌词》的朱丹、华少，江苏卫视《非诚勿扰》的孟非等，不胜枚举。不同类型的主持人在各个卫视熠熠生辉，为新时期我国主持人增添了新的活力。

这一时期，主持人领域仍不断有新生力量注入，央视传统的品牌节目“CCTV 电视节目主持人大赛”，正是为我国电视事业发展提供人才力量而举办的，2011 年 5 月至 10 月，历时半年的“艾丝缇杯”第六届中央电视台电视节目主持人大赛成功举办，为适应受众不断提高的欣赏水平和电视媒体对主持人需求多样化的新形势，这次大赛力求增强比赛的贴近性和实战性，提高节目的可视性和观赏性，为优秀电视节目主持人提供一个展示自我、实现梦想的舞台。相信在主持人大赛和其他一些形式的选拔中，更多文化素质好、专业能力强、实践经验丰富、人物个性鲜明的优秀电视节目主持人必将脱颖而出，为我国电视事业发展提供人才力量。①

---

① “CCTV 电视节目主持人大赛”百度百科，http：//baike. baidu. com/view/6171970. htm.

【媒体视界】

优秀的新闻主持人代表——白岩松

在中央电视台，始终有一位性格沉稳、思想深邃、表情凝重、语言犀利的主持人，他就是白岩松。他不断超越自我，引领主持人在思考中前行。无论是《新闻周刊》《东方时空》《焦点访谈》，还是后来的《新闻1+1》，白岩松总是以冷静、机敏而睿智的形象出现在公众面前，带着极强的社会责任感，朴实无华，一身正气，作为央视新闻频道唯一一档时事新闻评论直播节目，《新闻1+1》选取当日最新、最热的新闻话题展开评论分析，采用现场直播的形式，向公众解读事件真相。在2011年8月1日改版后，节目在形态上寻求突破，改为由主持人承担评论员职能，客观而理性地分析热点事件，发挥中央媒体的舆论引导功能。2011年11月16日，甘肃省正宁县榆林子镇小博士幼儿园校车与一辆卡车相撞，校车严重超载，事故共造成22人死亡，部分幼儿伤情严重。在《新闻1+1》中，主持人兼评论员白岩松出示了国家质检总局和国家标准委2010年发布的《专用小学生校车安全技术条件》，并评论道：

"我只能说质检总局做完了他们该做的事情，我拿到这份国标校车标准时，觉得它更像一个笑话，因为只有国标而几乎没有现实。""我们绝大多数的地方政府有几个已经把校车当成了头等大事来做？一直说以人为本，或者说民心工程，我觉得很多的地方政府，换一个角度去想，怎么就没想明白呢？什么叫尊严？什么叫幸福？什么叫民心？你如果省省盖楼的钱，从嘴里省省钱，能给自己的地方开出质量可靠的校车，所有的家长都会夸你好，这才叫民心。"

其犀利的主持风格和高度的社会责任感可见一斑。

优秀的综艺节目主持人代表——董卿

央视综艺节目极有影响力的女主持人之一董卿，无论是演出还是专题片，或是颁奖典礼、大型晚会，董卿总是认真严谨、一丝不苟，用端庄大气、知性随和的主持，紧紧抓住观众的心。在2007年《欢乐中国行》元旦特别节目中，当接近零点时，现场时间突然出现了两分半钟的空当，导演马上安排董卿救场发挥。当董卿开始大方自如地自由发挥时，耳麦里突然出来导播的误判："不是两分半钟，只有一分半钟了。"董卿连忙调整语序，准备结束语，而此时耳麦里再度传来更正："不是一分半，还是两分半！"董卿临危不乱，走到舞台两头给观众深深鞠了两躬，用"欢乐的笑""感动的泪""奔波的苦"等诸多排比句即兴制造了一个又一个赏心悦目的"感谢"。肢体停顿让她在紧急中控制住了节奏，加上流畅的语言表达，铸就了这个"金色三分钟"，也成为主持学上一个堪称完美的案例。[①]

---

① 董卿在《欢乐中国行》的金色三分钟，http：//club.ent.sina.com.cn/thread－621034－1－1.html？retcode＝0.

三、我国主持人的特点

（一）来源的多层次性

20 世纪 80 年代后我国的各级电台、电视台如雨后春笋般地冒出来，主持人几乎与它们同步而出，巨大的主持人需求量怎样能得到满足呢？这也决定了主持人的来源必然要广开渠道，多方纳才。

1. 播音员

这是最初几年主持人的主要来源。他（她）们的长处是，一般都经过专门的语音训练，能够做到字正腔圆，音质优美，语言表现力强。但从做主持人的状况看，整体表现良莠不一。有的综合素质非常好，在节目中就能游刃有余，充分发挥自身的潜在能力，从而创出名牌节目，并产生明星效应。也有的从播音员转过来的主持人，由于文化根底不够厚实，主持人必备的采、编能力较弱，对节目的驾驭力就难尽如人意了。

2. 记者、编辑

这部分人具有较强的采编能力，能够在节目的策划、撰稿、现场采访、评论中显露其才华，如：傅成励、水均益。《焦点采访》与《焦点时刻》的节目组，就拥有这样一批充满朝气、才气的记者，他们当中开始冒出值得我们骄傲的电视新闻主持人。但是如果记者编辑不具备较强的语言表现力和现场应变力，出镜主持就会削弱节目的吸引力。

3. 演员

演员富有语言表现力和镜头感觉。在节目现场表现轻松、活跃，尤其是在综艺节目中很能渲染气氛，如：倪萍、谢娜。

4. 从高等院校毕业的各专业学生、其他行业的从业者

他们往往通过考试应聘或各种类型的主持人大赛走进广播电视主持人行业。这类人员综合素质一般较好，比如外语专业的，有较强的语言能力，加上大学本科的文化修养，在主持中显得轻松自如，得心应手，如杨澜、袁鸣、陈鲁豫、撒贝宁、刘芳菲等。现在已有不少具有硕士学位，甚至博士学位的专业人才，加入主持人队伍里，在新闻和专题节目中表现得得心应手，这对提高电视节目的质量、品位起着积极作用。

此外，社会上各行业中大专和高中毕业的年轻人，也积极应聘，加入主持人的队伍。他们的特点是充满青春活力，思维敏捷、伶牙俐齿、英俊靓丽。但需要在思想修养、认识水平、知识构架等方面进行自我完善。

（二）起步偏差、观念渐进

我国主持人起步于 1980 年，由于与国际传媒间的交流少，缺乏信息，没有借鉴。因此，在主持人的选择上多以语音准确、音质良好、形象英俊秀丽为主要条件，加之发展初期对主持人的需求大，这导致人员素质参差不齐，主持人队伍就以年轻、漂亮、浅薄为特征了。虽然目前这种情况有所改观，但是从某种程度上已经培养了受众一种收视心理与习惯，引导大众产生了审美的两难：一方面对花瓶式肤浅的主持人不屑一顾；另一方面，又不能接受中年以上和形象一般的主持人。好在从目前的发展趋势看，已经开始走出初创时期的误区，人们越来越在乎主持人的内涵了。

在这种观念的指导下，人员选拔、培养的标准都已经较高。很多电台电视台都对主持

人的学历、职业资格提出了严格的标准。相信随着时代发展，主持人队伍将更加健康有序地发展。

（三）广播电视事业蓬勃发展，优秀主持人不断涌现

进入20世纪90年代以后，与广播电视相关的各种技术，在我国发展很快，继中央台后，许多省级广播电视台也开始通过卫星传播广播电视节目，既提高了节目传输信号的质量又高速度地扩大了广播电视的覆盖面，形成了国内广播电视节目互相竞争的态势。

据不完全统计，目前我国这支队伍已经有10万人左右。广播电视节目的竞争，最终在本质意义上将是人才的竞争，主要是主持人的竞争。在竞争中，主持人互相交流学习，形成自己的风格，坚持真诚信念，优秀主持人层出不穷。

目前，“中国电视节目主持人经历了从被动到主动并自觉驾驭节目的过程，完成了传播理念从形的合情性到质的合理性蜕变，观众接受心理在转换中完成了一次成长的经历”①。只有做到主持风格经历从简单到丰富，传播内容选择从大众到个性的转变，主持人队伍中才能涌现出更多优秀的主持人。

（四）主持群的发展成为新趋势

就主持界整体而言，主持群的发展成为新的趋势。2010年12月央视一套综合频道推出全新生活服务栏目《生活早参考》，再度打造“主持群”模式。该节目每期有三位或多位主持人同时出现，以他们的“亲身经历”还原真实任务，充实社会生活。节目共确立了包括阿丘、王雪纯等在内的15人主持群。

主持群是目前较为前沿的提法，学界没有统一的定义，一般描述成由三个及三个以上特点鲜明的主持人按照特定规律组合在一起的一种形式。从“2008中国电视榜”开始，主持群就备受关注。当年“年度节目主持人”和“最佳娱乐秀主持人”获得者分别为白岩松、张泉灵等在内的《众志成城，抗争救灾》特别节目主持人群体，以及汪涵、钱枫等组成的湖南卫视脱口秀节目《天天向上》主持人群体。

主持群是一种适应新媒体环境下不同受众需求的产物。针对不同受众的喜好和传播接受效果，囊括了各种个性风格的主持人群体，能最大程度吸引不同爱好的受众。在主持过程中主持人需要做到合理分工、巧妙搭配，尽可能避免负面效果的产生。尽管业界对主持群存在不少的争议，但是主持群作为新媒体时代的一个发展趋势，将会在不断的尝试中慢慢走向成熟。

【媒体视界】

我国第一座人民广播电台

★ 1940年12月30日在延安创办延安新华广播电台

★ 1949年12月5日中央人民广播电台成立

★ 1958年5月1日19点北京电视台成立

---

① 资料来源：俞虹在“中国电视节目主持人30年发展历程”会议上的发言。

《观察与思考》——中国节目主持人史上的里程碑

我国经正式批准的，首次以主持人作为工作身份冠名的节目应当是1980年7月12日播出的《观察与思考》。它是中央电视台第一个言论节目，它初步建立起了中国电视节目的评论格局。从1980年到1994年3月底最后一次节目的推出，《观察与思考》经过十几年之艰难探寻，终于为中国电视评论节目奠定了一个展示功力的平台。

《观察与思考》也是中央电视台第一个正式推出主持人的电视节目。1980年7月12日，首次在屏幕上打出了“主持人”这一称谓。它证明中国电视节目主持人在80年代已经出现。从现在资料来看，《观察与思考》设置的节目主持人是新闻主持人，它说明在中国电视节目里，新闻主持人是早于其他节目主持人的，《观察与思考》的节目主持人从一出现就是记者式的主持人，主持人衣着朴素、态度平易，节目开始有问候，节目结束道感谢，努力与普通观众接近，尽力保持与观众平等，这些不都是20年后我们对主持人节目的基本要求吗？①

1980年7月12日这一天，对广播电视来说无疑是具有特殊意义的日子，堪称中国主持史上的里程碑。

“中国电视主持人30年年度风云人物”评选活动

2010年6月8日，在第十六届上海电视节上，中国广播电视学会节目主持人研究委员会评选出自1980年到2010年“中国电视主持人30年年度风云人物”共85位优秀主持人。

电视节上公布了“中国电视节目主持人30年年度风云人物”名单，名单囊括了老中青几代华语主持人，既有以“中国荧屏第一人”沈力为代表的电视主持人事业的开拓者，也有以才华横溢的白岩松为代表的当今主持的中流砥柱，还包含当下崭露头角的主持新秀。名单选拔的主持人所在的领域，从中央电视台到地方卫视，从新闻主播到娱乐综艺，涉及面广。

电视主持人自身也在这30年中，经历了飞跃发展。伴随着改革开放和社会发展的日新月异，电视主持人早已从最初简单式的播报员播报新闻，发展至如今活跃在各个荧屏尽情展示自我、发挥言语魅力、传达民情民生、褒贬内外时政的新形象，是时代的见证，更代表着当代中国的新面孔。

第四节　主持人节目及节目主持人的基本特征

一、主持人节目的特征（采编播控一体化）

第一个特征：以第一人称出面主持

节目主持人应该自报家门。节目开始的时候，应该让受众了解谁在为他们主持这次节

① 袁沫：《节目主持人探源——关于〈观察与思考〉的调查报告》，白谦诚、胡妙德主编：《主持人》（第9辑），中国国际广播出版社2001年版。

目；在节目进行中，或在节目结束之前，也可以随时根据需要，在适当的时候作自我介绍以便加拉近与受众的关系。应该把自己融入节目之中，在叙述事物的时候，主持人随时都要说“我”对这个问题的感受和想法，随时发表见解，并且提示受众同时思考这个问题的见解和想法。无论主持人手中的提纲、稿件和心中对问题的见解是先由编辑构思好的、先起草的，还是主持人现场即兴发挥的，都应该让受众感觉到是主持人“我”对这个问题的看法，节目自始至终都要求主持人以“我”的形象出现，直接跟受众交流。举一个例子，1984 年，徐曼在主持《空中之友》节目中，有这样一段原稿：“听众朋友您好！我是徐曼，当我开始这次节目的时候，我忽然想到我的孩子想吃香蕉，我中午带几斤回家。说实在的，如果说买苹果、买梨在北京到处都是，很容易买，什么烟台苹果、辽阳苹果、天津雪梨、天津鸭梨、鸡冠苹果、锦红苹果等，真是想买什么就有什么。可是，孩子要我买香蕉就不容易了，好久在北京市场上见不到了。不过，孩子的要求对我这个做妈妈的人来说就是命令哦。我在上班路上顺便逛了几家水果店，都没有香蕉，我有点着急了，孩子这么一点小小的要求我都不能满足，那怎么行呢？我便又走进了几家水果店，谢天谢地，终于在一家私人水果摊上看到了有香蕉卖。”

这是上一段，下一段是这样的：“我家的旁边有一个中型商场，名叫国华商场，昨天我在这个商场结识了一位卖电视机的售货员小姐，名叫夏立新。夏小姐对我说：‘这个商场每次进的电视机最多不过 200 多台，每次货一到，半天就卖完了……啊，对了，我碰到过几位从我国台湾来的厂家，他们想在大陆投资设厂，可是由于我国台湾当局禁止海峡两岸直接通商，这些厂家的信誉考察就很困难了。’听众朋友，您看，我从我的孩子要吃香蕉说开去，说了这许多，不知您是不是赞同我的见解。这次节目结束的时间到了，下面是本台其他节目，欢迎您继续收听，谢谢。”

以上这篇主持人谈话，徐曼小姐以第一人称出现在我国台湾听众面前，通过拉家常，谈自己家中发生的事情，实际上反映了在当时的环境下我们国内的市场非常丰富，货架上琳琅满目，经济发展得很好，但她将美中不足的地方，也如实地告诉了台湾听众。如果把这篇谈话内容变成一篇新闻稿播出，一定不如徐曼这样拉家常式地谈论问题的效果好。在谈话中，徐曼小姐以第一人称出现在台湾听众面前，并且，“我”与“您”使广播听众始终处于交谈的位置上。比如说，“我忽然想到”“我的孩子”“我在上班的路上”“我家的旁边”等。可以说，都是发生在“我”身上的真实的故事，“我”真实的想法，“我”真实的态度，“我”的观点等，让观众感到非常亲切自然。可以说，主持人眼前的空间以及其他一些装饰物，比如播音桌、话筒、道具，都是你的，好像跟你家里的装饰一样，你要毫不谦虚地占据这个位置。你是这里的主人，你在这儿把一个完整的节目播送给受众，让受众感到你的形象、你的魅力，让受众了解你的为人、你的人品、你的知识面，从而受众更加喜欢你，进而喜欢你的节目。这一切，都是主持人强烈的自我意识所取得的成效。你给受众的印象越深，越能博得受众的好感和信任。

敢于展示自我形象。主持人自我形象的表现和展示在主持过程中应有所体现。大家都知道虹云，虹云主持的《空中信箱》曾播发过一篇“望彬彬早回家”。她在表现对彬彬爱心的同时，也设计了呈现自己形象内容的一段文字。虹云说：“我想到弟弟常说的‘亲切之声’的虹云老师您了，如果弟弟没有出事，他在失望、孤寂、奔波中听到熟悉的声音是一定会知道迷途知返的——他带着一个半导体收音机。”（这篇东西是武汉一个大学生的弟弟离家出走了，她很着急，决定给虹云写信，因为他的弟弟经常听虹云的广播，这位姐姐也非常相信虹云）虹云说这段话，爱心是虹云主持的基调，主持的内容。“彬彬如果听到虹云老师的‘亲切之声’一定会迷途知返的”，这句话可以体现出一般的听众对虹云的爱，对虹云的信任，以及虹云本身的能量。在这里，虹云本身的优点可以看作是主持人自我表现和自我推销，这种自我表现和自我推销是应该的。主持人表现自己的优美形象，正是要听众接受自己的形象或调节自己在听众脑中的印象，也就是推销展示自己的形象。当然，最后是听众喜欢自己的节目了。同样，倪萍在一次春节联欢晚会上，在讲述一位母亲15年如一日为自己孩子输血的动人故事以后，代表中央电视台把一张5万元支票送给了这位母亲。在这种情况下，受众无形中感到了倪萍本人极富同情心、善解人意的形象。实际上，倪萍在无意当中也在展示自己的形象。中央电视台《观察思考》节目的主持人肖晓琳，在表现自己观点正确、分析精辟的同时，总是千方百计表现自己追求真理的诚意和把握真理的自信。这个时候，肖晓琳的形象在观众心目中得到了升华。

主持人展示自我形象的目的是提高自己在节目中的地位，从而更好地实现自己主持节目的目的。虹云在“寻找彬彬”中，将自己的美好形象成功地展示在听众面前，使听众很容易接受她传递的爱心，从而提高了她在节目中的地位。倪萍在观众中留下了美好的印象，她自那以后所主持的节目就更容易被观众接受，同时也确立了倪萍在节目中的位置。同样，肖晓琳在议论中，她追求真理的诚意和把握真理的自信，受众也认为是不可怀疑的了，那么她在今后的节目中所有的论点、论据、论证就会显得更加有力，也更容易为观众所接受。这些都证明了形象的展示对实现节目播出目的有着举足轻重的作用。

主持人节目的第一个特点，即用第一人称出面主持，归结为一句话，就是在主持节目时一定要自信。

第二个特征：节目稳定

包含两层含义：主持人固定；节目播出时间固定。

主持人相对固定。一般来说，主持人主持节目的时间越长，就越容易使受众了解他，同时主持人跟受众之间的感情也随着时间的推移而增进。国外有一个著名的节目主持人，主持节目长达30年，受到了观众的喜爱和信任，以至于一位观众说：“我一在屏幕上看到他朴实、诚恳、憨态可掬的样子，就被他吸引住了，即使他说的是假话，我也认为是真的。”从这位观众的话可以看出节目主持人的影响力。他主持节目30年了，他的话都赢得了观众的好感。国内的主持人节目一般也是这样的，比如说大家都知道的中央电视台《为您服务》节目主持人沈力。她主持节目也有很长时间了，她主持《为您服务》一直到她退休，在观众中有很高的知名度。最近，她应电视台的聘请，又出现在另外一个节目中。一般来说，节目的主持人不要轻易更换，因为原来的主持人印在观众脑子中的第一印象是根深蒂固的，要想轻易抹去，是极不容易的。受众往往不容易接受第二位主持人形象的出现，不自觉地会试图将其与前一位节目主持人比较。大家都知道《正大综艺》在观众中影响很大，现在《正大综艺》的观众往往是拿杨澜和赵忠祥去作为衡量的标准的。另外，节目的特点也是不能轻易更换主持人的原因之一。节目的特点、特色、个性决定了它应该需要什么样的主持人，主持人的个性和节目的个性特色应该是一致的，不能先有节目，后有节目主持人。也就是说，主持人的个性特征往往作用于节目之中，使其更具个性，更容易赢得观众。节目的个性、主持人的个性应该协调一致，应该牢靠，它如同黏合剂一样把双方粘在了一起，谁也离不开谁，一说起主持人就马上联想到他主持的节目，一谈起节目，又往往呈现出主持人的形象。

节目播出时间固定。在主持人节目中，时间一定固定，目的是使受众安排好收听收看时间，以便在固定的时间中找到自己喜欢的节目。试想，如果播出时间不固定，节目怎么能在受众心目中起作用呢？因此，播出时间固定容易使受众形成条件反射，做到自觉地收听收看自己喜欢的节目。比如大家所熟悉的《今晚八点半》《午间半小时》《开心一刻》《焦点时刻》《午间奏鸣曲》《茶余饭后》，这些栏目本身的名字，已经很容易让观众记住播出时间，观众一旦喜欢上它，就会按时收听收看，使节目达到预想的结果。

第三个特征：节目名称固定

在节目稳定中，节目名称固定也是不可缺少的要素。节目名字一旦固定下来，不能轻易改动，除非在特殊的情况下，节目名称和节目内容不相吻合了，才可以改。比如《焦点时刻》就是谈国内外引人注目的事情，都是问题的焦点、听众观众最容易关注的事情、能够反映切身的事情，而不应该是一般的鸡毛蒜皮的事情、婆婆妈妈的事情，否则一旦文不对题就应该改正了，但目前节目改名称还不多见。名字固定就要有与名字相符合的内容出现，这样可以吸引一部分受众，这部分受众应该是固定的受众群，从而使传媒的作用发挥得有的放矢。

主持人经常亲自采访。在一般的听众观众心目中，主持人是真实的记者，对于主持人采访来说，有积累材料、观察实际过程的内部采访，同时还有向听众观众阐明、传播消息的外部形式。第二种方式是直接出现在观众或听众面前的，带有强烈的现场性。由于现场采访可以让受众感受到主持人采访的能力，更重要的是它关系到一条新闻的成败，因而现场采访就显得非常重要。现场采访有利于再现事物的本来面目，同时可增强新闻的可信性和感染力，如闻其声，如见其人。主持人在节目中的作用除了串接、引导、传播信息外，在新闻现场如果能出现主持人的身影，就能够突出和强化主持人的主持作用。由于现场采访常常为万人所瞩目，因而主持人的政策水平、知识深度、分析能力、敏锐反应、口语能力将会从这个侧面得到反映。

第四个特征：有声语言的口语化运用

主持人节目中，主持的有声语言与新闻中所广泛使用的播报式、播讲式的语言表达方式不一样，它主要采用交谈式的方式。这种方式吸收了播讲方式中的吐字准确、规整、富于音乐性的长处，也吸收了口语中亲切自然的长处。这种方式语言流畅，语句松紧变化比较多，但吐字力度不大，而“颗粒”比较清晰，适于第一人称有声语言的需要，语言生活化，从而增强了受众的平等感、亲切感。交谈式的方式要求符合生活中的谈话规律，这就是有声语言和主持人的思维与播讲对象，也就是受众的思维同步。

不管有没有文字依据，从主持人口中说出的话都应该是口语化的。这跟播报新闻的每分钟200字速度前进的方式是不一样的，新闻播音的时间观念要求受众有一定的紧张度，集中精力听，不然的话，时过境迁。主持人的语言趋于平缓，允许一定的“嗯”“啊”这样的语言存在，使语言有过渡的音节存在，但也只能是允许，在交谈过程中应该尽量减少语言杂质出现。所谓“口语”，当然要求朗朗上口，通俗流畅，说得清楚，听得明白。交谈式虽然模拟和一位观众或听众交谈，但它毕竟是一种传播媒体，语言虽然平实，但是要求有一定的文采。用交谈式的语言来主持节目，没有一定的语言功力是无法胜任的，这个要求应该等同于对播音的要求。主持人的语言同样存在发声技巧、语言技巧以及各类文体播音样式的把握的问题。就拿声音来说，主持人没有悦耳动听的声音、标准的语音，节目的美学价值就要大受影响。好的声音不仅能准确地表达出主持人丰富多变的感情，而且会声声入耳、娓娓动听，吸引受众倾注到节目中去。同样应该说的是，标准化的语音也是传达内容的一个重要条件。日本放送协会 NHK 就宣称它代表了最标准的日语，同样，英国广播公司的播音也号称代表了最标准的英语。它们的播音以代表国家最标准的语言为荣，我们为什么不能提高对语言的标准呢？试想，声音不准，语音南腔北调，节目能取得良好的播出效果吗？

在有稿件的主持中，无论是不是自己撰稿，都应该作为再创作的依据。自己采编的并不意味着有声语言的表达会十全十美，写和说是两种不同的创作过程，问题的关键是如何迅速地把书面语言转换为有声语言，使有文字依据的稿件锦上添花，没有文字依据的则要求出口成章。我们强调掌握有声语言的表达规律，并不要求主持人成为语言专家，但是那种认为只要会说中国话，照样能成为主持人的看法是失之偏颇的。对于主持人来说，语言艺术的修养是衡量其教养和文化水平的一个基本尺度。

第五个特征：主持人有个人评议的权利

广播电视新闻的指导性是通过节目体现出来的，主持人节目当然也不例外。指导性的内涵应该是报道事实、沟通信息、反映舆论、传播知识、为受众服务，在服务中影响受众。应该引导受众正确看待国家政治生活、经济生活中出现的一些问题及其经验教训，正确对待生活中出现的种种矛盾，并且为受众指出解决矛盾的途径和办法，要使节目体现出指导性来。在主持人节目中就应该体现出鲜明的观点，主持人在节目中用议论的形式表达出来，这就是主持人个人评议权利的运用。播音员代表本台发表评论是不足为奇的，可是主持人自己发表见解、议论、评议和播音员就不一样了。评议的正确与否以及评议的技巧都能够充分展示主持人的学识和品评问题的能力，主持人要会运用并善于运用这种方式，使节目的根本目的最大限度地实现。主持人评议和播音员评议有一定的优越性，主持人评议因为带有个人的性质，无论评论得对与不对，可以使传媒立于主动之地，通俗说，如议论得不对，可以说：这是主持人的观点，不是我们电视台的观点，使电视台处于主动的位置。另外，主持人由于是个人评议，以第一人称出现在带有纯个人色彩的节目中，也会使观众听众感到主持人与他们很平等，很亲切，从而吸引受众感兴趣地听下去。在这样的语言环境中，受众的意识无形中会得到升华。由于主持人集采、编、播于一身，议论是组成节目的骨架，这种议论应该与整个节目协调一致，组成一个完整的体系，因此不能游离于节目之外，主持人应该自己出场谈观点、发议论。由于主持人在节目中处主体地位，又是受众熟悉的朋友，所以，主持人赞成什么，反对什么，都应该在节目中明明白白地告诉受众，力求在受众中形成影响，和受众共同探讨。这里谈一个原则，那就是主持人的议论不能无病呻吟，也不能人云亦云，主持人应该是有感而发的独到见解。这种独到见解不能在党的政策和党性原则之外，主持人的议论恰恰是党的方针政策最准确、最深刻的阐释，可以说，这种独到见解是以“我”的形式出现，对党和政府的方针政策经过认真学习、消化理解后的“我”的议论、“我”的评述，是对生活中各种现象、矛盾经过仔细的观察、分析、思考以后“我”的见解。这种议论可以帮助受众加深理解党和政府的方针政策，正确看待政治经济领域中出现的一些问题，充分发挥主持人的桥梁作用。

由以上节目主持人的五个特点，可以看出，最主要的特点应该是，从内容和形式上要突出主持人的个性色彩，主持人运用个性色彩为受众服务。从节目的设计、播出的内容到采编的特点、有声语言的运用、形象的再现，都充分展示主持人的个性色彩。当然，它的前提是这种个性色彩应该和节目一致。

再强调一点，这种个性色彩应该和节目一致，但是在生活中，作为一个主持人要不断培养自己这种个性特色，以便更好地为节目服务。沈力曾经讲过这样一个故事：有一次在体育馆里与一位相声演员共同主持一场文艺性的节目，这位相声演员设计让沈力忘带节目单，然后会引起一阵笑声，起到一定效果。当时沈力听了这个设计后，马上反应出我是《为您服务》节目的主持人，在观众中的印象是一个非常热心的、认真的、耐心的大姐姐的形象，如果在这个主持会上展现的是一个马大哈的形象，对于以后我主持节目就会有一定的影响，起码我这个主持人的个性特色就不太稳定了。因此，沈力就跟这位相声演员探讨了另外一种形式，这种方式使沈力的形象一致，衔接得非常完美，对于她今后主持节目是很有好处的。另外，大家都看过《七巧板》，这个节目的主持人是鞠萍，跟鞠萍接触过的人都知道，鞠萍本身就非常活泼好动，因而她很适合主持这个节目。她的个性特点表现在她本身的性格特点上，同时也体现在她的有声语言上，体现在她的形象上，体现在她的衣着上。比如有声语言，鞠萍的有声语言很轻细、直率、活泼，而且高音部分比较多，听起来亲切，很适合小朋友。再如形象和穿着，她经常穿一身非常宽松的衣服，有时就是一些运动衣、旅游鞋，与小朋友的穿着打扮一致，有时还穿一个裙子，跟小朋友一块跳舞。形象上，剪一个短发，显得跟小朋友很接近。有一次，鞠萍把自己的头发烫起来了，就引起了小朋友的议论，小朋友当时说：哎呀，鞠萍姐姐是不是要结婚了？可见，只是一个发式的改变，就引起了小朋友的另外一种感觉，就说鞠萍姐姐是不是要离开《七巧板》了。所以，个性特色不仅是单纯的性格特点，而且还包含许多其他因素，像语言、形象、衣着、打扮等，它是一个立体的东西。

从这里可以看出，主持人的最大特点就是强调个性色彩，并且运用这种个性色彩为听众观众服务。主持人集采、编、播于一身，正是为了给主持人以充分的发言权，从而更加有利于展示主持人的个性色彩，而创作集体也正是围绕主持人的主持能力而勤奋工作的。

二、节目主持人的基本特征

任何职业都有与众不同的特点，主持人也不例外。主持人的基本特征是主持人本质更为丰富的展现。作为节目进程的统领者、节目方针的体现者、节目内容的组织者和主播者，主持人在一档节目中显得尤为重要。何谓“特征”?《辞海》解释：“特征”是指“一事物区别于他事物的特别显著的征象、标志”[①]，在本章中，我们将学习和了解主持人具有的以下几大特征。

（一）社会性

作为社会的一分子，主持人应该首先做好人，再做主持人。主持人的社会性首先体现

① 《辞海》，上海辞书出版社 1982 年版，第 1447 页。

在主持人作为社会人的属性和对社会环境的依存，也包括所处的时代和社会环境对其产生的影响。

主持人以个体形象出现，表现集体意识，是传播活动的中介，在与受众的沟通和交流中传播信息，实现传播目的。社会存在决定社会意识，人们的社会意识会随着生存环境、生活条件、社会关系的变化而变化。因此，主持人的一举一动、一言一行也反映出一定的社会性。

另外，主持人的社会性表现在主持人始终把追求社会效益放在首位。主持人带来的社会效益可以在一定程度上衡量广播电视节目的质量，还可以带动经济效益的产生，因此不断追求社会效益是主持人的最高原则。[①]

（二）可信性

主持人作为信息传播的载体，要为受众提供他们所需的政治、经济、娱乐、社会服务等信息。要使信息产生较好的传播效果，就需要主持人在受众心目中具备一定的可信性。另外，主持人还要力争在某个专业领域主动寻求突破，才能成为有一技之长的主持人。

主持人的可信度，源自他高尚的道德情操、敬业精神、丰富的知识结构和扎实的业务功底。主持人的人格魅力是受众信任的重要保证，但这不是一朝一夕可以形成的，需要较长的时间积累和一定的受众认可，还要有一定的知名度。这几者相辅相成，才能实现良好的传播效果。

要增强节目的传播效果，主持人除了要注重提高自己的可信度之外，还可以借助其他权威力量促进节目质量的提升。比如在健康咨询类节目中经常邀请相关专家或医生做嘉宾主持，在经济金融类节目中请经济学家做专业分析。专业学者在相关领域学有所长，具有极强的权威感，这无疑会使受众更加相信节目的传播内容，提高节目传播质量。

（三）审美性

作为大众传播的重要一员，向受众传播真善美、给受众带来良好的审美感受和体验，是主持人的重要职责。主持人的审美性主要体现在以下几个方面：

1. 内涵美

首先，内涵美体现在主持人的内在美中，内涵美强调主持人的自我修养。主持人应该拥有积极向上的世界观、人生观、价值观，并具有高尚的道德情操和强烈的敬业精神。

其次，内涵美还体现在传播内容上的求真、向善、示美。[②]“真”，是事物自身需要遵循的客观规律，人类要在认识规律、尊重规律的基础上充分把握规律，将规律与发挥主观能动性相结合，用美的规律创造社会；“善”，指善行，指人的行为对群体产生的价值，善是美的灵魂；“美”，指客体作用于主体，使主体产生一种精神上的愉悦体验。内涵美首先应当是真的，符合事物的规律性，同时又必须是善的，最终使受众收获美好的视听体验。

2. 形态美

主持人的形态美，体现在主持人的语言、形象、服饰、气质的美上。从语言来看，主

---

① 俞虹：《节目主持人通论》，杭州大学出版社 1996 年版，第 9 页。

② 俞虹：《节目主持人通论》，杭州大学出版社 1996 年版，第 11 页。

持人需做到字正腔圆、清晰流畅，音质甜美圆润、浑厚沉稳[①]，同时富有节奏感；从形象来看，主持人一般需要五官端正、形体匀称、举止自然大方；从服饰来看，主持人的衣着需和谐、得体并有自己的个性；从气质来看，主持人的气质可分为儒雅型、严谨型、甜美型、幽默型等，但总体而言主持人需具有端庄高雅的气质，为自己所主持的节目类型服务。形态美的这些特质，也是所主持节目的风格需要。

（四）个性化

个性化是主持人区别于播音员的重要特征。优秀的主持人必须具备鲜明的个性特征，这是吸引受众、使节目保持生命力的重要保证。主持人的个性与节目风格相统一，在节目风格的基础上再将自己的个性融入到主持的节目中，使二者相得益彰。

主持人的个性形象，是他们政治与文化素养、生活与审美心理、语言与气质风度等多种因素的综合体现。主持人正是在这些因素中才体现出与众不同的个人魅力。如：敬一丹，沉重严肃、淳朴自然、针砭时弊；白岩松，机敏睿智、语言犀利、思想深邃、朴实无华；董卿，清新大气、亲切稳重、语言平实、至情至理；何炅，幽默机智、语言风趣、内涵丰富、应变灵敏……当下诸多优秀的主持人各具特色，各有千秋，体现出鲜明的个性化色彩。

主持人的个性化，无疑是一档广播电视节目区别于其他节目的最核心的方面。一个没有个性的主持人，必然是不完整的，主持人只有努力发挥自己的主观能动性，在节目中充分施展自己的个人魅力，才能使节目充满活力，并形成独具特色的个性魅力。

（五）情感性

主持人的情感性是指主持人要善于将感情投入到节目中，以“情”为先导，真心实意对待受众，与受众进行面对面的、直接的、平等的情感沟通与交流。只有让受众觉得可亲、可近、可信，才能真正拉近彼此间的距离，达到最佳传播效果。

主持人的传播虽然属于大众传播，但同样也属于人际传播的范围。受众是否满意，是衡量主持人主持工作质量高低的重要标准。在主持节目的过程中，主持人要始终保持饱满的工作热情，让受众感受到你是在用一颗真诚的心在对待他们。主持人应与受众进行“一对一”“面对面”的朋友式交谈。

（六）能动性

主持人在整个节目进程中，必须积极发挥主动性，起到主导作用，引领节目进程，对节目进行整体把控，这是主持人的任务，更是主持人的职责。主持人的能动性主要体现在以下几方面：

1. 主动在节目中发挥主导作用

主持人是一档节目的主人，是节目方针的体现者和节目主旨的传达者，因此主持人有责任把节目内容以最完美的方式呈现在受众面前。面对同一节目、同一文本，每个主持人都会选择不同的方式来阐释，主持人需要针对演播现场的情况，充分发挥能动作用，以积极的心态面对主持，面对受众，并注意根据现场情况随时应变，机敏处理，努力使节目变得生动而有吸引力。

---

① 俞虹：《节目主持人通论》，杭州大学出版社 1996 年版，第 12 页。

2. 主动参与到节目策划中

我们提倡主持人积极主动地参与到节目的前期准备中，融入节目的创作集体，熟悉节目创作的各个环节，善于思考，敢于发问，更好地驾驭节目。

3. 主动提升自身综合素质

主持人综合素质的不断提升，有助于充分发挥其在节目中的主动性。要想获得成功，主持人需要付出长期而艰辛的努力。优秀的节目主持人，要在日常生活中积极进取，勤奋学习，塑造自己的完美形象，努力提升综合素质，为节目质量的不断提高做出自己的贡献。

（七）对象性

我们生活在一个大众化→小众化→个性化的传播新时代。根据特定节目、特定对象进行传播的主持人，由于对象明确、针对性强，又有亲和力，所以在传播中有效地拉近了与受众的距离。主持人对象化传播的显著特征，是主持人受信任、成为值得信赖的朋友的重要原因，也是主持人的生命力所在。

【媒体视界】

中央电视台《乡约》和《乡村大世界》是两个深受农民群众喜爱的对农节目，主持人肖东坡和毕铭鑫是荣获金话筒奖的农村节目主持人。他们的成名离不开对象化的传播、个性化特色化传播及其独特的符号、个性化成分。

肖东坡说："《乡约》是央视唯一的以约会具有'三农'背景的新闻人物为基本内容的大型访谈节目。大部分的访谈节目都没有离开演播室，而《乡约》真正把农业归还给自然，把农村归还给天地，把农民归还给乡土，实行春夏秋冬、地北天南、原生态的约会与交流。《乡约》的语言风格重在体现轻松调侃细节。为在确保农村观众的基础上取到更多的城镇观众，栏目通过对语言的推敲与打造，将窝棚瓜架下的乡村意境体现出来，生产出一档口味清新、富有人情味的'农家小菜'。"①

毕铭鑫说："作为中国独一无二的一档乡村综艺节目，《乡村大世界》的主持人之路也是一个打造乡土特色，增强与观众的贴近性和亲和力，被观众接纳并喜爱的过程。"②

（八）双向性

主持人节目的传播是一种双向传播。这种双向性质的传播有一个显著特征，即共同分享信息符号，同娱同乐，彼此容易得到沟通理解，容易取得共鸣、共识。

主持人节目中的双向传播是互动的。传播者渴望随时得到信息反馈，以便在互动中及时调整传播行为，寻找最佳的传播方式与传播效果。传播过程中，传播者、受传者总是处

---

① 肖东坡：《定位立本，差异制胜——〈乡约〉的栏目定位和品质构建》，白谦诚主编：《2007年全国主持人优秀论文选集》，中国广播电视出版社2007年版。

② 毕铭鑫：《〈乡村大世界〉的实践——谈综艺节目的主持节目化》，中国电视艺术家协会主持人专业委员会主编：《2008年全国主持人优秀论文选集》，中国广播电视出版社2008年版。

在互动中。因此，传播者、受传者的角色是互相转换的。传播者中的受传者，在反馈信息时则是传播者。同理，传播中的传播者在反馈信息时则是受传者。[①]

平等是双向互动传播的前提。传播者与受传者始终处于平等地位，不是“我播你听”，而是“我说你也说”，一起商量讨论，交换意见，彼此尊重，互相信任。这种传播容易产生“自己人”的效应。所以主持人应该做到态度诚恳、语气亲切，总是带着商量的口吻，不用“必须”“应该”“一定”之类的指令性词语，传播效果会更好。

主持人的传播又是一种多向的复合型传播，诸如主持人与搭档的交流、与嘉宾的交流、与节目参与者的交流、与受众的交流等，在多视角多方位的交流中，随时注意信息反馈，调整自身的主持行为。

【媒体视界】

节目主持人与播音员的区别

主持人不同于播音员。但常有人把两者混为一谈甚至等同起来。殊不知，主持人和播音员之间虽有许多共同点，但他们却在职责、素养、语言表达样态方面有明显区分。

主持人是以第一人称“我”的身份出现在节目中，播音员是广播电视台的代表，也是党和政府的代言人，他们是以第三人称的身份出现在节目中的，那么，主持人和播音员究竟有哪些不同之处呢？[②]

一、工作职责不同

播音员是“代读者”，其工作职责是在了解熟悉稿件、充分理解作者主旨意图的基础上，用标准的普通话认真播好稿件；主持人的工作职责则比较广泛，包括报道策划、节目构思、确定选题、现场采访、编写稿件、组织串联、主持播出、受众反馈调研等一系列工作。

二、身份不同

主持人以个人身份、第一人称“我”面向受众，讲述新闻，阐述观点，谈论体会感受，具有鲜明的个性特征；播音员则以电台、电视台的名义播报新闻稿件，他的工作职责是准确地表达新闻稿的主题思想。

三、对象感不同

主持人的对象比较具体，他把对象设想成“一对一”或“一对几”，从而使受众产生“主持人在对我说话”的感觉。播音员的对象感一般是按照“一对众”的设想与受众交流的，作为转述者，他设想的对象比较广泛。

---

① 戴兀光、邵培仁、龚炜：《传播学原理与应用》，兰州大学出版社 1988 年版，第 6 页。

② 陆锡初：《节目主持人概论》，中国广播电视出版社 1991 年版，第 88～92 页。

四、与节目关系不同

主持人总是固定主持某个节目，主持人要参与整个节目制播的全过程，成为节目的支撑者、节目的“灵魂”；播音员一般不固定某个节目，他主要对播出稿件负责。

五、播讲方式不同

主持人采用“交谈式”播讲，他以谈话的方式、商量的口吻，与听众娓娓谈心，语气亲切自然；播音员则采用“宣读式”的播音，以有效的方式朗读他人撰写的稿件，准确地表达原稿的主旨和神韵气势。

第五节　主持人的基本素质

“素质”这个词，现在几乎是我们在评论一个人、一个主持人时最常用的词了，它比主持人的外在形象更加重要。《辞海》中对“素质”一词的注释是：“人的先天的解剖生理特点，主要是感觉器官和神经系统方面的特点。”这其中实际包含了两层意义，其一，素质从狭义上讲指人的生理的、心理的先天条件；其二，素质从广义上讲，指人在一定的先天条件下，经过多方面、多层次分段学习、修炼所达到的各种能力的综合表现。[①]

我们所讲的主持人的素质是从广义的角度来谈的。也就是说主持人应在良好的天赋条件下，经过实践的磨合，具备较好的综合素质。

随着国际交流的日益频繁，与人们密切相关的广播电视正面临着迅猛强烈和源源不断的境外文化冲击，中国广电行业本身及其从业人员也面临着严峻的考验，在新的时期，主持人若要迎接新的挑战，推动广播电视事业的发展，提高自身的素质和修养就显得特别重要。

那么，素质的概念是什么？作为一个主持人到底应该具备哪些素质？本章将从思想、职业、心理这三个方面来论述主持人的基本素质。

一、政治思想素质

我国的广播电视身负重任，是党和人民的喉舌，主持人则被人们认为是电台、电视台的“台标”，是节目的代表，所以主持人政治素质的高低举足轻重。

一个主持人，尤其是时政类节目主持人应该在正确的世界观指导下，具有一定的思想水平和政策理论水平；具有比较敏锐的政治洞察力和清晰的思辨力；能够理解党和国家的大政方针和工作重心，善于体察百姓的情感和要求。这些素质会直接在节目中体现出来。想要建立受众对主持人的可信度，增加收听、收视率，离不开主持人良好的思想素质。

（一）思想素质的具体表现

一个人的主体价值判断是与他（她）的世界观、人生观、价值观密切相关的。主持人作为大众传播活动的工作者，由于工作的特殊性质，其主体价值判断的构成更显示出特有的丰富性与多维性。首先，主持人的人生阅历、文化修养直接影响着他（她）的世界观、

---

① 俞虹：《节目主持人通论》（修订版），中国广播电视出版社，2004年版，第93页。

人生观、价值观，这些因素直接影响主持人在节目中的具体表现。其次，媒体人的社会责任、文化追求和风格定位是主持人工作过程中的言行准则与制约因素。

媒介承载着传播信息、传承文化、提供服务、娱乐生活等多种功能。随着社会的进步和发展，媒介已经越来越深入我们的生活，影响着人们的观念、行为。尤其是电视，几乎成了一种生活方式深层次地介入了人类生活。因此主持人作为电视媒体中最显现的角色，他（她）所负载的媒介责任也更为沉重。一个优秀的节目主持人在他（她）能动地驾驭节目执行传播任务时，必然将社会责任与媒体形象自觉地融入自己的言行中。因此，主持人的审美趣味、审美价值取向直接对其主持个性、栏目风格、审美品位产生影响，这些也是构成主持人主体价值判断的重要的因素。

政治思想素质对主持人主体价值判断起着决定性的作用。它集中体现于主持人在正确的世界观指导下，表现出的高尚的道德情操、高度的敬业精神和对真善美的追求。具备这方面良好素质的主持人才有可能将其所有才智、能力淋漓尽致地发挥出来，奉献给广大的广播电视受众，造福于人类。

（二）职业道德

道德是以善恶评价为标准，依靠社会舆论和内心信念的力量来调整人们之间相互关系的行为原则和规范的总和。恩格斯说过：每一个阶段，甚至每一个行业都各有各的道德。职业道德就是和人们的职业活动紧密联系的、具有自身职业特征的道德准则、规范的综合。

主持人的职业道德是基于广播电视工作而形成的行为规范。主持人是我国新闻工作者的一部分，其职业道德的核心，就是忠实于事实，忠实于真理，全心全意为人民服务。这是新闻工作者的党性原则在广播电视工作实践中的具体体现，也是广播电视节目主持人走向成熟的标志。

主持人职业道德的具体要求首要的是社会责任感，以社会效益为最高准则。广播电视工作是影响社会舆论、影响社会情绪乃至影响社会行为的工作，因而要有高度的社会责任感，要努力维护祖国的尊严和职业形象。

主持人手握正义之剑、道德之枪，担负着国家和社会赋予的责任和使命，社会在关注他们褒奖什么、鞭挞什么、鼓励什么、批评什么。他们不是只顾猎奇而不顾社会效应的“自由公民”，也不是专门制造“轰动效应”、搬弄是非的“长舌妇”。在纷繁复杂的日常工作中，主持人的职业道德是电台电视台最有力的人格支撑。

广播电视媒体要求主持人在时间和行动中完善自我。主持人只有把改造自己与改造社会，把完善自己与完善他人、完善社会结合起来，才能形成一股强大的合力，将社会风气推向前进，体现出主持人应具备的职业道德。

（三）人格修养

人格决定着人的外显行为和内隐行为。一个人，只有具备健全的人格，才能将社会道德、准则内化为自身的价值观念，才能真正自觉地把人格外化为具体的言行。

主持人的人格，代表着媒介的形象。主持人的人格修养是主持人的为人之本，是主持人发展和成功的基石，成功的必备条件。他们的言行直接影响着广播电视台的声誉，主持人应该有比普通社会成员更高的道德境界和人格修养。如：赵忠祥的魅力表现为深厚的民族文化底蕴和强烈的社会责任感；而沈力则一向以谦逊质朴、善良著称，无论是主持《为您服务》还是《夕阳红》，她始终把握与观众平等的心态，表现了东方女性的美德。人格的忠厚、善良是最能博得观众青睐的。在这一点上，尽管东西方文化背景存在差异，但在高层次上的观念却是相通的。

完善自我，追求至真、至善、至美应成为节目主持人孜孜以求的理想和目标，主持人代表的应是社会和时代的一种先进的道德品质和人格规范。主持人的人格操守突出表现为具有向社会的假、丑、恶宣战的良知和勇气，表现为追求真、善、美的自觉和对普通人的生活、命运、境遇的关注，表现为对愚昧、贫穷和一切损人利己现象的抗议和批判。

主持人的工作很神圣，他应该是美的化身、美的使者、美的播种者。要做到这一点，主持人就要从自身修养起步，努力陶冶情操，净化灵魂，铸造完美人格。只有这样，才能在寻常百姓间，在普通的素材中挖掘出真、善、美的传播内容，才能做出于无愧于受众、无愧于时代的高质量的节目。

（四）社会责任感

在我国，主持人也是新闻工作者，需要强烈的社会责任感，因为新闻工作是影响整个社会舆论、社会情绪和社会行为的一种工作，他们必须对社会负责。无论是哪一类型的主持人都应该恪守职责，这种责任的范围包括不危害社会，例如：不鼓吹凶杀、暴力、色情、吸毒；不损害民族的利益，不挑起民族和宗教的冲突；不利用新闻对他人进行诽谤；更不能利用自身的特殊条件牟取私利、收取不正当的报酬。

如何做一个党和人民欢迎的合格的主持人，关键是要认清形势，牢记肩负的社会责任，坚持认真学习马列主义、毛泽东思想和邓小平理论，学习新时期党的各项方针政策，努力提高理论水平和政策水平，按照江泽民同志指出的“新闻舆论单位一定要把坚持正确的政治方向放在一切工作的首位，坚持正确的舆论导向”，“在坚持正确舆论导向的前提下，要讲究宣传艺术，提高引导水平，努力使自己的宣传报道更加贴近生活，贴近读者，使广大读者喜闻乐见”的要求去做。主持人在公众中产生着巨大影响，如果一旦失去行为准则，没有职业道德规范的约束，缺乏社会责任感，后果会不堪设想。

总的说来，主持人要增强自身的喉舌意识和导向意识，在自己主持的节目中，要把爱国主义、社会主义和集体主义作为社会的主旋律，传递正能量。实践证明，主持人如果缺乏政策理论水平和判断分析能力，缺乏强烈的社会责任感，就必然会使节目缺乏思想深度，使内容陷入公式化、简单化的境地，缺乏说服力。

极具社会责任感的主持案例两则：

（1）中央电视台《焦点访谈》自 1994 年 4 月 1 日开播以来，始终坚持“领导重视，群众关心，普遍存在”的选题宗旨，通过“实时追踪报道，新闻背景分析，社会热点透视，大众话题评说”，敢于为人民利益伸张正义，说真话，凸显了其高度的社会责任感，赢得了社会的认同和人民群众的好评。

（2）金话筒奖主持人向萤获奖后说：“‘铁肩担道义，妙手著文章’。其实，在我的骨子里十分推崇极强的社会责任感。这种责任感是我们做好新闻工作的一个重要前提。”① 他

① 白谦诚、胡妙德主编：《第五届金话筒获奖广播节目评析》，中国国际广播出版社 2001 年版，第 24～25 页。

在谈到《透视网吧》节目获奖体会的文章中说："我意识到自己有义务、有责任做好这组节目，呼吁社会都来关注、关心孩子们和网络的共同健康。""网吧的兴起而造成的社会问题，在当前是一个令人茫然的热点。网吧是关还是管，已成为社会点。把自己的情感和社会的热点结合起来，选择一个好的切入点，加上充沛的情感和入情入理的叙述，自然能够引起社会的强烈反应。""新闻作品价值的体现是对社会而言的，我们应该期望作品长久的生命力，但绝不能忽视舆论引导。离开了后者，新闻节目就失去了新闻品格。"①

（五）敬业精神

广播电视节目是为受众服务的，主持人要努力地做受众的朋友、知音，全心全意地为他们服务，要做到这点，必须全身心地投入到工作中去，具有高度的敬业精神、奉献精神，甚至是献身精神。美国著名电视节目主持人丹·拉瑟一年之中只有七八个周末能与家人团聚。靳羽西为了主持好《世界各地》节目，每天要工作 14 个小时。他们为工作呕心沥血，甚至还要放弃正常的家庭生活，倘若没有强烈的事业心，是难以长期坚持这一工作的。

高度的敬业精神，在我国的新闻工作者中司空见惯。如：中央电视台《焦点时刻》《焦点访谈》节目组，是有名的工作起来没钟点的节目组。为了节目加班、加点、开通宵是常事。中央电视台 1995 年 7 月播出并引起强烈反响的《中华之剑》摄制组，拍摄过程摄制组所表现出的奉献精神，非常感人。他们与缉毒干警一起，废寝忘食、夜以继日、历尽艰辛、出生入死，将名利等杂念抛到九霄云外，甚至深入云南、广西、广东 3 省，在半年时间里行程 1.3 万多公里，采访近 400 位人士，拍摄电视素材 210 小时，把可以在屏幕上冠冕堂皇地自我表现的机会压缩到最低限度；对被人架着采访、用塑料袋包着被雨水泡烂了的脚坚持走几小时山路后拍下来的画面不作任何说明；几个主创人员因艰辛而留下的病症至今未愈……我们所看到的，除了奉献还是奉献。高度的敬业精神是他们精神境界的核心支柱，是《中华之剑》成为高水准纪实性电视作品的保证。这种奉献精神，是每一个新闻工作者都应该也必须具备的，无论是记者、编辑，还是主持人，这是必须大力弘扬的可贵的精神。

（六）对真、善、美的追求

人类对于精神价值的追求，集中体现于对于真善美的追求。美是人类追求的最高价值。广播电视是传播真善美的重要媒介，在人类漫长的完善自身的过程中承担着重要角色。

随着社会的发展，人们越来越关注自身的"生存状态""生命体验"和"生命价值"。在人的一切实践活动中都渗透着价值因素，追求价值目标是人的能动性活动的本质特征，是人的活动区别于动物活动的一个根本标志。我们不否认物质价值是人类生存和发展的基本价值，没有一定的物质价值，精神价值就无从谈起。但是精神价值应该是主持人更高的追求，因为主持人所做的工作与人发生的不是物质价值关系，而是一种审美意义的精神价值关系。因此，主持人要将自己的生命体验、生存意识、生命价值观念传达给受众，受众得益的深浅与主持人在精神领域的追求成正比。高品位的素质，对自身、对他人、对节目

---

① 白谦诚、胡妙德主编：《第五届金话筒获奖广播节目评析》，中国国际广播出版社 2001 年版，第 24～25 页。

质量都会产生积极正面的影响。

二、业务素质

无论是广播还是电视都是一门综合艺术，面对飞速变化的节目形态，主持人不仅要能说会道，还要参与节目策划，很好地驾驭所主持的节目，具备过硬的业务素质。

（一）口语表达能力

我们在谈主持人的口语表达能力时，一方面是考察主持人语言上的准确性，另一方面是要考察主持人即兴口语表达的能力。那么，如何评判一个主持人的语言准确性呢？

首先要求语音准确、吐字清晰，每个字都能让人听明白；其次，语调正确，能准确表达语言的逻辑重音、情感重音，节奏变化，抑扬顿挫，有起伏性；再次，能掌握科学的发声方法，能够使自然声质得到良好的发挥，圆润、饱满、集中，音质优美、悦耳动听，富有感染力，形象感强；最后，要做到词汇丰富，逻辑性强，内容充实，用词准确、生动，善于说并说得巧妙。

即兴口语表达能力是对新时期主持人提出的更高要求。主持人不仅要会讲标准的普通话，声音亲切、自然，而且还要口齿伶俐，善于表达。要有出口成章、即兴发表评论的口才。要有自然驾驭语言的能力和以情感人的本领。播讲时声音抑扬顿挫、富于变化。有些播音员语音很标准，音质音色也挺好，但只要一离开稿件就无所适从，不善于表达，说话四平八稳，没有起伏，没有激情，引不起受众的兴趣。因此挑选主持人时，不能单纯把着眼点放在嗓音上，还要注意主持人的口头表达能力。主持人应有流利的口才和熟练的表达技巧，善于掌握受众的心理，节目的播讲和主持才会扣人心弦。

当今世界上一些著名的主持人，都具有出众的口才，他们口齿伶俐，善于表达。如哥伦比亚广播公司晚间新闻节目主持人克朗凯特的接班人丹·拉瑟，就是当今美国一致公认的口才最好、风度最佳的主持人。他自 20 世纪 50 年代从事广播电视记者工作，以擅长现场即兴报道著称。在长达 30 年的记者生涯中，他做过许多高水平的现场报道。他主持节目时神态自如，语言流畅，简明清晰，不拖泥带水。另外，享有盛名的广播新闻主持人爱德华·默罗，他出口成章，具有得天独厚的口才，早在中学时期就表现出卓越的表演才能。大学时，他主修讲演学，成绩名列全校榜首。他思维敏捷，具有很强的现场口头采访和即兴议论的能力，他的口语广播一度成为美国广播的参照模式。

（二）文化知识水平

知识对于每一个人来说，都是多多益善的，它是力量的源泉，是无尽的财富。对于主持人来说，更是走上成功之路的基本保障。受众眼中的主持人，仿佛是无所不知的“百事通”，上知天文下知地理，当然，主持人不是神更不是《辞海》，不可能一通百通。但主持人应该成为“杂家”，在学有所长的基础上具备多维的知识结构，拥有丰富的人生阅历，这样才有可能在节目中做到游刃有余、侃侃而谈，给人以启迪和享受。

同时，主持人也是文化的使者，是精神文明的传播者，主持人更代表着一种文化理念，不论什么栏目（节目）的主持人，没有文化作为支撑，都是很难保持长久魅力的。所以主持人要博览群书，对古今中外、各行各业的知识都要有所了解，打下扎实的文化基础。

扎实而广博的知识有利于主持人形成敏锐的观察和思辨能力，这也是主持人策划节目、分析问题和解决问题的基础。对每位主持人来说，知识是永恒的魅力，知识是成功的基础。主持人还要根据现代社会的需要和社会分工的需要，自觉更新知识结构，根据主持节目的需要，学习有关的专业知识，成为某方面的行家，以增强说服力和影响力。

优秀的主持人应该是什么样的？凤凰卫视陈鲁豫的切身体会是：首先要有文化底蕴，必须受过良好的教育。这就像长跑，如果受过好的教育，耐力就好，跑得也更长些。作为传播者主持人如果没有较高的文化素质和文化知识，就难以用高品位的文化精神去赋予节目厚重的文化感。有些主持人语言不文明，甚至粗俗，如“你们这些大爷、大妈”（应改为“你们这几位大爷、大妈”）；“你们为制作这些产品折腾了一个晚上”（应将“折腾”改为“辛苦”或“忙碌”）。还有一种情况是，当被采访对象说了些不恰当的话，主持人却毫无反应。如在采访一位理发师时，他说：“我在这里是守株待兔。”主持人听了竟无动于衷、不予改正，着实令人费解。语言直接反映主持人的形象和品位，因此主持人一定要注意文明用语、礼貌用语。目前不少主持人节目格调不高，文化品位较低，显然与主持人的文化素质和专业知识偏低有关。信息时代、文明社会呼唤着文化素质高、品位高的主持人。

（三）新闻采编功底

主持人和记者、编辑、播音员一样，都是新闻工作者。无论是哪一类型的主持人，都应具有良好的新闻素质，既要有新闻敏感性，能及时抓住新闻，还要有较强的采编功底，会采访提问，会编写稿件，会适时点评。很多出色的新闻类节目主持人往往都是从记者队伍中培养锻炼出来的，所以，记者做新闻主持人能发挥自身的优势和魅力。

我们从克朗凯特和丹·拉瑟身上就能发现他们良好的新闻素质。20 世纪 50 年代苏联的卫星上天时，克朗凯特以其特有的新闻敏感性意识到这将是一个崭新的报道领域，于是他开始阅读并钻研有关材料，成了主持报道航天方面的专家。他在 70 年代编写的有关航天飞机的几大本材料，是迄今为止每个报道航天飞机的记者、主持人必读的参考书。

几十年的记者生涯，使克朗凯特养成了很强的新闻敏感性。他深知新闻背景在报道中的重要性，因此作为主持人在播报和主持新闻节目时，他总是善于灵活地插入新闻背景知识，以此来增加新闻的纵深度，因此在克朗凯特身边工作的人常常会有这样的印象，觉得克朗凯特就是新闻。从同事们对克朗凯特的印象评价中，我们不难看出他良好的记者素质和新闻素养。

克朗凯特的接班人丹·拉瑟以敏感的新闻眼光和顽强的采访作风获得“美国头号新闻节目主持人”之美称。他主张新闻本身要有说服力才能打动人，主持人不能凌驾于新闻之上，他主持的新闻节目，由于新闻内容丰富，加之新闻价值大而赢得了观众好评。

“拉瑟的报道风格言辞激烈、高度概括、解释准确、热情奔放，这使他在驻白宫记者期间成为杰出的记者。他的报道开创了电视新闻报道的新风格。一项调查表明，长相英俊的拉瑟是克朗凯特之外最受观众欢迎的记者。”这些阅历丰富的记者型主持人在长期的新闻采访时间中，形成了各自独特的采访方法，掌握了高超的采访技能，善于提问，敏于思考，能迅速地捕捉新闻，扎实的新闻采编功底在所主持的节目中表现得淋漓尽致。

中央电视台《东方时空》的负责人认为，主持人如果离开编辑、记者这两根拐杖，是很难把节目主持起来的。因为他们对于如何与采访对象交流，怎样调节现场气氛没有实际感受，因此说起话来就到不了位，就显得不真实，自然就会影响收视效果。为此，《东方时空》在进行总设计时，推出了与记者合为一体的主持人。实践表明，这个见解是正确的。从《东方时空》走出来的一批记者型主持人如白岩松、敬一丹、水均益、张泉灵等已成为家喻户晓的明星主持人。他们新闻敏感性强，新闻素质好，具备扎实的新闻采编功底。

三、心理素质

主持人是节目从策划到编导、组织等一系列活动中，最终出场演播节目的人，主持人在节目中的地位、作用举足轻重。面对如此重要的角色，主持人心理素质直接影响主持人的行为和表现，影响着节目的质量。

从某种程度上讲，直播节目最考验主持人的心理素质。节目从录制到直播，主持人心理上的反应是不同的：录播面对的是已经写成的稿件，从时态上来说是“过去时”，很多因素已不会对主持人的心理构成多大的冲击；直播时的心态则不同，主持人身处“动作、行为或事件”的发生发展过程中，这种“现在时”“进行时”的时态，导致常有出乎意料的突发性事件出现，这无疑会给主持人心理以冲击，导致主持人产生一些直播心理障碍，如心情紧张、信心不足等，偶尔出现的漏播、误播更会引起心理紧张。因此，对直播主持人来说，重要的是如何预防和消除直播心理障碍。

理想的方法是：正确对待直播，事先做好必要的心理准备。平时注意培养临场的最佳心理状态，直播前熟悉播出提纲和有关资料，对可能出现的种种情况提前做出思想准备和处理预案，努力创造良好的直播环境。

主持人的心理素质是良好的政治素质和业务水平的体现。1960 年，参加工作才半年的赵忠祥便接受了担任国庆实况转播的重任，紧张的他“一连几个晚上睡不着觉”，担心自己“不可能有精力承担这个任务”。但是，“当我耳畔响起激越的国歌，当我看到五星红旗在蓝天飘扬，当我看到毛主席等党和国家领导人检阅整齐的方队和欢呼的人群时，我的眼睛湿润了，我的胸中升腾起一种神圣庄严的自豪感，我忘记了自己的渺小，我把充满激情的词句，用高亢明亮的声音传送出去，一万多字，没有一个错”。我们看到，支撑赵忠祥在良好的心理状态下进行成功报道的内核，就是他那片赤子之心和良好的新闻素质。

主持人只有拥有了稳定的心理素质和良好的心理承受力，才能在直播过程中始终充满自信，保持乐观的、积极的精神状态，才能有良好的自我感觉和工作心态，才能激发起与受众对话交流的强烈欲望。

【媒体视界】 大众传播到人际传播的回归

传播学创始人施拉姆认为：“两个人（或是两个以上的人）由于一些他们共同感兴趣的信息符号聚集在一起”就叫人际传播。人际传播就是面对面的传播、人对人的传播，是最为人情化的交流方式之一，真正使媒介成为“人体的延伸”。[1]

---

① 陆锡初：《节目主持人导论》，中国传媒大学出版社，2013 年版，第 224 页。

我们这里所说的人际传播，是广义上的人际传播，即人与人之间的信息交流。从大众传播到人际传播的回归，是当代大众传播发展的必由之路，它吸收了人际传播中的许多优点，如：平等交谈、促膝谈心、倾听交流、洗耳恭听、互诉衷肠、倾听心语等。

大众传播的这种回归，实际上是深一层次的创新，它将人际传播中的诸多优势融入了大众传播之中。

第六节　主持人的工作职责

从事各项专业的人都有明确的工作职责范围，主持人也是如此。主持人在节目中有着特殊的地位，作为节目传播的最后一环，主持人应明确自身扮演的角色，了解自己所处的位置。在不同类型的节目中，主持人承担的职责会有所差异。电台、电视台人员结构和管理机制的差异，也会造成主持人工作职责的不同。

同时，新时期中主持人已经发生了很大变化，主持人的类型、主持人节目的形态又有了许多新的发展，主持人的工作职责自然也发生了新的变化，要真正驾驭好节目、充分发挥好主导作用，主持人需要积极担负起相应的工作职责，具体包括如下几个方面。

一、内容创作

主持人是节目内容创作的重要主体，为了更好地胜任主持工作，主持人应积极地参与到节目的前期创作中去。只有明确节目思想，了解受众需求，才能更加出色地完成主持人的播出任务。

（一）策划创意

策划需要创意，创意离不开策划。对主持人来说，策划创意主要有两项任务：主持人节目设置，定位策划和选题策划。

定位策划阶段重在受众市场调查，明确目标受众的职业、年龄、文化、兴趣和收听（视）习惯等，以此来确定节目的方针、宗旨、内容、形式和风格。策划方案要避免雷同、一般化，策划节目要做到定位准确，针对性强，有特点，有新意。正如崔永元所说：“策划方案很精细，找什么样的人，这些人是什么背景？大概有什么样的观点？这些都由策划提供给我。”

选题策划阶段，是节目孕育的过程。这一阶段，根据节目设置的要求，主持人通过发挥个体的积极思维和创作力，与节目制作团队共同协作，最终确定节目的基调、主旨、内容和基本框架。选题策划是在节目策划后具体运作的关键。不同类型的主持人节目必然会有不同的选题，选题不能偏离节目的定位、方针，而且要注重针对性，如：新闻节目选题要注重指导性、现实意义，综艺节目选题则要注重娱乐性、趣味性，注重是否能激发受众收听（看）的兴趣。

（二）节目设计

节目设计指日常播出节目的设计构思，确定节目的基本框架和运作思路。如：话题如何切入展开、采用何种表现形式以及节目的总体布局设计和节目整体效果的把握等。在实际操作中，不同类型的节目，设计也各不相同。

关于节目设计，崔永元说：“一个没有设计的节目肯定不是好节目；但是你的设计不科学、太人为化，那肯定会失败，那不正常。你的设计要符合谈话的逻辑、脉络。我们的节目特别之处就在于，把组织正常谈话的权力交给主持人。我们的谈话虽然有设计，但谈话时完全可以脱离它。它的设计是一、二、三，我们可以谈成一、三、二或三、二，没有一，节目把权力都交给主持人自己去调整。”①

一位从事广播夜间谈话节目的主持人在谈到节目设计的体会时这样说：“对于常规性节目，通常做一个提纲式的案头准备，把关键性的引导语、总结语、节目的主题、自己的论点及论述的层次等，以提纲形式写下来，包括引用资料的大概出处。这样一档节目的大致框架，便清晰可见了。有了这样的准备，节目主持起来就可以从容不迫，有条不紊。”②

（三）编写稿件

编写稿件也是主持人的工作职责之一。策划选题一经确定，主持人就要围绕选题进行方方面面的准备工作，如熟悉选题内容、人物、事件，收集有关的素材、背景资料等，随后编写出具体的工作计划和采访提纲。另外，主持人需要根据记者、编辑或自己搜集的其他资料，依照节目要求，编写稿件，或对录制的视音频材料进行剪辑。

这个阶段，主持人紧紧地围绕着“说什么”“怎么说”两个具体问题进行准备。优秀的主持人都很重视编写工作，这样能使主持人在节目中游刃有余。重视稿件编写，坚持长时间的编写稿件，对主持人的业务水平会有很好的锻炼和提高。

二、主持播出

主持播出是主持人最重要的日常基本工作，具体包括以下几项：

（一）信息传达

主持人承担着传递信息的职责，应当交代节目的主要内容。无论是新闻节目的信息传播，还是谈话节目对嘉宾、话题、背景等的介绍，又或是生活服务节目中各种知识的传授，主持人都要向受众传递各种不同类型的信息。

在信息的传达过程中，主持人要贯彻节目的宗旨，将节目的目的和意图、自身的审美理想很好地传递给受众。

（二）组织串联

节目内容往往纷繁复杂，主持人是信息的组织者，是贯穿节目的主线，应当把杂乱的信息有序组织起来。这要求主持人对已有的声像资料进行进一步整合，并对节目进行组织、串联、制作等，协调好节目中的起承转合，从宏观上整体把握节目的每个流程，为现场主持做好充分准备。

（三）引导节目

节目进程的正常运行时由主持人来引导和掌控的。在镜头和话筒前，主持人应有自

---

① 白谦诚、胡妙德主编：《主持人》（第9辑），中国国际广播出版社2001年版，第19～20页。

② 施陶：《主持人的案头功夫》，韩泽主编：《节目主持学新论》，南京大学出版社1996年版，第146页

信，有能力驾驭、控制整场节目，把握好节目流程、时间和节奏，营造节目气氛，灵活应对节目录制过程中的突发情况，巧妙地引导受众参与到节目中来。

如果说节目主持要着重解决“说什么”“怎么说”，那么，在确定选题之后，主持播出便要着重解决“怎么说”的问题。这就要求主持人在充分熟悉话题的基础上，紧紧围绕话题，组织引导受众参与讨论，把握好话题的进程，层层展开并开掘深度，提升话题意义。

（四）控制现场

主持现场瞬息万变，面对突发情况，主持人要做到反应灵敏，机智应对，善于用幽默语言去化解矛盾，化解尴尬。主持人还要善于调控现场氛围，随时把握好情绪和现场的动态，为节目运行创造良好的气氛。

（五）现场采访

无论是新闻节目主持人、社教节目主持人还是综艺节目主持人，都要熟悉或直接参与采访，并掌握提问技巧。所不同的是，有的主持人需要到新闻现场去采访，有的在直播间或演播室采访，有的需要组织力量请记者、摄像师到现场进行采访、拍摄。

主持人的现场采访可以增强节目的真实感、亲切感和可信感，同时也是主持人基本素质和基本能力的体现。不少记者出身的主持人，他们既熟悉新闻采访艺术，又具有独特的采访风格。

需要指出的是，主持人的采访和报刊记者的采访，除了基本原则、方法、技巧等有许多共同点外，还有其自身的一些特点和要求：主持人的采访带有鲜明的节目特点，在选择采访对象、安排采访内容、确定采访时间与拍摄地点等方面都受到节目方针、宗旨的制约。主持人的现场采访应展示独特的风格，凸显个性魅力，采访中要自我意识鲜明，既要注重真实的“我”的感情流露，又要适时发表观点，陈述对新闻事件、新闻人物的感受与看法，表明个人的态度。主持人的现场采访不同于报刊记者的“问卷式”采访，而是“交谈式”的采访。主持人不但要善于提问，还要注意与采访对象沟通交流。相互交谈是一种融提问、交谈、评论和抒情于一体的采访艺术。

（六）互动与反馈

在“我要说”“我想参与”的今天，主持节目的成功很大程度取决于受众参与的程度。主持人要始终以强烈的互动意识激活受众参与的热情，满足他们“我想说”的心理要求。通过主持人的即时互动和引导，使受众进入节目语境，推进情节发展，实现互动传播效应。对主持人来说，这是一项难度较大的工作，它不仅要求做到“目中有人、心中有情”，而且还要求具备强烈的互动意识。

与受众进行广泛的沟通，是主持人的任务之一。与受众交流、沟通的方式也是多样的，包括户外大型直播活动、开通短信平台、微博互动等形式。主持人通过受众的来信、电话、设置网站，获得众多信息反馈，媒体还可以召开各种形式的专题座谈会或受众座谈会面对面地听取意见。通过这些形式，媒体与主持人实现与受众直接、平等的联系，并认真对待受众的反馈意见，积极改善并完善节目。

主持人要注重对节目的评价，包括自评、受众调查、专家评审、广告商反馈等。主持人和团队在节目播出后须注重自我反思和评价，注重受众对节目的观看感受和意见，与相关专家进行沟通交流和评议，不忽视任何一方的意见反馈。注重对节目的评价和反思，能够有效地促进节目质量的提高，提升节目的综合效益。

总之，交流、沟通、互动、反馈既是主持人不可缺少的一项重要工作，主持人要认真对待、积极主动、倍加重视，同时这也是新时期办好主持人节目的一剂“灵丹妙药”。

（七）深化节目

主持人主持节目的过程，也是对节目再创造的过程。主持人不能依样画葫芦般地展开节目的大纲，而是要充分调动自己的主观能动性，发挥聪明才智，创造性地运作节目，努力提升节目品位。

三、编辑制作

了解、熟悉或参与节目的编辑、制作也是主持人的基本职责。广播节目是由文字、音乐和音响三要素构成的，电视节目还有画面。那么如何根据记者、编辑、摄像提供的各种文字材料和声像资料，按节目要求进行剪接、编辑、组合串联，使之成为一个有机的节目整体呢?

在编辑制作过程中，有的主持人还要根据节目需要，自己动手撰写串联词，配置音乐、歌曲和有关背景资料。尤其是广播节目主持人，其节目编辑、制作的全过程都由自己独立完成；有的则由主持人和节目制作群体共同完成。

主持人直接参与节目的编辑过程，有利于深入了解、熟悉节目运作的过程，也是提高节目质量和主持水平的有效途径。

第七节　主持人的分类

所谓分类，就是根据事物的性质、特征，按照一定的标准将其分门别类。分类既是认识事物的方法和途径，也是认识事物的一种思维方式，是人们思维的条理性、系统性的体现。

对主持人节目进行正确、科学的分类，就是为了掌握不同节目的特点、规律，以达到对主持人节目全方位、系统化的认识。通过本章节的学习，对探讨主持人节目不同节目类型的本质，寻求他们内部构成的基本规律，以及把握各类节目的创作特征，都有着重要的价值和意义。

一、主持人分类的意义

关于主持人节目分类的意义，简单来说它至少满足了五种需要：满足了节目生产和管理的需要；满足了节目编排播出的需要；满足了节目交易和评比的需要；满足了节目理论研究的需要；满足了节目主持规律探索的需要。

主持人分类是主持实践与理论研究的需要，意义重大。划分节目主持人类型，是广播电视主持人节目广泛普及、日益发展的必然，具有很大的现实意义和深刻的指导意义。类型不明，界限不清，既给实际工作造成许多混乱，又会直接影响主持人节目的健康发展。划分主持人类型的意义主要表现在以下三个方面。

（一）有利于节目主持人相对固定，有利于主持人的成长

不同类型的节目，对主持人的素质与业务技能的要求各不相同。相对固定的主持某一

类型的节目，既便于主持人了解该节目的性质特点，掌握内在规律，同时又利于主持人根据节目的特殊需要，有的放矢，提高自身素质，更好地驾驭和主宰节目，促进自身的成长。与此同时，同类节目和主持人之间的互相比较、互相学习、互相竞争，有助于提高台与台之间、主持人与主持人之间的竞争意识和创新意识。

18 世纪法国著名的思想家、文学家布封说："风格才是本身。"风格不仅是指一般的外部特征，更重要的是指内在的本质特征。目前我国广播电视不少节目主持人风格雷同，形成了"主持腔""主持调"，给人以似曾相识之感，缺乏个性，缺少自身特点。导致这种现象的原因是多方面的：有社会、历史、体制管理等多方面的原因，当然还有主持人节目类型混乱、错位等原因。由于节目宗旨不明、定位不准，因而就难以形成鲜明的主持风格。主持定位不准的节目，主持人自然无法展示个性形象。目前国内有些主持人急功近利，急于成名，频繁跳槽、换台换节目。这种具有随意性、变换性的做法既不利于主持人提高素质，也不利于主持人成才。

纵观国内外的明星主持，绝非是"全能型""万能型"的，而多为主持某一类型节目的明星，一位明星主持，不可能既是新闻节目主持明星，同时又是综艺节目主持明星两者特点各异，需要的主持形象大相径庭。如果主持人形象与其主持的节目属性不合，其个性形象与主持风格就很难得到受众的认可。美国主持人除不可抗拒的原因外，很少更换，如《唐纳休访谈》持续了 38 年，《今夜》的琼尼·卡森主持了整整 30 年，具有超级影响力的《奥普拉脱口秀》也持续了近 20 年之久。

因此，划分节目类型，找准节目定位，对于形成节目与主持人相吻合的个性风格是极为重要和不可缺少的。主持人较长时间地主持某一类型的节目，既可以逐步引导稳定的受众群，还可以逐渐形成与节目相适应、相吻合的主持风格，增强主持人的个性魅力，扩大节目的社会影响，为培养明星主持人创造有利条件。

（二）有利于节目的发展与评价，有利于办出特色节目、精品节目

名牌节目的标志是：有鲜明的个性特点，构思新颖，拥有固定的受众群，社会影响力大。进行节目分类有助于明确各类节目的宗旨、对象和特点，便于主持人遵循某一种节目的内在规律和特征，发挥主动性、创造性，体现节目特色。

此外，目前各级广播电视机构频频举办主持人节目和主持人的各种评奖活动，按"类型"与分类原则评奖具有可比性，不致造成混乱，可促进评奖和创造出精品。

【媒体视界】

美国电视节目《60 分钟》自 1968 年创办伊始，节目总编导唐·休伊特就苦心构思，精心策划设计，确定节目类型为杂志型新闻节目，这在当时还属首创。然后又根据这类节目的特点，确定以深度报道为主，编排上充分发挥"新闻杂志"的长处，变以往一次节目只有一个主题为三个主题，挑选素质好、有个性的记者当主持人，使这个节目 40 多年来始终是特色鲜明、全美收视率较高的节目之一。

我国中央电视台 1993 年 5 月 1 日创办的《东方时空》，节目刚开始就定为新闻杂志型节目，设《东方之子》《生活空间》《焦点时刻》《东方时空金曲榜》栏目。实践一段时间后，又进行改版，去掉《东方时空金曲榜》栏目，成为名副其实的新闻类杂志型节目。同

时将《焦点时刻》更名为《时空报道》，并由4位主持人出任总主持人，以便更好地按“新闻杂志型”的结构规律与传播特点办好节目，创造精品。

（三）有利于理论研究的分化、细化与深化

世界上任何一门学科发展到一定阶段，都需要进行学科分类，以便对其进行系统、科学的研究。主持人节目在我国出现已有30多个年头，如今节目不仅数量多、品种多，而且形式不断翻新，令人眼花缭乱、目不暇接。加上目前各地频频举办各种主持人节目及主持人的评奖活动，迫切需要对主持人节目进行分门别类的深入研究。

各类节目属性不同，内在规律不同，自然对主持人的素质要求不同，节目创优的思路、规律及方式也不同。例如，新闻节目、社教节目、综艺节目、访谈节目就属于不同范畴，几者之间差异极大，笼统研究收效甚微，只有分门别类地进行深入研究，才能做到有的放矢、准确有效。

总之，对主持人进行分化、细化与深化的研究，既是主持人发展现状的需要，更有利于节目创品牌、出精品，同时又能为主持人理论研究开创新的局面。

二、主持人的类型

按“属性相同、相等的事物归为一类”的原则和“以相同性，相等性条件”的科学分类，主持人节目类型的具体划分方法有以下几种。

（一）按节目内容属性划分

1. 新闻节目主持人

这类主持人包括消息类节目、评论类节目、专题类节目、杂志型节目等节目主持人。

新闻节目是广播电视媒体的主体与骨干，在“以新闻立台”的过程中，新闻节目主持人的作用、地位非常重要，社会影响巨大。新闻主持人的素质要求高，责任大，始终肩负着以正确的舆论引导人的时代重任。

2. 社教类节目主持人

这类主持人包括各种知识性节目（如科学、法律、健康节目）、理论性节目的主持人。

社教类节目主持人担负着传播文化科学知识的任务，节目宗旨是教会受众做某事，了解浅显已知和未知的与生活有关的知识内容，教育类主持人对受众具有极强的教育和引导意义。

3. 对象性节目主持人

对象性节目是面对不同的特定受众对象而设立的。面对不同年龄段人群设置的节目有：少儿节目、青年节目、老年节目等；面对不同职业、性别、种族等人群设置的节目有：解放军节目、妇女节目、残疾人节目、体育节目、少数民族节目等。对象性节目主持人的任务是根据不同人群的需求提供有关信息与服务，体现贴近性、针对性、服务性，要求主持人热爱、关心传播对象。只有了解、熟悉传播对象，才能成为传播对象喜爱的贴心人。

4. 综艺（娱乐）类节目主持人

综艺娱乐类节目无论是在广播还是在电视传播中都占有较大比重，社会影响广泛，是受众休闲娱乐时的主要选择。我国文艺广播的播出量一般占到电台播出总时间的一半以上。广播文艺类节目主要有音乐歌曲类节目、文学类节目；电视综艺节目主要有：表演欣赏类节目、娱乐资讯类节目、游戏类节目、明星专访等。综艺节目主持人担负着向广大受众提供各种文化娱乐的任务，通过主持的节目起到陶冶情操、净化心灵、享受快乐的社会效应，满足人们的精神娱乐需求。

5. 谈话类节目主持人

广播电视谈话节目在国外尤其是美国已有相当长的历史，美国谈话节目内容大致可分为十类：婚恋家庭、社会问题、个人生活观、医疗保健、心理健康、奇闻轶事、生活指南、司法治安、儿童教育等，可谓题材广泛、娱乐性强。

按照谈话方式特点，我国谈话节目主持人可分为：①以讲故事为主的叙事型谈话主持人；②以探讨社会问题为主的讨论型主持人；③以双方观点不同而具有对抗性的辩论型主持人；④以家庭情感诉求为主的热线谈心型主持人。

谈话节目主持人贵在掌握“谈”“说”“聊”和与人交流沟通的艺术；贵在明确自身的定位：要做谈话的轴心，不做观点的轴心；贵在要有全新的思维方式和行为方式，讲究说理艺术，语言亲切自然。

6. 特别节目主持人

以上六种提到的都是长期固定栏目（节目）的主持人，而特别节目主持人是临时安排的一次性特别节目，或短期内因某个重大事件、特别报道需要而设置的特别节目的主持人。这类节目主持人大都由特邀嘉宾或受众熟悉的明星主持人担任。

（二）按节目制播过程中主持人的工作特点、所处地位及发挥的作用划分

1. 独立型主持人

这类主持人独立承担整个节目的采、编、播各个环节的工作。由于人力有限，独立型主持人要对整个节目负责，一般来讲，适合主持时间较短、内容相对一致、间隔时间较长的节目或栏目。

2. 单一型主持人

这类主持人主要从事话筒前的创作或播音工作，在整个节目中发挥的作用比较单一。这类主持人的节目稿是由编辑使用第一人称，也就是以主持人的口吻撰写的。这类主持人表面上看似同播音员无多大区别，其实有着本质的不同，如在播音方式、心理状态、语言习惯、思维方式和与节目的关系上，主持人都不同于播音员。

3. 参与型主持人

这类主持人参与采、编、播各个环节的工作。如参加节目的策划构思、选题采访和编辑制播。有的主持人参与全部，有的参与大部分，有的只参与一小部分。总之，主持人一定要参与制作节目。在这类节目中，主持人与编辑是一种平等合作和相互尊重的关系，节目制播过程中渗透着主持人的辛勤劳动。

4. 主导型主持人

这类主持人是整个节目的策划组织者、体现者、主播者，即主持人是节目的“主编”兼“主持”，并负责把关导向；大量的具体工作由一个采编班子来完成，这要求主持人具有一定的领导、组织和活动能力。

这种分类法，关键是抓住“参与”二字。它深刻揭示了节目与主持人的内在关系、主持人参与节目的特点，明确了主持人在节目中的地位和应有的作用。

这里需要说明的是，关于独立型节目主持人，对广播主持人来说，从策划、采访、编制到播出主持，他们可以一个人独立完成，目前在许多地方电台，独立型主持人为数不少。但对于电视来说，采访、拍摄、制作、播出等工作程序复杂，主持人不可能一人独立完成一个电视节目的全部工作。

（三）按主持人参与节目的程度和工作方式划分

1. 采编播合一式

主持人集采编播职能于一身，既是记者、编辑，又作为播讲者负责主持节目。主持人是节目的核心人物和代表，参加节目制作的各个环节工作，熟悉制作播出的全过程。主持人对节目有掌控权、决定权，在节目中始终起着主导作用。从确定选题、采集稿件到编排制作节目，直到最后播出主持，主持人的意图和思想表现得比较明显，个性风格较鲜明。

采编播合一不等于由主持人一人完全包办代替。为确保节目质量，还需要一个团队协助主持人的工作，诸如根据主持人的策划进行具体的执行工作。

2. 采编播合作式

记者、编辑、主持人分工合作，作为播讲的主持人参与部分采编工作，熟悉节目的各个环节，可以在主持过程中较好地发挥主观能动性。这种主持形式的核心人物不是主持人，而是编辑。编辑是节目的思想核心，节目思路与结构在很大程度上取决于编辑。主持人是幕前人物，在遵循节目意图的前提下，可以对稿件修改润色，使稿件更适合自己的语言习惯。

采编播合作的主持形式可以发挥记者、编辑、主持人的各自优势，取其所长，避其所短，从一定程度上改变了长期存在的采编播分离的状态。缺点是，如果采编播各个环节配合不好，就会导致节目出现断裂痕迹，风格不统一。

3. 报幕式或客串式

报幕式主持形式一般适用于文艺性专题节目或文艺晚会，主持人在主持过程中播报串联词，发挥承上启下、活跃现场气氛的作用。

客串式主持，是根据某个特定节目的需要聘请社会上有关人士主持一定时间段的节目。

无论是报幕式主持人还是客串式主持人，一般事先不参与节目的策划设计和组织运作工作，因而对节目生产的全过程不甚了解，这类主持人需要反应灵敏、现场应变能力强，具有一定的专业修养与语言功力。

（四）以节目制作、播出方式为标准来分类

根据节目制作、播出方式为标准来分类，可以把主持人节目分为录播节目、直播节目、准直播节目三类。所谓“准直播节目”，就是以直播形式录制下来，但不立即播放，如凤凰卫视窦文涛主持的《锵锵三人行》就是这样的准直播节目。

三、主持人分类的思考

主持人的分类，一直以来是一个具有争议的学术问题，分类对于主持人的实践操作和学术界的理论研究，具有一定的积极作用。同时，分类也犹如一把双刃剑，存在着不确定性和生硬性。

广播电视毕竟是一门“经验学科”，我国广播电视发展的速度快而种类繁多，近年来，出现了许多新的节目形态。中国的部分电视节目正在自觉或不自觉地挣脱传统的分类法的束缚，通过调配电视艺术要素、制作手段等因素构成新的节目类型。

如《东方夜谭》是个“四不像”的节目，在内容和形式上颠覆了传统并糅合了许多形态特征：包装上的荒诞思维和娱乐元素的渗透；虚拟的观众和副主持小蔡的预设；有新闻又有访谈，且新闻不“新”，旧闻不“旧”，重“访”又重“谈”。

又如，央视经济频道《绝对挑战》。有人说它是“服务类——为人找工作”的栏目，而栏目编创者却定为“益智类娱乐节目”，还有人把其定位成“大型演播室真人秀节目”。

再如，由湖南卫视和上海天娱传媒有限公司（下称“天娱传媒”）共同制作的平民选秀节目《超级女声》，在节目设置上与 Fremantle Media 拥有版权的 Idol 电视节目模板非常相似。因而，英国电视节目制作公司 Fremantle Media 亚洲版权总监伊迪斯认为：“他们没有购买我们的电视节目模板的版权，抄袭 Idol 节目形式，侵犯了原创者的知识产权，必要时我们将对其提起法律诉讼。”[①] 而天娱传媒原总裁王鹏则完全否认了“盗版”一说。事实上《超级女声》节目形态也作了一定的本土化的改造。

为此，上面我们介绍的传统分类法已不适应飞速发展的节目形态的变化了。由于我国节目形态分类学还没有真正形成，因而主持人节目的分类也同样处于认识阶段，我们只能从一般的认识、解释来分类。但要研究分类，从艺术学角度看，形式和内容是一个事物的两大要素，任何事物都是这两大要素构成的，这是研究分类的“本体”出发点。当然再怎么变化，主持人节目都是以“内容”和“形式的外延”式增长为主要手段的。

由于目前主持人节目的内容和形式变化太快，我们现在比较注重从“形态”上来给节目分类，这样比较客观。比如：谈话节目的前身是电视报告、电视讲话，往后发展到《实话实说》《超级访问》。虽然这些节目还属于谈话节目，但它里面具体的变化非常多。[②] 比如央视的《当代工人》是户外的谈话节目，而《超级访问》是娱乐谈话节目，《锵锵三人行》是新闻谈话节目。

“众多节目都是拼凑的复杂形式的结果”[③]，尤其是电视，它是一种碎片文化，它可以兼容各种政治的、社会的、艺术的、经济的内容，也可以包容各种表现形式；电视也是一种复制文化，它可以拷贝任何对象的创意。电视文化这种后现代的特性，使得电视节目的编排、制作表现出“形式杂糅”“种类拼合”“内容组装”的特征。而这种杂糅、拼合、组装实际上都是形态变换出的种种花样，而不是一种形态就固定是一种节目，形态会流到各种节目类型里面去。

从以上的阐述我们可以看出三个问题：

1. 形态很重要

时间过去了很久很久，节目内容换了很多很多，节目样式也变了很多很多，但是节目形态在我们的记忆里积淀了下来。

2. 形态本土化

西方的节目形态到了中国，就发生了变化，这种变化大到有时候连形态的名称都要改变。

---

① 一财：《美国偶像称〈超级女声〉涉嫌盗版》，《扬子晚报》，2005 年 7 月 31 日。

② 李幸：《电视节目形态之我见》，《现代传播》，2001 年第 5 期。

③ ［美］罗伯特·C. 艾伦编：《重组话语频道》，中国社会科学出版社，2000 年版，第 345 页。

3. 形态不等于具体样式

形态可以在各种各样的节目里流动着，它不仅规范了一大批节目，装进了一大堆内容，而且它可以到处流动。电视节目的形态不是一成不变的，它是处在不断发展变化之中的。而不断变化、不断产生的新的节目形态，又会形成新的电视节目类型。

现在，我们大多采用节目内容和节目形态相结合的方法给主持人节目分类。例如，中国广播电视学会主持人节目研究委员会从1994年至2003年先后举办了六届广播电视主持人“金话筒”的评比活动，主持类型分类就采用把参赛的电视节目主持人作品分为新闻类、谈话类、文娱类、社交类、体育类等五类；把广播节目主持人作品分为新闻类、谈话类、文娱类、社教类、服务类等五类。

综上所述，主持人的分类对主持人的实践和发展作用巨大，但随着节目形态的飞速发展，分类不应该是绝对的，一成不变的，我们应该用包容的眼光看待那些节目元素多元化的综合类节目。

知识巩固 >>

1. “节目主持人”这一概念是由谁提出的，在何种背景下提出这一概念的？
2. 谈谈你对“节目主持人”这一概念的理解。
3. 请阐述节目主持人的工作职责。
4. 谈谈主持人分类的重要性。
5. 请简要阐述节目主持人的基本特征。
6. 要做好一档节目，主持人需要做哪些准备工作？其职责有哪些？

实训演练 >>

1. 分小组搜集西方、我国著名主持人背景资料及主持生涯中具有代表性的小故事，制作PPT文件后进行讲述（每位主持人讲述时间为三分钟）。
2. 收听广播节目，选取三档最喜爱的节目，阐述喜爱理由。
3. 选取最喜爱的一位主持人，分析并阐述他在节目中的职业特性及主持人定位。

第二章
主持人的语言艺术

学习目标 >>

1. 通过本章的学习与训练，了解主持人语言艺术中有声语言特点。
2. 通过本章的学习，掌握主持人语言艺术在具体节目中的运用技巧。

知识结构图 >>

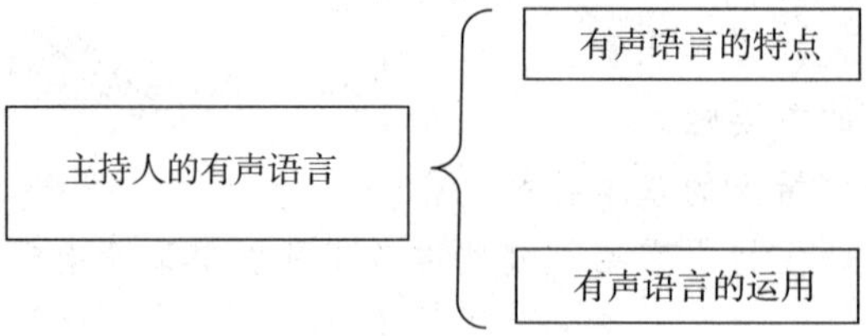

第一节　主持人有声语言的特点

人类自从进入新传媒阶段，有声语言便成为传播活动中的重要元素。电子媒体的有声语言，包括语言、音响、音乐等诸多元素，而主持人的有声语言就是指主持人开口说出的语言，即“说话”。[①] 主持人通过有声语言传递信息、传播知识，与受众进行思想情感交流。为了使传播交流准确、方便、生动、高效，具有一定的艺术性，主持人的有声语言除了做到基本的规范与纯正外，还有本身的特点，应当熟练掌握。

既然有声语言是主持人的看家本领，那么对于主持人的语言功力、语言表现力、语言魅力等一系列的高标准、严要求绝不为过。主持人的语言能力不单单是我们理解的能说会道、口若悬河，而是指能用标准的普通话，有力而得体地达到说话的目的。显而易见，对于主持人来说，在语音标准的同时，关键在于“有力而得体地表达说话的目的”，但是这不代表随心所欲、信口开河。例如播音员所进行的有声语言表达是以书面稿件为基础，以规范、准确、鲜明、生动地传达有

① 俞虹：《节目主持人通论》，中国广播电视出版社，2004 年 1 月第 1 版，第 214 页。

效信息为目的。

一、主持人有声语言的特点

有声语言，作为与受众之间最重要的沟通交流途径，随着大量广播电视节目的不断出现，主持人的语言也变得丰富起来。主持人语言的口语化是对人们日常口头语言经过筛选、加工、提炼后的再制品，是日常口语和书面语的结合体，并且形成了其自身特点。

（一）简练、形象

首先节目主持人应该和播音员一样，苦练基本功，做到语言规范、字音准确、吐字清晰，除此之外，还要声音圆润、悦耳动听、言简意赅、具体形象、富有美感，能给受众心理上的愉悦之感。换句话说，就是主持人除了把普通话说标准，还要把它说得“听上去易懂”“听上去好听”。

简练，即简约凝练，用少量的语言尽可能表现丰富的意思。借用莎士比亚的一句话：“简介的语言是智慧的美，冗长的语言是藻饰。”当下有些主持人，一开口说话就喋喋不休，口若悬河，说的内容，让人费解。殊不知，节目主持人的语言越是简洁精炼，思想的表达才能越明确，也能越快越好地达到传播的效果。

如果说主持人用标准、简洁精炼的语言表达可以让受众“听上去易懂”，那么说话时的用词自然、悦耳动听、生动形象，就可以达到“听上去好听”的美感。主持人在主持节目的时候，与受众最终的交流效果在于听觉，这一点，对于广播节目主持人来说更为明显。因此，节目主持人在说话的时候，不仅要考虑传情达意，还要考虑语言的清晰响亮、生动活泼。众所周知，受众关注你的节目一般都是漫不经心的状态，再加上主持人的语言转瞬即逝，如果主持人语言不清晰、响亮、悦耳、生动形象，那么就会让受众听不清，也想不明白，更别提思考与回味了。

（二）通俗易懂

主持人在节目中一般都是以第一人称“我”的口吻出现在节目中的，这样的称呼给受众的感觉就像和朋友在交谈一样，非常放松与亲切。除了人称上的变化以外，在大意不变的情况下，主持人还要将原本的书面稿件，改动成更通俗易懂、亲切自然的口语化的语言，即就像是我们平时的谈话的感觉一样。从受众的角度去考虑，他们自然会喜欢说话热情亲切的主持人，而不接受语气冰冷的主持人。但是，这里所说的口语化绝非是口水化、粗俗化，甚至是低俗化。应该是亲切而不媚俗，自然而非随意。主持人的语言怎么做到书面语到口头化的转变，首先它是从民间口头语言中经过自然地筛选、加工、组织、提炼之后创作出来的，为的是让受众理解的同时不产生一定的距离感。我们将以《焦点访谈》中“中国式过马路”开场语的两个版本进行比较，一起来分析一下口语化表达的良好效果。

【媒体视界】

1. 书面稿

前段时间流行一个热词叫“中国式过马路”，就是：凑齐一群人集体过马路，根本不管红灯还是绿灯。为什么“中国式过马路”的现象如此普遍？背后都有哪些原因呢？

2. 口播稿

您好，观众朋友们，欢迎您收看《××××》。

过马路，中国式过马路，有的观众一听这个话题就会说，唉，这话题前段时间不是说了好一阵子了吗？怎么又说呀？是，话是说了，但是这个坏习惯没改，咱们就得老话接着说。中国式过马路呢就是凑齐一群人集体过马路，根本不管红灯还是绿灯，你看这张照片啊，前面红灯还亮着，可是已经有这么多人闯到了路中间，为什么中国式过马路的现象如此普遍，这背后有哪些原因呢？我们记者在路口做了体验式调查。

简短分析：我们可以看出书面稿件过于简单，只是告诉了“中国式过马路”的概念，而经过敬一丹的口语化转变，还加上了大家对这种过马路的行为不重视、不理会、不遵守的劝解性的语言，让受众觉得既真实又亲切，就不会那么抗拒了。

（三）真诚交流

张颂教授曾说过：“主持人说话要坚持的是‘真实的身份、真诚的态度、真挚的感情、真切的语气’，杜绝一起虚假与造作。”也就是说主持人在表达的时候，一定是真诚和富有人情味、情感味地与受众进行面对面、直接的、平等的心理沟通与交流。

主持人的语言外在是声音，内在是情感，这就要求主持人在传播信息的时候要做到语言准确与情感真实的统一。《幸运 52》的李咏，在节目一开场就把观众带入了热情高涨的氛围中去，他高喊着：“想夺冠吗？想！大声说出来！你有信心吗？有！也大声说出来。”尽管隔着荧屏，但是他说的每句话都是真实的，传递的信心也是振奋人心的。这都源于他们彼此对于消息的真实表达，达到了声情并茂的传达效果。这就要求主持人始终要用一颗坦诚的心对待每一位受众，把自己真诚而朴质的情感化作亲切而温馨的语言来拉近与受众的心理距离，从而温暖人心。

（四）略高一筹，换个说法

上面说了主持人情感表达的重要性，但是有些主持人一味地注重情感表达，而“得意妄言”，说话不顾及逻辑规则，东说西说，连最基本的语言层次都模糊不清，这样只会给人一种思维凌乱、逻辑不清的感觉，更谈不上情感交流。因此，主持人的思维正确、灵敏、创新是语言表达的前提，那么如何做到呢？这也就要求主持人的语言有逻辑性，能层层深入地分析问题；在进行表达的过程中可以准确领会、随机应变、及时反馈；在思考问题的方面可以从多角度出发，深入提炼观点，达到精辟的语言表达，尤其是逆向思维可以更直接地表达出独具个性的观点，让人耳目一新的感觉。

我们看一个关于《第六届 CCTV 主持人大赛》复赛第二场徐卓阳的即兴说话逆向思维表达，让他在众多选手中拔得头筹。

【媒体视界】《第六届 CCTV 主持人大赛》复赛第二场　徐卓阳

“今天的热点话题可能跟在座的每个人都有关，大家都是生活在城市里，健康问题都是大家所关注的。有这么一批人可能在座的很多都是，别人开车，他走路，现在这批人已经有 3700 万了，一个不小的数字，他们有一个共同的名字叫‘暴走族’。所谓暴走族这个名字是从美国来的，就是一直走不开车，拥有非常健康的生活方式的人。走路肯定对大家都很有好处，但是我更感兴趣的是城市的相关建设有没有达标呢？一个健康的生活方式必须要有一个跟他匹配的城市公共管理措施。比如说早上的洒水车有没有及时地开过来，比如说城市的绿化带有没有建好，我们不能灰头土脸得出来，暴走变成了暴跳如雷，这样适得其反。”

简短分析：“暴走”一般是指给人健康的一种生活方式，但是徐卓阳却从逆向思维逻辑出发，抛出了“如果相关的城市设施跟不上，我们的暴走就变成了暴跳如雷，反倒适得其反了”。如此思维创新的表达，当然可以使他从众多的选手中脱颖而出。

（五）对象感强

节目主持人在与受众说话的时候，要做到让他们无论在何时何地都产生一种“对我说”的强烈感觉，这其实就是我们平时说的主持人要有对象感。主持人在主持节目时候经常会使用“我们”“咱们”“朋友们”等这样的称号，其实就是在不断地拉近主持人与受众的距离，让受众有一种一起对话聊天的感觉。强烈的对象感，是主持人在工作时候需要的一种心态，这样的心态需要主持人感同身受地从受众的心理需求出发，进行真诚交流。面对话筒与镜头时，你可以想象成具体的一个熟悉的朋友、师长、亲人等，这样主持人与受众就在交流的过程中，形成平等、亲密的朋友关系。

（六）独具个性

在当今成千上万的主持人中，为什么我们可以清楚地说出一些主持人的名字，因为这些让我们清晰记得的主持人都有自己独特的语言风格。不同的主持人，由于栏目要求不同，自身的修养、阅历、语言习惯不同，就行成了各自的语言风格。但是这样的个性化不是孤立存在的，它是和节目相辅相成的，从而达到相映生辉的表现效果，也就是俗话说的：“戏抬人，人抬戏。”例如，汪涵的机智幽默是在《天天向上》的娱乐脱口秀中表现出来的；益智类节目《一站到底》的紧张氛围，被主持人李好风趣的调侃而变得欢快起来；白岩松的严肃、犀利、客观是他在《新闻1＋1》中的一贯作风；欧阳夏丹的清新、利落的语言风格是她在《第一时间》栏目里逐渐形成的；而谢娜的直爽开朗、不拘小节则是《快乐大本营》带给大家的快乐记忆……不一样的个性表达，一样的精彩呈现。因此，独具风格的主持人个性化的语言，构成主持人节目中一道亮丽的风景线。但是，主持人的个性语言表达不是脱离节目内容的随性发挥、盲目模仿，而是在平时的工作经验中不断发现、挖掘自身的潜能，不断地尝试与积累经验中逐步形成的。

张颂教授认为：“所谓语言功力，就是语言的功底和能力。理解力、观察力、感受力、反应力、感受力、反应力、表现力、感染力，这些都是语言造诣和语言功力的体现，不可等闲视之。”[①] 因此，作为一个节目主持人必须意识到其语言的魅力，并且掌握它，运用它。

① 张颂：《播音语言通论》，北京广播学院出版社1994年2月版，第137页。

第二节　主持人有声语言的运用

主持人的语言技巧是从日常工作中不断提炼出来了，同时又要将它服务于实践中去。因此，主持人如何运用好有声语言显得尤为重要。下面我们就从词汇、句子、修辞、基调、语境等来介绍主持人运用语言的原则与技巧。

一、词汇

（一）口语与书面的区分

口语化的语言有生活气息，让人感觉自然、舒服；书面语给人以规范、正式之感。因此，主持人在使用词语的时候，要根据节目要求和具体语境来进行适当的选择。例如，一般生活服务、综艺类、少儿类、谈话类的节目多选择通俗易懂的口语表达。在美食类节目中，主持人介绍“圣女果”“奇异果”这些水果时，把这些学名化的书面语改成我们熟知的“小番茄”“猕猴桃”的口语，更易让人接受和理解；在询问乡下老大娘：“今年高寿呀？有没有配偶？”老大娘对“高寿”和“配偶”一脸茫然，不知道怎么回答。如果我们把“高寿”“配偶”换成“年纪”和“老伴”之后是这样的口语表达：“老大娘问您今年多大年纪呀？有没有老伴呀？”相信老大娘立刻会明白你的意思，并接受你的采访。在这里值得注意的是在正式、庄重的场合就不宜使用生活化的口语。

（二）同音异义词慎用

汉语言中同音不同义的词有许多，这也是汉语言博大精深的体现。但是这样的同音不同义的词语会在说话的过程造成不必要的误解与麻烦。由于主持人有声语言表达是听觉的直述过程，并没有文字书写辨析，因此主持人在说话的时候尽量避免使用同音异义词，以免产生歧义。例如“报复—抱负”“异议—意义”“功夫—工夫”“南方—男方”等。例如，“致癌”与“治癌”听上去音是一样的，但是意思却是大径相庭的。如果遇到类似的词语，主持人可以拆词分解说，例“长期吃类似的食物在一定程度上可以有效地治疗癌症的一些病症。”这样受众就会明白其含义了。

（三）少华丽、多朴质

节目主持人与受众的交流应该是发自内心的真诚表达，不要用过于华丽的辞藻来进行修饰与雕琢，用得越多越会拉远主持人与受众的距离。唯有朴质、真挚的语言才能让主持人成为受众乐于接受的朋友。这就要求主持人在说话的时候，根据语境与对象，寻找受众乐于接受、易懂的语言进行交流。

二、句式

（一）简短、简练

我们日常说话一般比较随意和简洁，很容易让别人明白意思。主持人的语言应在日常口语的基础上更准确，更严谨。主持人在使用句子的时候也应该少用一些复句或者结构复杂、杂糅的单句，这样很难说清楚，也很不利于理解。因此，主持人在与受众交流的时候多用简短的单句，这样显得言简意赅。

（二）设置问答

主持人在节目中，为了与受众更好地互动或者启发嘉宾思路，经常会出现自问自答的设问句子。这样的句子看似平常，却可以自然流畅地引出下文，同时也让受众充满好奇、疑问与思考并急切地想关注和了解下文。

（三）适当运用语气词和感叹词

适当语气词和感叹词可以使语言更加富有情感，也利于主持人进行口语化的传播。因此，主持人应在语气上追求多变，多用语气词、感叹词，例如“哇”“呢”“吧”等，这样就形成了书面语中所不具备的特殊语感，听起来自然、亲切。

三、善于运用修辞

汉语的修辞手法非常丰富，常用的有：比喻、拟人、借代、对比、反问、排比、双关等。主持人在面对受众说话的时候，如果可以恰到好处地运用到这些修辞手法，会让节目更加生动活泼、易于理解、情景交融。

【媒体视界】

马斌在节目中形容穿梭在京石铁路线上的年轻人时这样说道：“在北京挣钱，在石家庄消费，正成为铁漂们的一种生活方式。漂在铁路上的铁漂们，那一张张的车票就是一条条回家的路。余光中先生写过一首叫《乡愁》的诗：乡愁是一张窄窄的船票，我在这头，新娘在那头。”对于奔波在京石爱情线上的铁漂们来说，爱情就是一张小小的车票，辛苦在这头，幸福在那头。他就成功运用了仿拟人的手法，让观众能够更加理解这些铁漂们的酸甜苦辣。

四、准确把握基调

根据节目类型不同，对节目的语言基调也有一定要求。例如生活服务类节目多是亲切自然的，要求口语化，有直接交流的感觉，有对朋友讲述的感觉，让人喜欢，非常愿意听。要求用声以实声为主，较弱，要亲切、柔和；吐字清晰流畅，气息气量偏小，舒缓、平和，运用要灵活。

新闻消息类节目庄重严肃的。这种基调它的内容一般是郑重、严肃，切忌诙谐。用声偏厚，以实声为主，音色偏高些，吐字力度要强，干脆利落，清晰度高，节奏要明快，不拖泥带水，态度要严正明朗。

综艺晚会型多是热情歌颂的。这种基调多是振奋人心、歌颂为主的。要求用声偏高、明亮、开阔而豪放、有气魄；吐字力度要大，口腔开度也要大；气息深厚，气息量强弱的控制有比较大的变化，但切忌提挤着嗓子高喊。针对这个知识点，建议可以进行以下的实训练习。

五、符合语境

认识并重视语境是节目主持人语言活动的起点。从这一点出发，主持人语言传播的有效性才能提高。

语境，顾名思义，是语言使用的环境。狭义语境，专指说话的前后句，落笔的上下文。它表现为语言符号的言辞语境（或称语流语境）；广义的语境，是指使用语言的客观情境，他不直接表现为语言符号；但是影响和制约语言的使用和效果，一般称为言辞外语境（或者是情景语境）。言辞外语境又可分为主观因素和客观因素。主观因素包括谈话参与者的说话地位、心理背景、谈话目的、谈话内容、谈话方式以及他们之间的关系；客观因素主要包括谈话的时间、地点、场合、交际渠道（如交际时所选择的媒介）。

节目主持人要时刻有语境的自觉意识，以及依据语境运用语言的能力，这是主持人必须具备的素质，也就是“什么人在什么情况下为了什么目的对什么样的人说什么样的话，并且得到了什么结果”。

语境大体可分为宏观语境、中观语境、微观语境。具体到主持人身上，这三种语境可以这样去理解：宏观是指主持人了解宏观语境，知道自己在一个什么样的社会环境中说话，知道该说什么话：

（1）社会语境：指社会制度、政治信仰、社会主流的价值观念、道德准则行为。

（2）民族文化语境：指由本民族固有的生活方式、伦理道德、思维方式、精神财富、审美倾向构成的语言交际环境。

（3）地域语境：与文化语境民族语境有密切联系，只不过其所指范围更为具体，是由人们共有的生活环境、审美情趣、行为习惯、心理承受等因素构成的。

（4）时代语境：不同时代的人，在社会生活、思想情操、文化修养、风俗习惯方面都有差异，反映到语言运用上就形成了不同时代的语言风格。

中观语境是指明确主持人在社会语境中的职业角色，知道我是谁，话该怎么说：

（1）媒体的性质：党和人民的喉舌这一性质使主持人“话该怎么说”有了一个方向。

（2）媒体的特点：a. 优势：传播速度快、传播面广、传播手段丰富。b. 局限：受众不容易控制，因此传播内容的针对性和主持人语言的可接受性需要仔细选择和推敲。信息传播转瞬即逝，因此需要主持人的语言有一定的表现力和感染力。对主持人语言的内容和形式提出了相应的要求概括为：足够的信息密度、透彻的洞察分析、亲切的沟通交流、自然的情感传递、通俗的叙述方式、富有感染力的表达。

微观语境是指具体到一档节目中主持人的语言特点。

微观语境的类别有两级划分：节目类型的语境区分，主持过程中的时空语境类别区分。前者侧重于节目的宗旨及受众的需求，关系到主持人在具体栏目中的形象定位；后者则侧重于主持节目语境的动态变化，集中表现为主持人对语境的技术性把握。这里我们列举出了主持人在不同节目中微观语境的把握。

新闻评论类主持人的语言特点，在于深刻思辨性、朴素解说性、平易明朗性、快速反应性。

综艺娱乐类主持人的语言特点，富有热情生动性、亲切大方性、机智灵活性、雅俗共赏性。

教育服务类主持人的语言特点，富于亲和周到性、深入浅出性、新颖透彻性、服务引导性。

少儿类主持人的语言特点，富于活泼可爱性、聪颖清晰性、形象生动性、耐心示范性。

知识巩固>>

1. 主持人有声语言的特点是什么?
2. 主持人语言的规范化与口语化是否存在冲突?分别应注意什么?
3. 主持人语境的运用要符合哪些基本原则?
4. 主持人在运用有声语言表达时应注意哪些方面?

实训演练>>

实训1. 针对主持人使用多种修辞手法的训练，可以训练学生之间相互介绍对方，要求必须用上比喻、排比、对偶等修辞手法来描述对方。

实训2. 建议教师给出两种不同类型的主持人稿，让学生根据内容进行即兴复述讲话练习。要求:基调准确、语言生动、信息完整。

实训3. 针对主持人的体态这一小节，可以结合观看主持人出境现场报道片段，让学生复述，并有机地结合体态来完成现场出境报道。供参考类型:大型出土文物现场报道、抗震救灾现场报道。

实训4. 教师给出不同年龄、行业、爱好、职业、性格的受众群体，让学生根据指定的群体说话，沟通。

第三章
主持人的状态和感受力

学习目标 >>

1. 通过本章的学习，了解节目主持状态是什么，影响主持人的状态和感受有哪些相关因素，如何体现主持人的状态。

2. 通过本章的学习，找到良好的演播状态、内心视像，具备良好的空间感受力。

3. 通过本章学习，争取在节目主持中给受众呈现出最良好的精神面貌，把给予观众的最初最直接的感官印象做到最好，具备初步节目主持的意识与感受。

知识结构图 >>

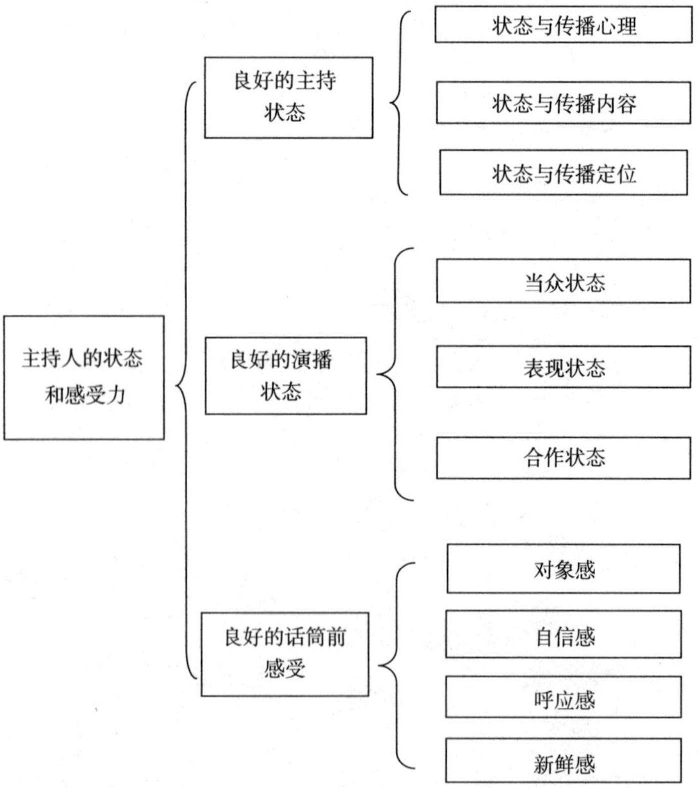

第一节 良好的主持状态

在平时的生活中，我们评判一个主持人的好坏通常是评判其对节目的驾驭能力以及语言的表达能力。但是，作为需要利用声音来进行传播的职业，主持人给予受众最初的、最直观的印象却是他的整体状态，并且主持人发挥得好坏也和状态息息相关。那么如何才能找到节目主持的状态，甚至为提升这种状态进而为成为一名优秀的节目主持人打好基础呢？我们接下来就一起来学习和探讨。

状态，是指人或事物表现出的形态。而节目主持的状态，则是指节目主持人在主持节目的过程中呈现出的精神与行为的形态。再通俗一点说，就是作为主持人在节目中有多少想要表达和说话的欲望，也就是在节目主持的过程中所呈现的精、气、神。

一、状态与传播心理

人的心理对行为有着最为直接的影响，所以，以什么样的心态、情绪走进演播现场，和主持状态有着直接的关联。就好像当我们心情低落的时候会不自觉地放低音量、放慢语速，而兴奋的时候会自然地放大音量、加快语速一样。积极的传播欲望能够促使传播者努力地进行“这一次”的传播活动，而这样一种饱满的传播欲望，首先来自传播者在内心深处对传播内容、传播形式的认知和感觉，它是主持人对节目的新鲜感、认识度、了解度、热爱度的体现。当主持人对传播对象有了足够的“度”支撑下的表达欲望时，就有了足够的自信度，而足够的自信度是良好节目主持状态的一个重要方面。也就是说，当节目主持人对它所主持的节目表现出足够的认识和热爱时，他将会乐于与受众分享，这种心理状态会直接表现为自信，对自己节目有一种表达的欲望，从而呈现出一种积极的节目主持状态。

积极的传播心理能够让主持人呈现出良好的状态，那么节目主持的状态靠什么来体现呢？应该说，它是整体的，也是细节的。大到总体的精神面貌、神态举止、语言表达；小到坐姿、手势、面部肌肉、眼神，在点滴细节中流露，这些我们在练习中会涉及。总而言之，言为心声，调整好自己的心理状态，是达到主持人良好主持状态的第一步。

通过以上我们得知，主持状态与传播心理、传播内容、传播定位息息相关。其实，状态的体现有先天的因素，有的人天性乐观，无拘无束，在话筒前不会局促，这样的人很容易找到主持状态，有的人却相反。但是，主持是一种先天和后天的结合，不断地练习和大量的实践打磨是非常必要的，只要坚持练习，就一定可以找到良好的节目主持状态。

二、状态与传播内容

节目的形式是多种多样的，内容也包罗万象，所以，以什么样的方式传播什么样的内容，对节目主持人的状态来说非常重要。对象性传播是节目主持人的一个重要特性，这就是说，节目主持人最本质的传播实际上是一对一的，人际化的传播。

那么，在人际传播的过程中，或者说面对面、一对一传播的过程中，什么是最为核心的呢？当然是传播内容，也就是说了什么。在人际交流的过程中，你需要对不同的对象说不同的内容才能使沟通顺畅，比如和母亲会聊孩子，和小孩会聊动画片，和女生会聊时尚话题等。也就是说，作为接收者，当然愿意倾听和自己相关的话，如果你说的东西和我一点关系也没有，我可能不会有兴趣。所以，当我们所说的话是在为传播对象说话时，才有可能留住他，这就是慎重选择传播内容的重要性。

传播内容和状态到底有什么关联呢？其实当主持人选择好了一个传播对象时，会根据他的需要制定传播内容以引起他的关注，而这个转播内容一定经过主持人精心筛选、组织、串联，对这个内容有所积累，这样的积累会使主持人拥有自信，使主持人乐于分享，状态积极。反之，如果传播内容与传播对象不符，主持人就会缺乏自信，影响发挥。

当然，不同的节目内容也需要主持人呈现出不同的状态，这个我们在主持人分类主持能力训练中会提到。

三、状态与传播定位

传播定位是什么？它不是单纯的节目定位或者自我形象定位，而是一种人生价值意义上的定位。我们为什么要传播，在传播中我们做什么？作为一名主持人，应该是向受众更多地传递正能量，制造快乐，这种时候，我们一定是兴奋的，也会呈现出一种良好的节目主持状态。同样，当主持人向受众传递信息时是负责任的，并且带有强烈的传递诉求的时候，呈现出来的主持状态也是良好的，反之则不然。所以，保持乐观、负有责任、努力制造快乐，找准自己的传播定位，才能保证良好的主持状态。

【媒体视界】

美国著名脱口秀节目主持人奥普拉·温弗瑞是当今世界上最具影响力的妇女之一，她的成就是多方面的：通过控股哈普娱乐集团的股份，拥有了超过 10 亿美元的个人财富；主持的谈话节目“奥普拉脱口秀”，平均每周吸引 3300 万名观众，并连续 16 年排在同类节目的首位，她的脱口秀节目《奥普拉脱口秀》播出了整整 23 年。在节目中，为启发嘉宾“实话实说”，奥普拉常常不惜将自己的一些秘密也告诉对方，让对方放下心防。当嘉宾的故事令人感动时，她会和嘉宾一起抱头痛哭。相比其他节目，“奥普拉脱口秀”更直接、坦诚，也更具个性化，深受大家欢迎。由此可以看出，奥普拉作为一名优秀的节目主持人，找准了自己的传播心理及传播定位，使得自己在主持时呈现出一种轻松自然且贴近观众，愿意与观众分享的状态，这也是她深受大家喜爱的原因之一。

第二节　良好的演播状态

作为一名节目主持人，在找准自己的传播心理和传播定位，树立起最初的主持状态之后，最终还是要回到演播厅中进行节目创作和演播，所以如何树立起良好的演播状态是非常重要的。应该说，很多节目的成功都是和主持人良好的演播状态息息相关。比如《快乐大本营》之所以能够在中国综艺节目电视史上写上辉煌的一笔，和 5 位主持人各具特色的生动主持有关，只要他们站在那里，节目就生动起来。其实这不能不归功于主持人节目中展现出的最佳的一种状态。这种状态，我们称之为演播状态。说到演播状态，我们就需要先从几个方面来着手。

首先，主持人在镜头前、话筒前的当众状态是什么？

每当主持人拿起话筒走到镜头前：

一种新鲜感促使自己的注意力在高度集中；

一种兴奋感促使自己的想象力在思维转动；

一种真诚感促使自己的感受力在充盈展现；

一种自信感促使自己的表现力在潜心涌动。

这就是广播电视节目主持人在镜头前、话筒前需要呈现的当众状态，这种当众状态也是演播状态的一种。

这种话筒前的当众状态与主持人生活中的状态是两种不同的状态；如果主持人可以用生活中的状态代替话筒前的当众状态而出现在广播上，那主持人也就没有高低优劣而言，忽视了这一点，也就抹杀了作为广播节目主持艺术的特质与属性。

其次，主持人呈现在广播当众创作状态，应具有哪些艺术的特质？

我们可以清楚地看到：注意力、想象力、感受力和表现力，新鲜感、兴奋感和自信感，这些都是广播节目主持人获得当众创作状态所具有的艺术。我们同样清楚地看到：主持人的当众状态所具有的这些艺术特质与影视话剧等表演艺术的创作元素有着共同、共通之处。我们更应该清楚地看到：一个主持人要从生活状态转换到荧屏上的当众创作就必须掌握属于与演员表演所共同的、共通的、共用的这些表演元素。

最后，主持人的角色扮演与演员的扮演有什么本质的区别？

演员能扮演各种正反老少的人物形象，这些形象是可以多变的，主持则是呈现一种融合的个性演播形象，这种形象是具有稳定性的，演员是“忘我”的，用“我就是”来扮演，主持人是有“有我”的，用“我就在”来主持。演员在表演中是假戏真做，主持人在演播中是真事实播。因此主持人不是演员，主持人不是在表演。

但是，媒体时代，几乎所有的人都要有自己的社会角色，都需要扮演自己的社会角色，在别人面前展现自己的才能、形象和魅力，而信息社会的媒体使一切社会现象都成为表演。主持人属于社会人，从“社会表演”概念而论，主持人需要社会表演。

所以，广播节目主持人只有拥有并掌握属于表演艺术的特质元素来支撑起创作状态，才能在话筒前完成每次播出的主持任务。我们用术语定论：

一、当众状态

演播是广播节目主持人富有动态过程的、有变化、有发挥的当众性的播讲，也就是说，这演播具有当众性。

从演播的行为空间而言，特别具有当众性，演播的行为空间是在镜头前与话筒前当众展现才能、形象和魅力，演播更符合在镜头前、话筒前的工作性质。“演播”作为专业术语更能强调主持人在镜头前、话筒前需要一种当众的创作状态。从演播的行为对象而言，正因为是当众性的播讲，所以在演播过程中就要用有所变化、有所发挥的语言来吸引现场的观众与电视机前的观众，这正符合演播的叙述要求。

人，一旦“当众”就需要呈现一种“状态”。

演播的“当众性”是面对话筒，面对广播的听众。主持人，只要“面对”就需要有一种当众的创作状态。这种当众的创作状态，有的主持人有，有的主持人没有。

实际上说到底，当众状态就是打破心理上某一种“自卑”，打破生活中所谓的一种“自尊”，而获得话筒前当众创作的一种心态；就是解放心理、解放肢体、解放自己，而获得话筒前当众创作的一种欲望；就是让主持人在话筒前进行演播时而呈现出的一种当众创作状态。

二、表现状态

何为表现状态？在节目主持人已经拥有一种在话筒前创作欲望的基础上，还需要在观众前表现出这种状态。这种状态就是最后在话筒前呈现出的，最容易被听众接受的主持状态。如果没有表现状态，节目就会缺乏表现力，显得呆板刻意，无法长久生存。而这种表现状态至少需要以下几点来支撑：

（一）语调

向上的积极的语调更容易让观众感觉到主持人是处在说话欲望强烈、创作欲望强烈的阶段，可以带动观众投入其中。

（二）语言

合理地运用语言，开动脑筋，使主持词不再死板，而是具有一定的趣味性。具有深度，这样能让观众感觉到用心且新颖。

（三）肢体语言

合理的运用肢体语言更容易与听众进行沟通交流。而且一个在正常状态下的人，说话时是一定会具有肢体动作的。

除此之外，表现力还需要一些表演基础练习作为支撑，比如解放天性等。同时，良好的表现状态与心理息息相关。

三、合作状态

主持人不是一个单一的个体，而是一个团队合作才能成功的职业。所以，作为一名节目主持人，必须要具备团队合作的意识，要有合作状态。在担任主持人的过程中，有很多是需要双人或多人搭档主持的，在这个过程中需要具备良好的合作状态。

在搭档主持的过程中，决不能以自我为中心，应该尽力与搭档配合并互补，而不是一味地想要自己出风头。如果将双人搭档的节目做成单人节目，那么这两个主持人无疑都是失败的。搭档的过程中，首先要具备双人意识，也就是随时牢记自己身边有另一名或多名搭档，注意和搭档语言上的互补和交流，不漏话不抢话，保持与搭档同等的状态，保持基调一致。

第三节　良好的话筒前感觉

广播电视作为一个靠声音与图像来传播内容的媒介，要求主持人在话筒前具有良好的感受能力。是否具有良好的镜头感受是衡量一个节目主持人是否成熟的重要条件，而这种良好的感觉是一种空泛的，不可触摸的东西，是需要在不断的实践锻炼中去学习去深化的。

一、对象感

应该说，“对象感”是广播节目的重要特征之一。主持人要与话筒前看不见的受众交流，在话筒前没有嘉宾，没有观众的静态节目中，主持人要从头至尾地与看不见的受众进行交流。这也正是节目主持的难点之一，因此主持人需要无时无刻和这些听众进行心的沟通与交流。

那么，什么是广播节目主持人的对象感呢？

主持人把节目所定位的固定受众对象设想为具体的形象，与其在镜头前进行一对一的交流，而获得一种犹如真实存在又有机反应并贯串始终的感觉。简单来说，就是把话筒当作是你的诉求对象来进行传播，并且贯穿始终。比如少儿节目，就应该把话筒当作你所要传播诉求的年龄层的孩子，老年节目就应该把镜头当作慈祥可爱的老人等。只有这样，才不会对话筒、镜头产生恐惧。

在现在的传媒时代，几乎所有的节目都已经对象化了，并且分类对象越来越细致。与此同时，我们的对象群也是固定的，所以，电视节目主持人“对象感”的这种感觉，对于一档固定节目而言应该是稳定的，在整个操作过程中也应该是统一的。广播节目主持人如何建立正确的对象感呢？

（一）了解对象

在现在的媒体时代，除了新闻节目的受众群体相对模糊，几乎所有广播节目主持人所固定主持的每一档节目的受众群面都已“对象化”，按照“对象化”的要求，主持人必须了解这“对象化”的受众群，从对群体对象的职业、年龄、性别等外部形象的“设想”，具体到对象的心理、素养、性格等心理形象的“设想”，都必须有所了解，只有这样才有可能与他们进行自然且贴合的交流。

比如少儿节目就分为各个年龄阶段而不是全部如我们想象中的动作夸张的、声音高而细的低幼节目。所以了解你所面对的各个年龄层孩子的心理，才有可能真正地贴近孩子而不会觉得奇怪。试想你用对 4 岁小朋友说话的方式去对 12 岁的孩子，会有多么奇怪。

所以，为了获得对象感，主持人必须找到“具体的形象”，了解这个形象。主持节目也容易促使主持人找到“具体的形象”。张颂教授曾经指出：“具体对象应该是我们最了解、极熟悉的人，一想起他们，音容笑貌、举止神态都时时可感，历历在心，以便更迅捷、实在地感觉到。”

（二）“一对一”的交流

对象感的建立，关键之一就是要“一对一”。

在人际交往的过程中，一对一也是非常重要的一点，只有一对一才能让你的倾听对象感觉到是在与他说话和交流。做节目同样如此，新闻类节目主持人只能把受众对象设想为“模糊的群体”特征，所以，播音员在镜头前面对的“真实存在的人”是“一对众”的，也正因为主持人能够把节目定位的受众对象设想为一个“具体的形象”特征，了解它，所以，主持人在镜头前面对的“非真实存在的人”便是“一对一”的了。对象感中的“一对一”，前面一个“一”是指主持人，后一个“一”便是指“非真实的人”。

只有进行“一对一”的传播，才能使观众觉得主持人是在与自己说话，从而找到与节目与主持人的共鸣，真正投入到节目当中。就好像上课时如果你觉得老师是在看着你对你说话，你会更加认真一样。

主持人需要建立“心像的想象点——内心视像”。

主持人心境健康稳固，有助于调动“内心视像”情绪记忆的想象力；

主持人心态诚恳平和，有助于展现“内心视像”的真情流露；

主持人心理依据准确，有助于激励“内心视像”的活跃、生动。

“内心视像”关键在想象，用想象来调动情绪记忆，来调动生活积累。想象有着很强的目的性和分寸感，心理想象张扬则过了头，心理想象微弱则欠火候。主持人的“内心视像”必须从节目内容出发与“设想成的具体对象”进行对位而保持“心理”“心态”“心境”的稳健定位；这样，主持人就能在面对陌生环境交流中，用想象“老朋友”的方式在调动情感、流露情感而让“新朋友”实实在在地感觉到这种情感的持续存在。

因此，只有当视线的可视点与心像的想象点交织在一起，相辅相成才能产生眼睛的神态，才能产生“用眼睛神态看”的共同击点，主持人与观众才会有真正意义上的眼神交流，才会有真正的“对象感”。

（三）持续的状态

要建立对象感，还需要有持续的状态，也就是“贯穿始终的感觉”。

所谓持续，就是指这种对象感始终贯穿在整个节目操作过程中，同样也指出了，只有把在前面程序中产生的“对象感”始终贯穿在节目操作中，才算是“对象感”整体地获得、完整地建立。这就是在“对象感”的定义中强调“贯串始终”的感觉的重要性，也就是持续的重要性。

主持人在演播中，时时处处都需要感觉到电视机前观众的存在，感觉到他们在看，在听，在想，只有感觉到他们的存在，才能激发主持人播讲的播讲愿望。

我们知道，主持人与听众的“面对面”是隔着一层的，但要听众喜欢你，能缩短心理距离，主持人就必须与听众取得态度上的一致。

这就是“对象感”的整体阐述；这就是“对象感”的运用方法。

简言之，对象感就是主持人把节目所定位的固定受众对象设想为具体的形象而面对镜头进行交流的一种感觉。

二、自信感

我们在之前说到良好的主持状态时曾经说过，自信是取得良好主持状态的关键，但是现在我们要说，自信感，还是获得良好话筒前感觉的关键。自信，是主持人获得现场良好状态的基本保证。有了充分的自信心，才有可能镇静自若，神思清晰地主持节目。即便你是初上节目的新手，或者尚有这样、那样的不是，但是，一旦上节目，主持人的整个精神状态应该是十分饱满、充满自信的。要敢于对自己说：“我能行，我是最棒的!”

当然，自信心要有实实在在的内在基础作支撑，绝不是也绝不可能靠虚张声势故作镇静便能获得。任何出色的现场表现无不建立在对节目的准确把握与演播前的充分准备的基础上。

（一）充分准备了解内容

增强自信，首先就应该对所主持的节目充分掌握。因此我们提倡并要求主持人积极参与节目的构思、采编。在走进演播室前，一定要对文本进行仔细的、反复的阅读理解，厘清脉络，消化为自己的语言。关键处要做下标记，没把握读准的字词一定要弄得明明白白，现场可能出现的问题要尽量事先考虑充分，想好如何应变。

做了充分的准备，自信感也就扑面而来。

（二）控制情绪

充分的准备是自信心的重要构成因素，但不是全部。在学习过程中我们会发现，很多时候明明已经准备得很充分，但是面对镜头的时候脑子却一片空白什么都记不起来。那么，这就是心理的问题了。

1. 心理调节

针对话筒、镜头前紧张状态而言，心理紧张必然要导致思维混乱、阻滞，甚至造成脑袋空白，声带绷紧，气浅声浮，体态僵硬、不自然。引起心理紧张的原因，主要是经验不足，或某些外在环境的变化。改变这种状况，除了经验积累的必然过程之外，在每次临上场时自觉调节好心理状态尤为重要。

很多时候我们会紧张是因为我们关注了太多镜头之外的东西，比如我们会在说话时不自然地去注意观众的表情，会想我今天是不是妆没化对，上镜有没有问题，是否说错话了等，这些都会分散我们对镜头的专注力从而感到紧张。比如我们在做游戏的时候，我们一心专注于游戏本身，所以即使有镜头在，我们的注意力也不会被分散，所以也不会感到紧张。

我们可以通过深呼吸、自我暗示、排除杂念等途径，缓解心理紧张状态，松弛神经，放松肌肉，排除杂念，稳定情绪，集中精力，全身心地投入到自己的节目中去。主持人理应具备较强的抗外界干扰的能力和适应各种环境条件的稳定心境。

2. 心理定位

主持人在话筒、镜头前与受众交流，要对自我有准确的心理定位。居高临下的优越感是错位；仰而视之的自卑感同样是误区。以平常心去感受，以平常心去表达，是主持人与受众得以亲切、平等交流的最佳心理状态。这种平常，是一种真诚、坦率、平等、轻松的，与受众同甘共苦的心态。主持人只有怀抱真诚，才能真正缩短与受众的距离。不能找到准确的心理定位，缺乏主持意识，就会拉开主持人与受众距离，导致整个状态、语言、语气都不能到位。

三、呼应感

人际交流少不了呼应，没有相互的呼应，难以形成沟通、交流。呼应感是良好语境感的具体表现，也是其所应达到的现场语言传播效果。主持人在演播过程中，要努力营造出有所呼应的传播氛围。这种呼应体现在目光的交流感：

节目主持人除了用有声语言来传播信息，同时还应该用他们的体态语与搭档交流情感，且目光是沟通传受双方的直接通道。在对象感中我们说过要如何锻炼我们的眼睛，也说过良好的眼神交流是找到对象感的重要指标，同样，先要得到搭档的呼应，并得到来自听众的呼应。

所以，有没有呼应，呼应得好不好，妙不妙，是衡量主持人是否真正进入主持状态，是否具有良好的镜头感觉的重要衡量标准。

四、新鲜感

一般来说，我们需要主持人在镜头前沉稳老练，不慌张。但是，在传媒高速发展的现在，人们审美水平提高，追求新颖的东西，所以我们需要主持人在镜头前具备新鲜感，而这个新鲜感是多个方面的。

从最简单也是最容易做的说起，那就是我们每次出镜的服饰妆容等外化的东西，我们需要从视觉上就给观众一种千变万化的新鲜感，不至于沉闷。其实包括新闻节目在内，主持人也在不停地寻求更加得体的服饰；同时，新鲜感是一种情绪外化的因素，除了服饰，还需要对生活，对节目保持永远新鲜的动力；而最重要的是，想要给观众新鲜感，则一定要不停地提高自己，充实自己，只有这样，才会使观众不会腻烦而始终如一地支持你。

知识巩固 >>

1. 什么是节目主持状态？它包括哪些因素？
2. 如何建立“对象感”？

实训演练 1 >>

同学们自行组合，两两相搭，给每组一份节目稿件，请两人将其以搭档主持的方式呈现。

实训演练 2 >>

每人准备 2～3 分钟的节目，在节目录制过程中，制造各种意外情况，如人员走动、导播喊话等，造成干扰，要求主持人能不受场外因素干扰，保持持续认真的主持状态。

第四章
主持人的现场主持能力

学习目标 >>

1. 通过本章的学习，了解主持人如何通过倾听，了解采访对象、谈话对象所表达的意思，并在现场进行点评和采访。

2. 通过本章学习，明确倾听、点评、采访、思维的主要方式、方法，并能根据自身情况，有针对性地补充知识。

3. 掌握主持人现场主持的基本要领，并能自如运用。

知识结构图 >>

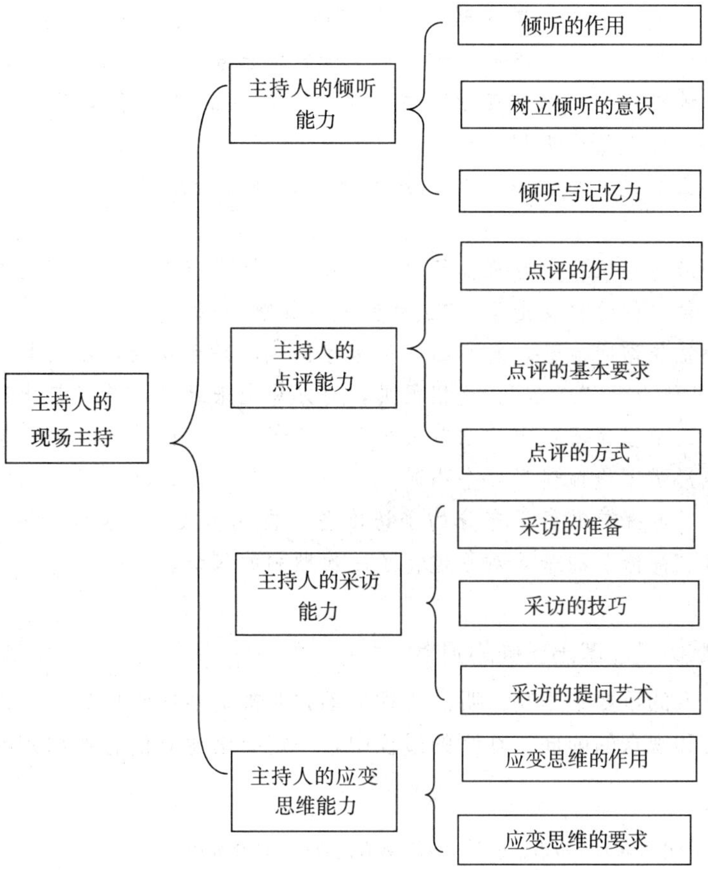

第一节　主持人的倾听能力

倾听不是一般的光用耳朵听。主持人在现场主持节目的时候，不仅要“洗耳恭听”，更要“用心去听”，用心去记被采访嘉宾的话，用脑去思考对方话语的重点。本小节，我们将通过研究主持人在现场的倾听能力，让大家了解主持人倾听的重要性，掌握倾听的要点。

一、倾听的作用

（一）倾听是主持成功的重要因素

倾听是人际传播的重要环节。从传播学的角度看，听与说是构成传播的两个基本条件。两个人面对面交流时，不能只有说没有听。谈话、对话总是在边听、边想、边问、边答中进行的。一个不善于倾听的主持人，无论他如何能说会道，也不能让节目真正成功，因为他根本走不进对方的思想感情深处，自然也不能从别人的话语中提炼出深层次的信息量。

【媒体视界】

美国著名作家戴尔·卡内基说过：“专心地听别人讲话，是我们给予别人最大的赞美。”《光明日报》著名记者、范长江新闻奖获得者樊云芳写了许多好报道，在采访中积累了丰富的经验。她在谈到“采访四诀”中，第二诀窍就是“听好”，即倾听。她说：记者的职责是记，要记好首先要听好，好记者首先是个好听众。何谓好听众？就是忠实的听众。她对采访对象所说的事情真心实意地感兴趣，她专心地听讲，而且鼓励对方知无不言，言无不尽。

一次，她去采访一位医学专家。行前，有人告诉她，此人高傲，而且暴躁，有的记者跟他谈不到 5 分钟，就给打发走了。“试试我的运气吧”，她想。

一见面，她就先询问他最近发明的几件医疗器械，兴致勃勃，不厌其烦地欣赏他的这些“杰作”，请求他当场“表演”。这招很灵，对方马上来劲了，连说带比画，又是介绍各国的对比资料，又是描述研究中的细节及自己的酸甜苦辣。而她呢，也分享着他的喜怒哀乐，专心地听他滔滔不绝地谈了 4 个小时。①

正是因为樊云芳提前做好了充分的采访准备，在现场又很注意倾听采访对象的话语，因此，她对这位“高傲”的采访对象进行了一次顺利的采访。

（二）善于倾听才能做出正确的判断

倾听是主持人的重要基本功。听的心理活动并非被动地接收信息，主持人要将自己的思维走在参与者和观众的前面，在听的过程中，一定要迅速对信息作出判断，发表自己的

---

① 杜荣进主编：《中外新闻采写借鉴集成》，浙江教育出版社，1997 年版。

观点和情感；二是要对其话的内容做出预测——跟随访谈者的话发表言论句，预测后续句，及时抓住新冒出来的、有意味的话头；三要在瞬间决定自己接应的语言对策——继续追问还是到此为止，或是另起一个话题。总之，倾听的同时，主持人还要从全局考虑：话题进展到哪一步，是按准备方案走，还是需要进行调整？是否有预设之外的新问题需要展开？因此只有认真倾听、善于倾听，主持人才能准确理解对方的观点并迅速做出反应，把主题一步步引向深处。

倾听决定了节目发展的情况——主持人通过倾听，判断是保持沉默，让对方围绕上一话题继续谈话，还是提出新的问题，进入下一个话题。

【媒体视界】

倾听时，主持人是沉默的，但沉默并不等于没有信息量。约翰·布雷迪在《采访技巧》中说：别打断采访对象的话。……作为一种采访技巧，沉默是金。迈克·华莱士说："我发现，在电视采访中，你可以做的唯一一件最有意义的事就是提一个巧妙的问题，在对方答复之后，停止它三四秒钟，好像你还在等待他说点什么。你说怪不怪？对方会觉得有点窘迫，于是说出更多的东西。"当然，这样一种采访技巧并不一定具有普遍意义，但是他说明，倾听和沉默有时候会比进一步的发问得到的还要多。所以说，沉默是鼓励被采访者继续谈话的有效方式，同时也是主持人思考的一种方式。

从另一个角度看，倾听也是主持人对打断采访对象谈话时机的把握。只有善于倾听，同时认真思考，作出判断，才能选择好打断采访对象谈话的最佳时机。

主持人打断采访对象谈话要有利于采访的深入，比如抓住采访对象谈话中的一个重要细节进行追问，而这个细节有可能因为谈话的继续而被埋没，或失去提问的最佳时机。同时，打断谈话还不应减弱采访对象的谈话兴趣。有的主持人自我意识过于强烈，在镜头前滔滔不绝，随意打断采访对象的谈话，随意改变谈话主题，这些都可能影响采访对象的谈话性质，最终影响采访的质量。

总结一下，主持人在采访中的打断环节，主持人主要依据两点：一是抓住采访对象谈话时的某些特点和亮点，提出问题，使这一话题深入下去；二是避免采访对象谈话跑题。

（三）倾听是对采访对象的回应

主持人在主持节目的过程中，其每一个细微的动作和表情都会影响到采访对象及观众。为了让采访对象保持兴奋的谈话状态，并勾起其说话欲望，主持人必须精神饱满。主持人在倾听时，应该全神贯注注视对方，经常以赞许的表情和动作给予回应。当主持人认为采访对象的谈话内容出现跑题或是与主题无关时，主持人也可通过表情示意转换话题。

二、树立倾听的意识

广播电视传播的起点和归宿都是受众，因此首先要做到处处平等待人、尊重受众，注意倾听并真诚地感受他们的酸、甜、苦、辣，体味他们对人生对社会的感悟。

（一）真诚地倾听对方的说话

在节目的谈话中，采访内容的获取，节目内容的展示，主要靠采访对象用语言来提供。如果人家兴致勃勃地讲，而主持人却心不在焉、漠不关心，那么，谈话人的谈话兴致将大减，甚至让访谈对象对主持人产生反感。所以，主持人一定要专心聆听采访对象说话。

当你听别人说话时，你是否真的听懂了别人的意思？如果没有听懂，就不要妄自猜测别人的说话内容，更不能把自己的想法强加于别人的话语之上，而是应该让别人把话说完，你则应该耐心地听别人说话。这就是“听的艺术”。

有些主持人在节目中总想当主角，一味地突出自己，经常还没等采访对象说完话就打断，或是给出自己的意见。这样做很不礼貌，就是不尊重采访对象的表现，使得受众反感。主持人听得认真还会激发起被访者的谈话兴趣。采访对象会从主持人专注的表现中得到自信与认同，这会促使他继续深入话题，节目内容也会得到进一步延伸和发展。

【媒体视界】

《广州日报》2002 年 9 月 16 日刊登的雨佳的文章《听的艺术》中说：美国知名主持人林克莱特一天访问一名小朋友，问他：“你长大后想要当什么？”小朋友天真地回答：“嗯，我要当飞机驾驶员！”林克莱特接着问：“如果有一天，你的飞机飞到太平洋上空，所有引擎都熄火了，那你会怎么办？”小朋友想了想：“我会先告诉坐在飞机上的人绑好安全带，然后我挂上我的降落伞先跳出去。”当现场的观众笑得东倒西歪时，林克莱特继续注视着这孩子，想看他是不是自作聪明的家伙。没想到，接着孩子的两行热泪夺眶而出，这才使得林克莱特发觉这孩子的悲悯之情远非笔墨所能形容。于是，林克莱特问他：“为什么要这么做？”孩子的回答透露出一个孩子的真挚的想法：“我要去拿燃料，我还要回来！”[①]

（二）用体态语言与访谈对象交流

主持人在倾听时，如何让你的交流对象及受众能够在第一时间获得你想传递的信息，除了有声语言外，体态语言也尤为重要。

体态语言是传递信息的一种无声语言，包括仪表服饰、动作姿势、神态表情及距离空间几个要素。美国心理学家爱德华·霍尔在他的《无声语言》一书中说道：无声语言所显示的意义要比有声语言多得多，而且真实、生动得多。

主持人在现场主持节目时，要根据节目的定位搭配好服饰；与访谈对象交流时应端坐，身体可以稍向前倾，以示对嘉宾谈话内容的关注和重视；倾听时，主持人的眼睛更应该专注和关切地注视嘉宾，表现出真诚的倾听和对嘉宾的尊重。在交流时，主持人一个会心的微笑、点头示意及专注的神态和眼神，都会使交流对象倍感亲切、温暖。因此，在倾听时切忌心不在焉、左顾右盼、神情分散。

三、倾听与记忆力

倾听是用耳朵仔细、耐心地听，记忆是大脑存储信息。两者如何结合才能提高主持人

---

① 胡欣主编：《主持人采编实务》，华中科技大学出版社，2005 年版。

用化肥了。这不，莱阳市中荆镇的鸡粪专业市场就火了起来。莱阳市中荆镇马家村有这么块空地，一年四季当地农民不停地在这里晒鸡粪、装鸡粪、卖鸡粪，你别说，捣鼓这不起眼的鸡粪还真能发财。

主持人语言犹如和人聊天拉家常似的，让人备感亲切，既通俗易懂又贴近生活，拉近了与观众之间的距离，同时也展现了主持人的节目特色和个性定位。

三、点评的方式

(1) 即兴式：是主持人根据情景突然激发出来的。主持人可以就某件事或者某个方面、某个观点发表点评。

(2) 交谈式：是主持人利用和被采访者交谈的方式来进行点评，也可以是两三个主持人或受众之间的相互讨论。它要求所涉及的话题是大家共同的注视点和焦点。

(3) 评论式：主持人以旁观者的身份，按照新闻事件的发展顺序，或顺着被采访者的思路，抓住某一点或者某一个镜头来进行点评。

(4) 现场式：是主持人结合现场的情与景点评，体现了主持人对新闻事件的直接评价。

第三节　主持人的采访能力

采访是一门艺术。要想在短时间内从不熟悉的采访对象那里获得有价值的新闻素材，顺利完成报道任务，绝非轻而易举的事情，也非一日之功。

采访，通常是指新闻采访，是新闻工作者为搜集新闻素材所进行的实践活动，或者说是“特殊的调查研究”。采访的目的是为新闻写作和传播新闻提供素材，它不同于专家学者、作家等非新闻工作者的调查、访问工作。就新闻传播媒介而言，有报刊文字采访、广播采访、电视采访和网络采访等。

随着新媒体的迅速发展，主持人需要进一步完善自我、提高自身素质，需要经常采访，以满足受众更高层次的信息需求。特别是新闻节目主持人、谈话节目主持人或综艺娱乐节目主持人，他们更需要提高采访的能力。

广播电视节目主持人的采访基本上遵循一般新闻采访的原则与方法，都必须遵循新闻采访的基本原则，拥有新闻采访的共性特征，但电子传媒的特性通过声音或画面，将作为采访者的主持人与采访对象直接推到受众面前，并且，主持人的表现也成为节目的组成部分，在节目录播或直播过程中，他们的即时性的录音或录像表现，往往都具有不可再生性，由此也就形成了主持人采访的个性特征。[①]

一、主持人采访的个性特征

（一）凸显媒体特点　采访内容丰富

报刊记者注重采访“突发性”新闻事件，贵在凸显时效性，要求短、平、快，体现

① 胡欣：《主持人采编实务》，华中科技大学出版社，2005年版。

“浓缩”的特点；主持人的现场采访则要求凸显广播电视的特点，即声、画效果，因此主持人的采访应该具有现场感，让采访更加具有创意和深刻性，贵在凸显新闻的亮点及生动传播整个新闻的过程。

新闻是对新近发生事实的报道，要求快速反应、现场感强，记者的采访必须遵循这一规律，争分夺秒，迅速报道，乃至进行同步直播，要尽快告诉人们哪里正在发生什么事情，但不要求报道新闻的前因后果，只需清楚地告诉大家整个新闻事实和正在进行的现状，其最大优势就是以快取胜，能及时满足受众的需求。由于时间限制，这些新闻的特点是短而实、短而精，要求越快越好，许多优秀的短新闻无不彰显这样的特点。

节目主持人采访也要求时效快，但是相对新闻记者的采访却要稍慢。这稍慢的时间，并不是主持人对新闻反应的滞后，而是主持人不仅要向受众介绍新闻，同时还要向受众介绍新闻的相关背景，如该事件的起因、过程、后续发展等新闻的来龙去脉，节目要比新闻报道更长，内容更加丰富，更加有深度。

（二）采用多种采访方式

一般来说，记者的采访都采用“走出去”的形式，由记者亲自到现场完成采访活动，这是普遍运用的采访形式。同时，记者的采访是提问式的线性采访，往往是一个问题的问答式采访活动。记者的职责贵在提出众多人们关注的、有新闻价值的问题，通过不断提问展开话题，推进进程。一些为完成采访任务的一厢情愿的自我活动，更多地强调记者要问什么，而采访对象在想什么、想要表达什么，缺乏彼此间的交流沟通。

与之相比较，主持人的采访因节目类型而异，不仅可以“走出去”，而且还可以通过“请进来”或找“代理”、指派或调动他人等多种形式完成。电视节目主持人可以邀请当事人到节目现场进行采访，还可以通过记者前去采访，甚至还可以进行热线电话采访等。在采访现场，主持人的新闻采访是“交谈式”“人性化”的采访，注重的是平等的交流沟通，互相讨论，理解对方，尊重对方，主客双方交谈自然，互动性强，其特有的“亲和力”和“感染力”的核心就是“人性”的展现。人性化采访的特点是在采访中依靠主持人的理智展示情感，以之换取采访对象的真实情感，最终回归到挖掘其理性的主题上来。

【媒体视界】

中央电视台主持人敬一丹在一个以扶贫为主题的采访活动中，就有力地说明了主持人的采访在传播中的重要性。在刚刚下过一场春雨的水坑旁，一名西北妇女在洗衣服，只见主持人走上前，二话没说，先是挽起裤腿与村妇一起洗衣服，然后就很自然地交谈起来。敬一丹十分亲切地问道：“用这样的水洗出来的衣服会干净吗？”一句看似不经意的问话却引发了村妇内心的无限感慨：“西部缺水呀，我们只有天天盼下雨，下雨这些脏衣服才能洗。”敬一丹又问：“你们平时洗脸、洗衣服用什么水呀？”村妇随口答道：“平时俺们都不洗脸，不洗澡。”敬一丹的提问并非惊人之语，但在她和村妇平等、亲切的交谈沟通中，传递出来的信息却是那么丰富、平实、引人深思。

（三）鲜明的节目特点

节目主持人的采访与平面媒体记者的采访相比较，还具有鲜明的节目特点。主持人总是作为节目形象的代表进行采访，因此在选择采访对象、安排采访内容、确定采访时间与地点等方面均受节目宗旨制约。主持人的采访，除了从新闻角度尽力搜集有关信息外，还要根据节目的特点进行采访。如节目是想讲采访对象工作兢兢业业，那么采访地点可选在其工作地点；讲述大学生就业问题，那采访地点则可选在招聘会现场、学校招生就业处等相关地点；介绍农作物的种植方法的，采访地点则最好选择在田地里。

目前，我国有不少专题性主持人节目，这类节目对象具体、方针明确。专题节目主持人为制作本节目的需要而进行采访，必然处处从本节目的角度和需要出发去选题选材，选择合适的采访对象，以期创造出一种所需的气氛，更好地体现节目的特点。

（四）融提问、交谈、评论、抒情于一体

主持人采访不同于平面媒体记者“问答式”的采访，而是“交谈式”的采访，有明显的交流感。主持人不光要善于提问，还要注意与采访对象的交流、交谈，同时还要不失时机地发表评论，有时则是简短抒情，表明自己的观点，更好地表现“自我”。

二、采访的准备

决定主持人采访成功与否的因素很多，如主持人的素质、选题的选择与确定、环境的影响、采访对象的素质、交流双方的情绪和状态等。而这一切，往往都离不开一个常常会被人忽略的要素——采访前的准备。一般而言，准备做得越充分，采访就越主动，采访的效率越高，成功的把握就越大。因此，主持人采访的准备要在条件可能、时间允许的情况下，尽可能地考虑周全。

主持人在节目中的采访，无论是专访形态，还是谈话形态，抑或是相对短暂的互动，没有百分之百能够按预先的策划一句不差地进行的，如果有，那一定会被受众嗅出虚假的味道，主持人访谈节目的魅力就会荡然无存。事实证明，想要妥善得体地应对采访实施中可能的变动，使采访得以顺利进行，提前做好准备是重要的前提和基础，这是谁也无法否认的事实。

主持人在采访进行前，要做大量的案头工作以获取与采访对象相关的各种情况以及事件的背景资料。怎样获取信息，传播什么样的信息，用怎样的方式进行传播是主持人的任务。一名成功的主持人能在较短的时间内搜集到他所需要的信息资源，并对信息材料加工整理，形成自己独特的对问题深刻的剖析。

(1) 主持人搜集的信息资料一定要多角度、多侧面、多层次，乃至多媒体的。例如文字、图片、音像等各种形式的资料。采访提问前的信息资料大体要准备这样几方面的内容：事件相关的政策信息；与采访相关的专业知识；采访对象的经历、工作、书籍或文章中的观点、性格、生活等相关状况；与采访对象或事件相关的人员的反映，事件的发生、发展，各方面动态等背景资料；访谈核心内容相关的社会各种反应。

(2) 面对海量的信息不能仅求多与广，不分主次，“眉毛胡子一把抓”，那样无法形成统一的主旨，所以，还得吃透搜集到的资料，做出取舍，整合成为我所用的资料。

(3) 主持人还要善于捕捉细节，细节是采访准备的重中之重，细节的发掘和使用，能使采访深入、事件生动、人物丰满、节目耐看。细节的发掘和使用是一种能力，更是一种态度，一种精神，这样节目才能熠熠生辉。

(4) 采访前，整合搜集了大量的信息资料，主持人通过分析，已对材料有了一定的观点和看法，继而应该形成一套采访的方案，包括确定采访的方向和主题、安排整体的布局结构、明确采访的重点、规划采访的流程。当然，有些经验丰富的主持人为了获得真实深入的采访效果，他们不写问题单子，而是经过深思熟虑之后确定几个关键点，采访时紧紧抓住现场的每一个信息：回答也好，表情也好，下意识的动作也好，周围的环境也好……把采访进行到底。

（5）主持人在采访的过程中，稳定积极的心态是打好这场战斗的基础。主持人在开口提问前就应当调动内心的情感，关心被采访对象，不能漠然置之。同时，主持人面对访谈对象的提问应该具有平等的心态，面对不同的采访对象，无论社会背景如何都要“一视同仁”。

三、采访的技巧

采访技巧是为采访对象和完成采访人物服务的，常因人因事而异。掌握采访技巧并非易事，除了靠采访经验的积累外，还受到两方面因素的影响：一方面，被采访对象的不同心态直接制约着主持人和记者的正常采访活动；另一方面，主持人、记者自身的心态也常常受到客观上诸多因素的左右。主持人、记者不但要随时调节采访对象的心态，还要正确把握、控制自身的心理变化，使双方的不正常心态趋于正常化，这样才能保证采访活动的顺利进行，采访到事实准确的新闻。

（一）以真诚的态度打动采访对象

主持人的真诚和待人亲切还表现在主持节目过程中要有理解受众、对受众高度负责的精神，能全身心地投入到节目中去。倪萍的成功就得益于她的真诚和亲切热情，她将一片真诚奉献给观众，观众则以深深的挚爱回报她。

（二）以平等的身份、态度去交流采访

节目主持人在生活和主持节目中要事事处处与人平等，平等地交流决定了主持人的角色定位。业内有句话是这么说的：主持人对待“小人物”不能俯视，对待领导干部、名流、名家绝不能“仰视”。有了这样的心理定位后，才能搭建起主持人与被采访者之间的心灵桥梁，被采访者才能与之互动，推进节目的顺利进行。

（三）融采访和主持为一体

节目主持人的采访有别于平面媒体记者的采访，后者的采访重点在于提问，贵在向采访对象提出各种有新闻价值的问题，通过提问从多种角度寻找有价值的信息，深度挖掘新闻。而主持人的现场采访或出镜采访除了上述的要求外，还得做好现场把控、驾驭节目，控制节目的流程等，要发挥主导性的作用。无论是广播还是电视的现场采访，营造良好的现场氛围都是整个采访的基础，也是采访顺利进行并取得成功的关键。

不少采访对象由于并不经常面对镜头，因此接受采访时都会显得紧张，有可能在私下聊天时表现出能说会道的感觉，但是一对着镜头就语无伦次。主持人要减轻、消除他们的这种情绪，从节目开始之前就多与其进行一些轻松、愉快的交谈，减轻他们的压力，可以随意聊一些轻松的话题，拉拉家常，也可以开开玩笑，当然也可以谈一些与节目有直接或间接关系的话题，让其逐渐进入状态，树立起自信心。

四、采访的提问艺术

美国密苏里新闻学院编写的《新闻写作教程》在谈到采访与提问的关系时说："采访的成败在很大程度上取决于正确的提问"，"提问的方式不但影响记者对情况的调查，也影响采访对象做出什么反应。"此话阐述了提问与采访的关系及提问在采访中举足轻重的地位。节目主持人的提问是现场采访报道中的灵魂。[①]

（一）主持人提问的方式

提问一般分两类：开放式和闭合式。所谓开放式提问，即问题提得比较概括、抽象，范围限制不严格，给对方充分的发挥空间，适用于搜集情况、调节气氛、缓解压力；所谓闭合式提问，则问得比较具体、单纯，范围限制得很严格，给对方自由发挥的空间很小，要求对方直接回答，适合用来层层追问、深入突破、证实事实。两种提问的方式各有优势，主持人在采访的过程中两种提问方式可以结合运用。

1. 开门见山，直奔主题

在新闻类的主持人采访中多见这种提问方式。这类节目的访谈对象多是某方面的专家或者是新闻目击者、当事人，直奔主题能满足受众了解新闻和认知新闻主题的急切需求。热门的社会现象、刚刚发生的新闻事件、众说纷纭的焦点话题，以及公众关心的焦点事件都可以尝试此方式。此方式经常出现在 SNG 卫星连线中，出镜记者介绍新闻现场。

2. 由境及人，发出话题

传统意义上的触景生情、借题发挥是指"援引眼前的景物，或是环境因素（包括时间、节令、气候、地域、场合等）发出感慨，诉诸情绪"。[②] 但是在主持节目时，这个"境"既可以是真实的环境，也可以是栏目组为节目所营造的环境，如宣传片、引入的故事片、现场布景等。主持人可以根据现场的"境"提出问题，引人深思。

3. 从熟悉的问题入手

主持人和采访对象的第一次谈话，通常都是陌生人，但是主持人为采访会做很多相关资料的搜集和整合，因此，主持人在采访时，通常从熟悉的问题入手，或是从自己提前了解到的信息作为打开话题的谈资，会让采访现场更为和谐，缓解采访对象的压力。[③]

（二）找准提问的切入点和落脚点

恰当的提问是主持人采访的"法宝"。无论采访理论还是采访实践都告诉我们，大而空泛、程式化的提问一定不会受到采访对象的认可，甚至还会引起对方的反感，看破提问者没提前做好功课的浮躁之心，当然就无法做好节目。因此，主持人一定要找准提问的切入点和落脚点。

如何寻找切入点和落脚点？这不是主持人一朝一夕或是一蹴而就就能学会的，这是贯穿于主持人平时的综合素质的提升、知识的积累以及丰富的阅历之中的，需要主持人在日常生活和工作中从熟悉材料的前提下感悟、思考。

---

① 陆锡初：《节目主持人导论》，中国传媒大学出版社 2013 年版。

② 吴郁：《主持人的语言艺术》，北京广播学院出版社 1999 年版。

③ 吴郁：《提问：主持人必备之功》，中国广播电视出版社 2008 年版。

第四节　主持人的应变思维能力

应变思维是指能从客观实际出发，根据时间、地点、人物、事件的变化，通过正确判断，科学分析，及时巧妙地处置各种复杂变化的情况的思维方法。通俗一点来说就是“灵机一动，计上心头”，是主持人必须具备的素质，临场应变思维能力是主持人主持艺术和内在修养的体现。

在主持人的工作实践中，我们把应变思维能力分为两类：一类是被动应变，就是主持人处理突如其来的意外情况。比如主持节目中，提词器出现状况，或者是在谈话中，嘉宾提出一个主持人没有预料到的问题，还可能是直播中，导播提示主持人临时增加几分钟的台词，这都是考验主持人的应变思维能力。另一种是主动应变，就是主持人在主持节目中，思维活跃，及时捕捉到了现场的细节，进行转变，调整前期的预案。比如在谈话中，嘉宾的话题给予了主持人一个新的思维角度，使主持人能够有所发挥。

一、应变思维的作用

应变思维是主持人必须具备的素质。随着媒体的迅速发展，直播节目越来越多，主持人在节目现场势必会遇到不可预料的突发性状况；访谈形式和广播热线电话、短信互动的频繁出现，对主持人语言的组织和运用也提出了更高的要求；娱乐、综艺、竞技类节目中，主持人与嘉宾、受众大量的互动，更需要临场即兴鲜活的思维和语言反应。主持人的应变能力在一定程度上是节目有效推广的催化剂，也是优秀节目的核心与灵魂。主持人面对突如其来的各种问题，如果能够从容应答，节目不仅能够顺利进行，而且会收到意料之外的惊喜，同时提高了节目收视率，并能促进节目的进一步发展和完善。相反，面对突发事件，不论缄默不语，还是信口开河，都是主持人职业素养的缺失，无益于节目的发展和制作。

二、应变思维的要求

具备高水平应变能力的主持人的发展空间非常广阔，不仅给自己创造了更多的机会和平台，而且也可带动行业的发展。当然，主持人的应变能力不是一天两天就能形成的，这种能力是各方面的综合能力在瞬间的具体体现，也是魅力点的闪现。这各方面的能力具体包括语言运用能力、现场把握能力、业务精通能力等。巧妙的应对策略不仅让现场气氛再度热烈起来，而且足以彰显播音主持的人格风尚。比较受大众喜爱的名嘴如杨澜、柴静、朱军、撒贝宁等主持人，无一不具有敏锐的觉察力和随机应变能力，他们的人格修养也得到大众普遍认可，当然也可以作为我们的学习楷模，甚至社会各行业都可以学习的榜样。

另外，主持人还要注意在应变时不能脱离主流价值观，不能想当然地应付问题，需要一定的幽默和小智慧的同时，更需要一定的胸襟和大智慧，彰显个人魅力也要顺应时代潮流，树立良好的公众形象，引导主流价值观健康向上发展。弘扬主流价值观是稳定社会不可缺少的因素，现代人的生活节奏日益加快，人们获取信息的渠道逐渐从书报转移到广播电视网络，主持人同时就承担起信息传播的重任。作为大众传媒的中坚力量，主持人对弘扬主流价值观也起着一定的作用。主持人的知识修养、应变思维能力不仅仅是其个人价值观、世界观、人生观的综合体现，也体现了一定程度的社会主流价值观。

三、应变思维的方式

（1）应变应围绕节目主题，或者相关背景，以加强节目的传播效果为前提。因此，主持人要言之有物，切忌脱离主题滔滔不绝，要贫嘴。

（2）主持人语言应从平时的生活口语中积累精华，切忌低级趣味、杂质内容照单全收。

（3）主持人的应变思维还是自己价值观和人生态度的反映，切忌一味追反应的速度和仅仅满足于投机取巧，更不能为了摆脱被动、争取主动而使受众、嘉宾等节目参与者陷入窘迫，甚至给他们造成伤害。

四、应变思维的条件

（一）处变不惊的临场心理状态

脑科学的研究表明，脑的供氧系统对人脑的思维活动起着保护的作用。脑部的缺氧容易出现暂时性的意识障碍，出现惊慌失措、紧张愤怒等问题，抑制了正常的思维能力，这就是为什么有的人在生活中可以口若悬河，但是面对突发性状况时显得手足无措，无法应对的原因。因此，要想练就良好的心理状态，那就需要主持人多积累上台的经验，从失败中总结经验，多做突发性状况的练习，练就处变不惊的临场心理状态。

（二）积极创新的思维理念

主持人在控制情绪的基础上，还应该保持积极的思维状态和创作理念。一般来说，任何节目在进行之前，主持人都会准备一个相关的节目预案，让自己对于节目的发展做到“心中有数”。但是，如果主持人仅仅满足于此，照着预案背节目台词，就会陷入照本宣科的俗套，长此以往，主持人的思维素质必然呈现出保守型与封闭性的特点。因此，主持人在熟悉节目预案之后，还应该依托预案，结合实际情况，开放自己的思维状态，多为节目的内容进行创作加工。

（三）清楚流畅的语言表达能力

以上所说的主持人的心理状态、思维的展现，都离不开语言的表达。通顺流畅是对主持人做好一个节目的最基本的要求。主持人要口齿伶俐，表达清楚，尤其较长篇幅的串场词更要如行云流水，一气呵成，才能让观众有信服之感。因此，主持人要在日常生活中锻炼自己的口头功夫，多听、多说、多练，让自己能够准确表达出心里的想法。如分寸、节奏、语气、重音、停连，或幽默、或潇洒、或沉稳、或轻快的风格都能将受众带到和主持人共同营造的视听意境中，让受众在其中感受到节目的气息，也感受到主持人的素质魅力等，这样才能吸引和打动受众。

（四）丰富的知识储备能力

主持人良好的应变思维能力还需要丰富的知识和经验积累作为依靠。知识是思维的原料，创新的思维能力、出类拔萃的口头功夫，都来源于知识的积累。有的节目中，主持人存在的词不达意、台词匮乏等语言上的问题，很多都是因为其知识量不丰富。因此，主持人应该在积累知识、经验的基础上，注重提升他们的综合素质，并注重知识的更新，推动思维能力的发展，用新的观念打破固有的思维模式，同时，还要系统地整合所储备的知识，提高知识的精确度，做到博览旁及、纵深发展、优化结构，使自己得心应手。[1]

【媒体视界】

在2011年中央电视台法制人物颁奖晚会上，主持人撒贝宁问上台领奖的两名农民工兄弟："当时和很多兄弟们一起把那辆车抬起来，救出了压在车下的一个人……你们一共19人，为什么今天只有你们两个来了呢？怎么样选出你们两个的？"没想到在现场，农民工兄弟非常诚实地回答："是你们（中央电视台）这里决定的。"瞬间，全场大笑，撒贝宁马上机智地笑着说道："其实要是根据我们的心愿，我们宁可把19个人都请来，真的。但是要告诉大家的是，就这两天录节目已经耽误了老朱和老刘（台上的两位农民工兄弟）很多活了。"接着将话题引向了这些农民工兄弟们见义勇为之后是否对他们的工作带来影响，并通过调侃是否涨了劳务费等问题，让大家更进一步地认识了这些朴实的英雄们。撒贝宁灵活的现场应变能力，既缓解了当时的尴尬场面，同时也向观众说明了问题，还引出了新的话题，为节目增彩。

知识巩固 >>

主持人如何才能做到有效地倾听？

请谈谈对于本章学习的领悟。

谈谈你对主持人采访的理解。

阐述如何才能提高主持人现场主持能力？

实训演练 >>

实训1. 让一名学生现场进行三分钟的即兴说话，让另一名学生进行复述。

实训2. 给学生一个特定的事件，让学生自行设置采访人物，进行采访。

实训3. 播放明星走红地毯的视频，并让学生根据视频内容，针对不同明星进行介绍，现场模拟主持。

---

① 吴郁主编：《主持人思维与语言能力训练路径》，中国广播电视出版社2005年1月版。

第五章

主持人的魅力构成、节目驾驭及鉴赏

学习目标>>

1. 通过本章的学习与训练，了解主持人魅力构成因素。
2. 通过本章的学习，掌握主持人在具体节目中进行节目驾驭的运用技巧。
3. 学会全面而细致地分析节目，判断节目优劣，从而准确评判节目。

知识结构图>>

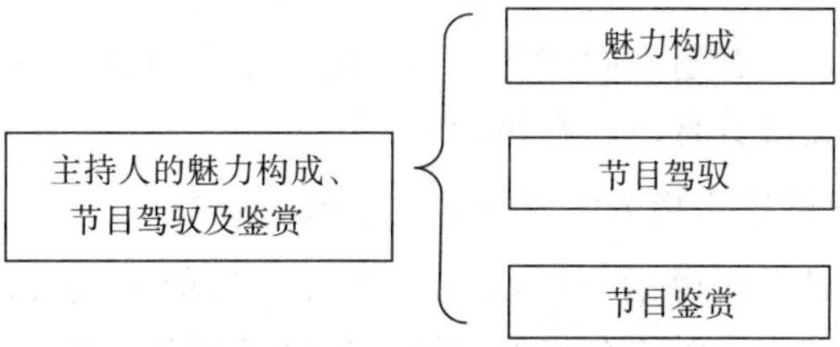

第一节 主持人的魅力构成

魅力是指很能吸引人的力量，是美的客体对认识主体的吸引力。主持人的魅力包括这样几个方面：相貌身材、举止谈吐、音质音色、语言功力、才华学识、驾驭节目的能力等。影响主持人魅力的几大因素：

（1）受收听环境、收听心理影响；

（2）受节目影响；

（3）真实的人（镜头话筒后的主持人）的品质；

（4）对媒介信息的沟通和引导作用。

一、个性化不等同于个人化，有个性不一定有魅力

节目主持人首先应该明确，自己是国家与政府主流意识形态和主流文化的代言人，是一定广播形象的体现，而不是纯粹个体性的行为，因而不可能在节目的制作和主持过程中随心所欲，不可能完全按照自己的意愿行事。

二、个性化魅力的主要内涵

广播节目主持人个性化魅力，主要是由主持人的气质风度、语言表达、知识素养和个人品格修养以及在这些基础上形成的有鲜明特色的主持风格所构成。

（一）独特而富有亲和力的语言是主持人个性化魅力的外在因素

由于广播节目主持人主要是靠声音的感染力和说服力来与听众交流的，所以与听众建立感情联系就应该特别注意声音的语调以及感情的表现，在给人信任感的同时，还应该增加亲和力。主持人要做到有亲和力，首先要调整心态，在心理上拉近与听众的距离；其次要做到心中有人，将听众放在首要位置；主持人要语言流畅，语调平和自然、中肯。在语言表现形式上也应该百花齐放，侃、谈、说、评、播、讲都可以。

（二）良好的气质风度是主持人个性化魅力的重要内涵

气质风度是构成主持人个性化魅力的重要内涵。广播节目主持人良好的气质风度若能在其主持过程中，达到较为理想的体现，那么就能“抓住”受众的注意力，正所谓：“美感有种种特征，但其最终的结局或效果却是一种特殊的快乐。当人们怀着浓厚的兴趣去欣赏一种艺术品或某种自然美时，并不是为了满足一种基本的生理需要，而是为了满足一种精神上的追求，从而沉浸到一种无比愉快的精神境界中。”主持人的气质大致分为几种：儒雅型，即以语言的端庄、自然、典雅，以及知识的广博和丰厚见长，在主持过程中往往如行云流水，波澜不惊，具有超凡的应变能力，时常给人以知识的启迪，其主持语言既不乏生动、含蓄与深邃，又口若悬河，娓娓动听。

（三）深广的知识素养是主持人个性化魅力的有力支柱

广播节目主持人要对听众说话，所以对其语言表达能力的要求较高，主持人知识渊博、经验丰富、思维敏捷才能对听众侃侃而谈。即使在现场主持过程中遇到一些猝不及防的问题，也能临阵不惊，从容应对，表现出一种“大将”风范。给人一种自信、有力度和沉稳之感。主持人若是知识浅薄，再加上阅历贫乏，其思维就容易僵涩，那么主持过程中遇到一些事先没有准备好的情况，便会显得手足无措，说一些未置可否或简单重复的话，更有甚者还会说出一些错话来，所谓“巧妇难为无米之炊”，这样的主持人便很难被听众喜爱和接受。主持实践中还有一种情况，那就是并非所有的优秀节目主持人，都受过正规的高等教育，也不是说没有高学历的人就一定不能成为一个好主持人，这里的关键在于是否有自己的专长，是否有“动态学习，终身学习”的自觉意识和行动。

（四）得体而精到的语言表达是主持人个性化魅力的充分展示

语言表达是主持人赖以运用的重要手段，主持人的语音、语调、语气、语速以及遣词用句，能折射出他的思想、文化、智慧及审美情趣等内涵。得体而精到的语言表达是主持人个性化魅力的一个重要组成因素，体现出主持人较高的学识素养和个性风格。富有逻辑性的语言表述，是以说理见长，不太强调情感的外露和对于语言的修饰，时常凭借自己的理论底蕴和知识结构，举重若轻、深入浅出地分析事态的发展以及事物的本质，其语言特点呈现出理性化、逻辑化，具有突出的深刻性与严谨性。他们的语言，经常表现出思想的敏锐与睿智，特别是在充满思想交锋的过程中，可以显现出思维的敏捷与精神的超越。富有文化感的语言表述，一般以纯朴厚重、气度雍容见长，这类语言常常蕴含着浓郁的书卷气，语气温和、委婉，富有磁性，以对于知识的把握，彰显出文化的深厚和知识的魅力。在这类语言中，时常不乏对遣词造句的不露痕迹的追求，以及对于词汇的造型和形象化的关注，使语言表达的流程体现出一定的韵律和节奏性，呈现出音乐之美。而在语言的表述过程之中，又间或融入象征、拟人、双关、比喻等修辞艺术手法，更能体现主持人的智慧与才华。

（五）良好的个人品格修养是主持人个性化魅力的基石

主持人的个性魅力还来源于良好的个人品格修养，它包括高尚的思想境界和真诚坦荡的人生态度。广播节目主持人的职业特性决定了主持人其一言一行都可能会对受众产生极大的影响。一个优秀的节目主持人其在节目中透露出来的人格魅力，可以给节目增光添彩，成为节目的标志，会使听众因为喜欢这位主持人而更喜欢他主持的节目。所以说，主持人一定要加强良好的个人品格修养，有了这块基石，主持人才会更好地展现出其个性化魅力。

综上所述，作为连接广播节目与听众之间桥梁的主持人，在当今这个时代，若想得到听众的认可和喜爱，就须把自己与节目有机相融，并形成自身有鲜明特色的主持风格，只有这样，才能很好地展现出自身的个性化魅力。正如学者俞虹所说："当节目主持人和节目产生了不可替代性的时候，他就成了一个优秀的主持人。"

第二节　主持人节目驾驭

主持人是节目的主人、协调人，是实现与完成节目的控制者之一。如果把一个节目比喻成一艘航船，那么主持人就是这艘航船的掌舵人。掌舵人依据不同的风向、不同的突发情况指挥调度，运筹帷幄，驾驶着航船按着既定的航线运行；主持人应该通过对现场的把握和调度，引导和驾驭整个节目，使节目在其控制下顺利发展。主持人的节目驾驭能力主要指主持人的引导、调控能力，具体表现在主持人对节目的串联与组织、引导与协调以及对现场的控制上。驾驭能力是主持人完成节目、最终实现节目要求的关键环节。在此意义上可以说驾驭能力是前面所述各种心理素质的一种综合体现。主持人要培养驾驭节目的本领就要参与节目整体策划，培养合作精神、整体意识与观众意识，同时还要提高自身的专业素养与政策水平。

一、主持人节目驾驭能力要求

"驾驭，就是调度、控制的意思，它是领导学的一个基本范畴。"在节目主持工作中，驾驭是指主持人对节目流程、节目现场的一种控制能力。主持人的节目驾驭能力包括对节目的串联与组织、引导与协调以及主持人自我表现的调控，等等。主持人的驾驭能力是一种综合能力，受其业务素质的影响，表现在对节目的串联与组织、引导与协调等各方面；受其政治素质的影响则表现在主持人理解、把握政策的水平上。良好的驾驭能力能使主持人成功地实现其对节目的串联、组织、引导、协调等，同时还能促使主持人在节目中从政策方向上做好把关工作。

节目主持人的概念最初是由美国哥伦比亚广播公司的唐·休伊特提出的，英文名anchor，强调节目主持人应像anchor那样，能迅速组织、串联各种渠道来源的新闻稿件，使之成为一个有机的节目整体；同时，节目主持人在美国的另一个名称为 moderator，原意为协调人，表示在游戏、竞赛类节目中起缓和作用的主持人；还有我们所熟悉的 host，原意为主人，指在综艺表演类节目和访谈节目中，以主人身份出现，调控节目的节奏、气氛和进展的人；等等。从这些不同的概念中我们都可以看出节目主持人的基本功能就在于对节目的串联、组织。因而，主持人要引导、驾驭整个节目，首先就要做好对节目的串联和组织工作。

（一）节目的串联

大多数的节目通常都是由一些小的板块或者由几个节目段落组成，主持人的工作就是要将这些小的节目板块以及节目中的小段落衔接起来，串联成一个有机的整体，从而调控节目的运行，使得整个节目进展得更加自然和谐。串联包括对各个节目板块之间的串联以及节目不同段落之间的串联，主要通过主持人的语言即串联词来表现。串联要求主持人有很强的语言组织能力和逻辑思维能力。用串联词完成节目的串联和组织是节目主持人最常用也是最重要的串联方式。串联词主要有以下几个作用。

其一是衔接作用。采用串联词可以将节目的各个板块和段落衔接起来，顺利实现过渡。在新闻性节目中，串联词可以连接各条新闻，使单条新闻与整个节目融为一体，形成一个有机的统一体。

其二是点评作用。主持人通过对新闻事件的评论，既实现了节目的衔接与过渡，又向受众表明了自己与媒介对于该事件的立场和观点，引导大众舆论导向。

其三是突出中心的作用。在一个由不同的板块或者不同段落组成的节目中，节目的中心可能因为板块之间或者段落之间的差异而被冲淡，致使节目的主题和宗旨得不到很好的体现。串联词的作用就在于通过衔接和点评整合差异，突出中心。特别是在有些谈话节目中，由于嘉宾的思维方式不一样，可能出现不止一个的矛盾冲突点，主持人如果串联得不好，节目就会往这些不同冲突点的方向发散，导致节目结构松散、主旨不明。

串联词是节目主持人最重要的基本功，串联词的好坏直接关系到节目的整体性和连贯性，同时它也是主持人自我展示的一个载体，节目主持人应该能够通过串联词表现自己的风格特色，为节目增光添彩。

主持人的串联词应根据不同节目类型有不同的风格。在新闻性节目中，串联词应简洁明了、一语中的；综艺类节目中的串联词应该活泼自然、风趣幽默；谈话类节目的串联词则应该言简意赅、引人深思。当然，同一类型的节目由于其定位不同，串联词的风格也应不同。在节目中主持人的串联词看似信手拈来，实则要经过周密的思考，不能不假思索、信口开河。总之，主持人应充分发挥其快速的反应能力、逻辑思维能力以及扎实的语言基本功，用出色的串联词组织节目，使节目成为一个完整的整体。同时，主持人应对整个节目的各环节、节目的主体，以及节目的设计、制作过程都了然于胸，才能在串联时把握节目的方向，实现节目各个板块之间以及节目不同段落之间的顺利过渡。

（二）节目的组织

节目主持人的组织能力指的是主持人按照节目的宗旨、依据一定的逻辑，有目的地选择信息并将这些信息迅速有效地构成一个整体，从而使受众容易接受的能力。主持人的组织能力是主持人领导能力的体现，它主要表现在对节目的各种资源的有效整合上。特别是在谈话类节目中，主持人的组织作用更为显著。通过适度的言行组织嘉宾谈话、观众讨论、控制现场气氛等，都是主持人组织能力的体现。主持人在组织谈话过程中要善于观察，注意话题间的连接、各段落间的起承转合，注意与嘉宾和观众的交流和沟通，调动各方面的积极性和参与欲，使话题顺利展开。

二、主持人的引导与协调

（一）主持人的引导

主持人在整个节目中起着主导作用，从节目的开始，节目主题的引入、深化和发展，主持人对节目的全局要有一个整体的把握，在节目制作过程中，运用语言和动作引导和协调节目的各方关系，使节目顺利进行。在综艺节目中，主持人要积极引导嘉宾和现场观众参与节目的游戏、竞赛活动等以活跃现场气氛；在新闻性节目中，主持人要通过自己的报道和评论来引导受众对新闻事件的看法、领会节目的主旨；在谈话类节目中，主持人要围绕节目主题发动嘉宾和观众发表自己的看法，引导受众领会节目精神、理解节目内容；在访谈类节目中，主持人要采用不同的访问技巧，从不同的角度出发引导受访者说出自己的观点。

（二）主持人的协调

主持人的协调作用主要指主持人在协调现场的人际关系、调节现场气氛，以及协调自身与节目整体、节目背后的受众之间的关系时所做的努力。现场的人际关系是指节目现场中的主持人、嘉宾和现场观众在参与节目时所形成的各种关系。在谈话类节目中，谈话都是围绕一个话题展开的，然而针对同一个话题，不同的嘉宾和观众会有自己不同的看法，因而就会造成意见上的冲突。主持人一方面要制造这种冲突使得节目更有“看头”；另一方面又要协调好这些冲突以免矛盾激化，否则，矛盾激化，造成僵局，就会使得话题难以围绕中心展开。

协调，为的是要达到一种平衡。主持人的天平不能向任何一方倾斜，必须保证每一方的话语权。有些嘉宾比较爱说话，说得比较多，也许还与话题无关，主持人就要巧妙地让他少说点；有些嘉宾不爱说话或者是“抢不过”其他嘉宾，主持人就要主动地多让他发表自己的看法；现场那么多观众，主持人也要选择有代表性的观众发言，多一些不同的意见和声音。总之，主持人要把握一个度，协调好嘉宾和观众发言的比例，保持谈话现场的话语平衡。

对现场气氛的调节是主持人协调能力的又一表现。不管是专家、学者、官员还是普通老百姓，在面对镜头的时候总会有一些紧张感，主持人的作用就是要通过自己的言语和行为来营造一种轻松愉快的氛围，以缓解嘉宾与现场观众的这种紧张感。

三、主持人节目驾驭能力的培养

主持人的节目驾驭能力包括对节目的串联与组织、引导与协调以及主持人自我表现的调控，等等，因而主持人驾驭能力的培养也要从这几方面去努力。主持人要培养自己的串联与组织能力就要参与节目的整体策划，只有对节目的整体设计和各个环节都有一个清楚的把握，才能在串联和组织节目时体现节目的宗旨；而主持人的引导、协调能力则与其合作精神和整体意识分不开，主持人只是整个节目制作团队的一分子，只有具备良好的合作精神和整体意识才能协调好节目中的各个因素；主持人对自我表现的调控则是由其个性特点、受众意识和政策水平决定的，抛开个性因素，没有强烈的受众意识和较高的政策水平的主持人，无法在节目中很好地控制其自我表现，不会是一个好的把关人。而主持人的知识结构和业务素质则是主持人驾驭能力的基础。以下将从这几个方面详细阐述主持人驾驭能力的培养。

（一）参与节目整体策划，体现节目宗旨

主持人在组织、串联节目时，要对节目的整体设计和各个环节都了如指掌，因而主持人要参与节目的整体运行，参与节目的选题、策划、采访、制作等过程，这样才能在组织和串联节目的时候有一个更加全面的理解和把握，能够更好地体现节目的宗旨。主持人参与节目整体策划也是培养其组织能力的关键。在组织能力体系中，策划能力是最重要的，组织任何节目都需要经过全面细致的策划。主持人在参与整体策划的时候应该从以下几个方面入手。

1. 确定选题、明确节目主旨

节目的选题必须能对受众产生强烈的吸引力，才会促使受众和节目参与者积极参与节目。因此主持人在确定选题的时候，必须以“最需要”为准则，选择与受众利益息息相关的主题，考虑到各方面的利害关系，并从自己容易驾驭的主题入手，这样才有助于主持人对节目的组织和串联。明确节目宗旨是对选题深入思考的过程。节目的主旨是节目的核心，是组织和串联节目的主线，确立鲜明而富有内涵的节目主旨有助于扩展节目的深度和影响力。主持人在参与策划节目时应注意加深对选题的认识、明确节目的主旨，从而使自己的主持思路和风格与节目的宗旨更加一致，更好地完成节目的组织工作。

2. 精心选择节目素材

一个节目的策划要通过对事件、人物、背景材料的选择与组合。选择什么样的素材和内容才能最好地表现节目主题，是主持人思考的关键所在。同时，主持人应该考虑到自己对这些素材的组织驾驭能力，应该选择自己熟悉、容易操作的节目素材，这样在组织节目的过程中才能得心应手，游刃有余。在许多需要有嘉宾和现场观众参与的节目中，主持人在策划节目的时候尤其要考虑到参与者的能力和水平，要选择参与者能力范围之内的素材和内容来组织节目。

3. 勇于创新

每个节目固然都有自己的模式和风格，但是随着受众欣赏水平的不断提高和逐渐多样化，长期不变的模式肯定会使节目失去吸引力。主持人必须时刻保持认真的态度，积极创新，让每一个节目在节目宗旨不变的情况下都有新鲜感，切忌墨守成规。主持人应尽可能地考虑到不同受众的需求，通过多视角地选择材料，丰富节目的表现形式，增加节目的艺术感染力等方式进行节目创新。

4. 做足准备工作

每个节目的制作都是一项庞大的系统工程，会有各种复杂的情况出现，主持人在参与策划的时候应该将准备工作落实到每一个环节、每一句串联词上，尽可能多地考虑到一些突发情况的应对措施。特别是在谈话类节目中，主持人还应考虑到如何营造现场气氛，如何在节目中避免冷场现象等。

（二）合作精神与整体意识

一个节目的制作与播出是一项复杂的工程，需要整个节目组的工作人员共同努力才能完成。主持人在节目中不能脱离节目这个整体演“个人秀”，也不能脱离节目组唱“独角戏”，主持人必须意识到个人与节目是统一的，必须有合作精神和整体意识。

1. 主持人的合作精神

主持人虽然是节目中最引人注目的那一个，但任何节目都不是主持人的“个人秀”，每一个节目都凝聚了整个制作团体的劳动和智慧，在节目制作过程中，主持人要与他的搭档合作（有些节目中，主持人不止一个），要与节目的编导、编辑、撰稿、策划、灯光等各个环节的工作人员协作，共同完成节目。

（1）主持人与节目组各环节工作人员的合作。

（2）主持人与“搭档”的合作。

一般都以求异、互补为原则，男女组合，刚柔相济，阴阳互补；同性组合，风格各具，性格各异。总之，在异中求同，同中求异，主持人既要各展其长，又要互补其短。彼此不离不即，不疏不密。

2. 主持人的整体意识

从某种意义上说，主持人的整体意识也体现在其合作精神上。主持人在节目中代表的是整个节目制作团体，他的每一句解说词，每一个环节的起承转合，每一个展示，每一次采访都凝聚着整个团体的心血。因此，主持人在做节目的过程中必须将自己融入创作集体，将整体意识贯彻始终，尽自己的最大努力展现整体形象，同时要富有合作精神，与每位同事精诚合作，虚心接受各个方面的意见和建议，协调好节目制作过程中的每一环节，共同营造一个和谐、积极向上的创作团体。主持人的整体意识还表现在其节目意识上，主持人应以节目为中心，按照节目内容进行风格定位。每个主持人都有不同的性格特征、表达方式，有的活泼生动，有的成熟知性，有的睿智敏感，有的幽默风趣，但是所有的这些都必须以节目为依托表现出来。主持人主持节目不是演员的个人表演，他必须为整个节目服务，体现节目的宗旨和风格。主持人应该明白，是节目成就主持人而不是主持人成就节目，永远都要以节目为中心。

（三）受众意识与政策水平

受众是节目的服务对象，对受众的需要及其在接收过程中的心理规律的把握，是节目成功的根本。把握受众需要可以使节目的定位更加到位，更符合党中央提出的“三贴近”精神；而把握受众的心理规律则可更好地表现节目内容，达到更好的传播效果。如在新闻类节目中，一方面要吃透党和政府的各项方针政策，另一方面要了解受众现实的、具体的需求，才能把党的方针政策以百姓更容易接受的方式传递出来，真正做到贴近实际、贴近生活、贴近群众。

1. 主持人的受众意识

“受众是传播行为的接受者，是传播活动中信息流通的目的地，是传播活动产生的动因之一和中心环节之一。离开了受众，传播活动就失去了方向和目的，而不能称为传播活动。”大众传播活动过程中的受众具体指广播的听众、电视的观众、报纸的读者，等等。他们能够决定一个传播内容、一个传播媒介、甚至传播者本身的发展前途。鉴于受众对于传播活动的重要意义，无论是传播理论研究还是实际的大众传播活动，都很重视对受众的研究。受众与节目主持人的关系就像水和鱼的关系，没有水，哪来的鱼呢？没有受众的关注和支持，节目主持人就没有存在的可能和必要，因此培养受众意识，将受众意识深深地刻在脑海之中，融入节目中，是主持人时刻都不能忘记的。受众在接收信息的时候具有选择性心理，包括选择性注意、选择性理解和选择性记忆三个方面。受众的选择性注意使受众一般选择自己习以为常和喜爱的媒介和能够支持其信念和价值观的信息，不同的受众会有不同的选择取向；选择性理解是指具有不同的心理特征、文化倾向和社会成员关系的人们会以不同的方式解释媒介内容；而选择性记忆指的是受众往往只记忆对自己有利、符合自己兴趣或与自己意见一致的传播内容。受众的选择性心理告诉我们，受众并不是媒介传播什么他们就接受什么，受众是自主的，是根据他们自己的需要和喜好来主动地选择媒介和媒介内容的。因而节目主持人在引导、驾驭节目的时候尤其要关注受众的需要，培养自己的受众意识，时时刻刻都要想到受众。受众需要什么、喜爱什么，都是节目主持人应努力表现的。特别是在当今这样一个传媒发达、信息多元的时代，受众在信息的海洋里，其注意力是游移不定的。有调查表明，在家用电器的维修率中，遥控器排在第一位。还有调查表明，有些观众在看电视的时候每 5 秒就要换一次台。观众如此自由、普遍的选择性给我们的节目主持人带来了很大的挑战。如何才能抓住受众的注意力，让受众在你的节目上"驻足"，是节目主持人应不懈努力的追求。尽可能地满足受众需要，提高自身和节目的魅力，都是受众意识的表现。节目主持人是一个公众人物，没有广大受众的支持与喜爱，主持人就失去了生命力。因而节目主持人应将受众意识深藏心间，在组织、串联节目的时候，在采访报道的时候，在节目制作的每一个环节中都融入受众意识。从受众的需要出发，为受众的利益着想，多做一些受众喜闻乐见的节目。

2. 主持人的政策水平

节目主持人的政策水平是主持人综合能力的重要一项。节目主持人是节目的核心和主导，也承担节目把关人的责任。但主持人代表的绝不是其个人，主持人是与节目共同存在的，他代表的是整个节目制作团体及其背后的媒体机构。在我国，新闻媒体是国家的传播机构，代表的是国家和政府的声音。我们的党是先进的党，代表着最广大人民群众的根本利益。党制定的各项路线、方针、政策是符合广大人民长远利益的，对于提高人民生活水平、思想道德和文化水平、健康水平都有重大的意义。节目主持人作为媒体的一分子，应该积极主动地提高自己的政治思想素质和政策水平，理解党的方针、政策，并在节目中认真贯彻党的各项路线、方针、政策。主持人应该深刻领悟：在我国，党的利益与人民的利益，与国家、民族的利益是一致的、不可分的。

（四）知识结构与业务素质

主持人留给大家的印象总是多才多艺，上知天文下知地理的。在著名的节目主持人中，从美国最负盛名爱德华·默罗到后来的 CNN 的拉里金、CBS 的丹·拉瑟到国内的名主持白岩松等，无一不是出口非凡、学识广博，似乎什么事情都通晓一点。事实上，主持人作为节目的主人、节目的组织者和协调者，要引导和驾驭整个节目，必须要有一个全面而系统的知识结构，这个知识结构包括驾驭节目的各种能力和主持人的专业素养以及丰富的文化知识。主持人的驾驭能力是指主持人在驾驭、控制节目时所具备的一项综合能力，是主持人各项心理素质的综合表现。它要求主持人有较强的思维能力、组织控制节目现场的能力、协调节目各要素的能力、敏锐的观察判断能力、根据具体情况快速反应的能力，以及对于节目的各个环节、各项内容、串联词等的记忆能力，还有出口成章、言之有物的语言表达能力，等等。主持人的专业素养是指主持人这一个职业所需具备的特殊的专业素质。具体包括以下几个方面。

（1）了解广播电视媒介的基本特性，掌握广播电视节目运行制作的一般规律。广播电视都是线性传播媒介，线性传播最大的特点就是时间性，传播的内容转瞬即逝，不易保存，因而广播电视媒介传播的内容应该通俗易懂、直白、直接。节目主持人应严格遵循媒介本身的这一特点，在主持节目的时候，应平易、简洁，富有表现力，将丰富多彩、真实、自然的节目内容传播给受众，也只有这样，才能让受众在转瞬即逝的节目内容中各取所需，使节目更受欢迎。广播电视节目的制作和运行有其自身的规律。节目主持人应按规律办事，在参与节目的制作过程中，深刻理解节目的内涵和宗旨、节目的主题，并对节目的总体设计、结构、层次安排、节奏变化等了然于胸，这样才能在节目的现场组织调度，运筹帷幄。

（2）掌握策划、采写、编辑、播出等节目制作的基本功，主持人是贯穿于节目中的重要人物，是节目中最活跃的因素之一。为了保证节目的整体性和一致性，主持人应参与节目的策划、制作过程。在节目制作期间，主持人会涉及串联词的写作、节目的采访工作、后期的编辑等工作，因而主持人必须掌握好新闻工作的基本功，具备较强的策划、采写、编辑能力，以便更好地参与节目的制作，从而使得自己在引导、驾驭整个节目时得心应手。

（3）具备良好的语言功底。主持人区别于其他职业最大的特点就是“说”，主持人在主持节目的时候，无论是对节目的串联和组织、引导和协调，还是营造现场氛围、控制现场情况，都要通过语言来实现，因而主持人最重要的专业素养之一就是要具备良好的语言功底。在过去，主持人一般都是由播音员来担任，即使是现在，有很多主持人还是来自播音员的队伍或是学播音的，这说明对主持人这个职业的语言功底要求非常高。如今，随着节目发展的多样化和风格化，对主持人的语言功底要求不像以前那样以播音员的标准来衡量，但是作为一个说话的职业，对主持人语言能力的要求是任何时候都不会变的。主持人的语言是其内在思维的外在表现，因而主持人不仅要有缜密的逻辑思维能力，还要有良好的表达能力，将自己的思维用语言表现出来。主持人不仅要能说会道，还要能“言之有物、言之有趣、言之有益”。主持人在节目中应该根据节目的风格和宗旨来确定自己的语言风格，通过自己的语言实现节目的串联和组织、引导和协调，巧妙地运用语言为节目增辉添色。主持人也许不是某一个行业的专家，但他必须是一个“杂家”。无论是电视还是广播，其节目内容都是丰富多彩的，每一期都有不同的主题，涉及不同的内容，会遇到不同的采访对象，这就不得不要求主持人要有广博的知识，以驾驭不同的节目内容。

首先，必须具备新闻传播学方面的知识。广播电视都属于大众传播媒介，主持人作为大众媒介的从业者，是信息的采集者和传播者。因此，了解掌握新闻传播学的基础理论，对于主持人明确自身的定位和功能以及根据新闻传播的规律进行新闻实践活动具有指导作用。其次，要有专业化的知识结构。随着受众细分时代的到来，广播电视节目的专业化趋势日益增强，通过定位日益明确节目为受众提供专业化服务的要求。如今，这样的栏目越来越多，仅在央视，较突出的就有经济类的《经济半小时》、文艺类的《世界文艺》、法律类的《今日说法》，此外还有体育类的、文学类的、国际类的、证券类的、医学类的，等等。“专业化的栏目要求主持人不仅具有该栏目学科领域的专业理论和基本知识，更要在此基础上不断积累，了解学科前沿的发展动态，熟知学科的代表人物，掌握一定的‘情报系统’，善于借用‘外脑’和‘信息网’，具有更高效率处理信息的能力。”最后，丰富的人生阅历也是主持人的重要财富。读万卷书，行万里路。生活是最好的老师。人生的经历和际遇同书本的知识一样是充实个体经验的重要财富。没有下过地的人很难理解农民的艰辛，没有谈过恋爱的人不知道爱情的甜蜜，没有亲身体验过的人生总不如亲身经历过的那样深刻。丰富的人生阅历可以增强主持人的移情能力，使其更好地与受众沟通交流；丰富的人生阅历可以让主持人理论与实践相结合，将其所学在节目中融会贯通；丰富的人生阅历可以提高主持人的内涵与修养，使其更具亲和力。约翰·钱塞勒是美国著名的电视节目主持人兼评论员，以“严谨、诚实、准确”的作风为人称道。约翰·钱塞勒的职业生涯颇为坎坷，由于家庭的原因，他 14 岁就离开学校过着流浪汉的生活，先后干过医院护理员、木工学徒、化学实验人、停车场工人、工作代理人助手、伊利诺伊河上的水手、报纸抄写员等多个职业。之后又重返学校，并获得大学学历。23 岁时如愿以偿成为《芝加哥太阳时报》的记者，从此开始了他 40 多年的记者生涯。从 20 世纪 60 年代初开始，约翰·钱塞勒先后出任 NBC 的《今天》《晚间新闻》等节目的主持人。丰富的人生经历锻炼了约翰·钱塞勒，其吃苦耐劳的精神和正直、诚实的性格，使其在长达半个世纪的新闻工作中一直以埋头苦干、认真负责的态度报道新闻、讨论时事，最终被公认为美国一流的电视新闻评论员。

主持人的节目驾驭能力是主持人最终完成节目的一种综合能力的具体体现。因而主持人驾驭能力的培养不能仅靠提高主持人的业务素质和扩大知识面来实现，主持人还要在参与节目的策划和制作过程中培养自己的合作精神与整体意识，提高受众意识与政策水平以更好地把握节目内容，体现节目宗旨。因此我们衷心地希望我们的主持人能不断地提高自身的综合素质和对节目的参与能力，积极地参与节目的策划和制作过程。同时也希望上级主管部门能进一步深化体制改革，允许更多优秀的节目主持人参与到节目的运行和制作环节中，让他们可以放开手脚，做出更多的好节目。

第三节　主持人节目鉴赏

主持是一门时代的艺术，具有很强的时代感。

一、主持作品赏析的目的和意义

（一）主持作品赏析的目的

1. 揭示创作规律；
2. 提高鉴赏水平；
3. 展示审美神韵；
4. 挖掘个性风格。

（二）主持作品赏析的意义

1. 揭示作品内涵主题；

2. 借鉴提高创作水平。

二、赏析要素

中国播音主持金话筒奖（以下简称“金话筒奖”）是经中宣部批准，由中国广播电视协会主办，并委托其播音主持委员会具体承办的全国性常设奖项。

“金话筒”奖第二十二条评选标准：

（1）能体现出正确导向、责任意识和职业道德，具有良好的社会形象；

（2）能体现出具有扎实的语言、文字基本功，具有良好的表达能力和综合素质，具有时代感；

（3）继承好传统，鼓励形式和内容创新；

（4）评委会尤其注重参评者的社会责任感、文化内涵和人格魅力的体现。

（一）语言要素

1. 创作文本（注意选题、立意、角度、文风）

示例1　节目名：《音乐·咖啡·心情》

节目内容和宗旨：乘着歌声的翅膀，让我们的心自由地飞翔。一段音乐，一杯咖啡，一个朋友，一段心情，夜色因此更加美丽……

（出音、压混）

大家好，收音机旁我亲爱的朋友们。

感谢您继续收听我们的节目，现在是《音乐·咖啡·心情》节目时间，欢迎您的到来，我是张好。

今天，我很高兴能有这样的一个机会，坐在这里，来和大家一起，听一段音乐，品一杯咖啡，交一个朋友，说一份心情。让我们的心，在音乐的世界里，自由地飞翔。

（音扬、压混）

今夜，夜色如此美丽，有清风，有明月，有款款的音乐如流水萦绕在我们的耳边。不知大家是否和我一样，有一份喜悦，有一份感动，在心中，油然而生？

而一直以来，就我个人而言，是非常喜欢音乐的。

无论欢乐或者悲伤的时候，好像都喜欢关掉灯，挂上耳塞，让自己完全地投入到音乐的世界里。

其实，人在很多时候，在很多事情上，语言都显得很贫乏，好像这样的时候，也只有音乐，才可以完全地表达自己内心的真实感受。

从那些无形的旋律中，我们总能听到我们的心中想说却又说不出，想要表达，却又难以表达的声音。这声音是丰富的，是多彩的，是不含任何杂质的。我想，基本上，它就是人类最原始、最质朴的一种情感的具体体现。

所以，好的音乐，总是能引起我们的共鸣。

而这个世界是需要音乐的，正如需要美丽和高尚一样。

（出歌：朴树《召唤》）

收音机旁我亲爱的朋友们，这会儿朋友们听到的这首歌，是朴树所演唱的一首歌，名字叫《召唤》。

这的确是一首很好听的歌，不仅有清新优美，简单易学的旋律，还有悠长的意境让我们慢慢回味。当然，朴树的歌喉也是不容忽视的一个环节。每次听朴树的歌都没有心理压力，因为，就好像听自己的朋友浅吟低唱一样轻松又亲切。

而现在听这首《召唤》，我就想起了我的一个朋友，一个老朋友。他离开我们……已经十年了。

十年之前，我们在同一所学校里，共同做着飞翔的梦。真的很希望有一天，我们可以像快乐的小鸟一样，在蓝色的天空中，结伴而行，自由地飞翔。

可是当我们真正毕业的时候，当我们终于有了一双翅膀，当我们可以勇往直前，自由高飞的时候，我的朋友却再也飞不动了，他……患了骨癌。

（歌扬数秒——渐弱、压混）

我的朋友非常喜欢跳舞，几乎每次学校里举办舞会，他总是全场最引人注目的“舞林高手”。可是最后，学校举办“毕业晚会”的时候，他这个“迪斯科舞王”却只能做观众了——他的一条腿，已给锯掉了……

后来，我去医院看他，他对我笑。他说：“我快死了。”

（歌扬数秒——渐弱、压混）

我的朋友在他生命的最后时光里，拼命叠了很多的千纸鹤。他把那些纸鹤交到我手上，说：“你去飞的时候，一定带上它们哪！……”

后来，我飞了很多地方。无论我到哪里，那些纸鹤一直带在身边，从不敢丢。

我的朋友是在一个阳光很好的下午离开这个世界的。我没有哭。因为我知道，我的朋友，是无憾的。至少，在他拥有生命的日子里，他的每一天都过得那么充实而幸福，他舞蹈过，歌唱过，欢笑过……如此，他的一生，又有什么缺憾呢？

只是，在许多个这样的夜晚，我总会想起他，想他明媚如阳光的笑脸和纯净如秋水的眼睛。我的心总是很感动，为我们不老的友情，为我继续承担的生命，为那美丽的千纸鹤……我想，我们都没有理由不好好活着的。不管前路等待我们的是什么，我们都应该努力地去美化我们的每一个日子，珍惜我们拥有的每一份感情。既然有过一次生命，为什么不可以让它更灿烂一些呢？

（朴树的歌扬起——）

大家好！我亲爱的朋友们。这里是北京人民广播电台调频频率97.2兆赫，感谢您继续收听我们的节目。现在是《音乐·咖啡·心情》节目时间，我是节目主持人张好。

（出浪漫萨克斯风《把爱带回家》）

收音机旁我亲爱的朋友们，此刻，您听到的这首乐曲，是一首非常美丽的萨克斯音乐《把爱带回家》。

美丽的音乐，总会让我们想起许多美丽的故事。

在这样的音乐声中，我想起了我的婆婆。

我想，这个时候，我的婆婆一定在等我回家。

我想起不知谁说过的一句话：当你深夜回家，在家里开着灯一直等你的人，一定是你最亲的人。

这么说，我的婆婆就是我最亲的人。

可是，我和婆婆却没有任何的血缘关系，我们只是合租在一套单元房里。

实际上，从我七岁开始，我的父母就已经永远地离我而去了。从那之后，我在这个世界上，就已经没有任何亲人了。遇到婆婆一家时，我已经流浪了大半个中国。一路的颠沛流离，使我看够了利欲熏心下太多嘴脸的丑陋和卑鄙。所以遇到婆婆时，我已经变得不怎么愿意与人交往了。可是，孤单如我，纵然可以拒绝所有人的善意和帮助？又怎么可以拒绝一颗母亲的心呢？朝夕相处的日子，平淡如水，沉静如和风，可是来自婆婆本性中的善良和慈爱，却让一个游子拒绝解冻的心渐渐融化。天冷了，婆婆早早就给准备好了棉衣棉裤，生病了，75岁的婆婆，颠着一双小脚，到处去为我找药来……不知不觉之中，在一个历经风雨，遍尝苦难的少年的心中，就开出一朵温馨的花来。

那花，我叫它心灵之花。

其实心灵之花，在每个人的心里都有种子。可是，因为它没有形状，也没有颜色，所以平常的日子我们感觉不到它的存在。也只有当我们付出或者接受爱的光辉时，它才开花。那花，一定会是世界上最美的花朵。

所以，当有人问我：如何让千年的石头也动心的时候，我的回答是：用爱感动它！

（音扬起——）

好了，亲爱的朋友，今天我们的节目就要结束了。可是我们的音乐还在继续。就让这美好的音乐，成为我们梦想的翅膀，载我们到任何我们想去的地方。晚安，我的朋友。咱们下次节目——不见不散。

2. 有声表达

（1）语体语态（符合新闻、服务、谈话、娱乐等特征）。语言表达是主持人赖以运用的重要手段，主持人的语音、语调、语气、语速以及遣词用句，能折射出他的思想、文化、智慧及审美情趣等内涵。得体而精到的语言表达是主持人个性化魅力的一个重要组成因素，体现出主持人较高的学识素养和个性风格。

不同的节目主持人其思维和表达方式是不尽相同的，富有个性魅力的主持人要用符合自己特点的语言，表达出自己和节目所要传达给观众的思想观念，其内涵应当是丰富的，听后要能令人久久回味。

主持人音质好听，口齿伶俐，这些都与天赋有关，但要把话说得准确、生动、流畅、得体，达到“叙事能让人仿佛目睹，说理能让人心悦诚服，只言片语让人久久而不忘，长篇大论可以听之不倦”（吕叔湘语）的语言艺术佳境，就要靠后天勤学多练，不断增长知识和丰富阅历，所谓“熟能生巧”，所谓“腹有诗书气自华”。

（2）内外部技巧（内三外四）。调动思想感情的方法：情景再现、内在语、对象感；表达思想感情的方法：重音、停连、语气、节奏。

（3）情、声、气结合。情取其高、声取其中、气取其深。

示例2　重庆都市广播《都市情缘》

（片头）男：都市里，倾听缘分的声音。

女：安适中，倾听最美丽的声音。

男：迷茫中，倾听希望的声音。

女：思念中，有来自这里的声音。

男：大家好，欢迎收听——FM93.8《都市情缘》，我是宇航！

女：我是芳菲。

男：让我们给你一个和陌生人握手的机会。

女：给你一个大胆表达的机会。

男：在这个周末的黄昏。

女：是啊，还是这个周末的黄昏。

男：《都市情缘》依旧与你相约在此时。

（背景音乐）

女：朋友们可以在我们节目进行的同时，发送短信过来，来说说想法、对下个星期调整了播出时间以后的《都市情缘》提提意见！

男：当然，也可以通过我们的短信平台和听友俱乐部结识你生命中的另一半！

女：移动用户——发送到8168938。

男：联通用户——发送到9168938。

女：都说红豆生南国，春来发几枝。

男：愿君多采撷，此物最相思。

女：一篇让我们一生难忘的文字。

男：送给正在相思的人们……

女：进入今天的心情故事——

（宣传广告插花——缘分故事征稿）

（背景音乐）

男：小兔子要上床睡觉了，它紧紧抓着大兔子的长耳朵，要大兔子好好地听它说。

女："猜猜我有多爱你？"（小兔子问）

男："噢！我大概猜不出来。"（大兔子笑笑地说）

女："我爱你这么多。小兔子把手臂张开，开得不能再开。"

男：大兔子有双更长的手臂，它张开来一比啊，"可是，我爱你这么多"。

女：小兔子动动右耳，想：嗯，这真的很多。

"我爱你，像我举得这么高，高得不能再高。"小兔子说，双臂用力往上撑举。

男："我爱你，像我举得这么高，高得不能再高。"（大兔子也说）

女：这真的很高，小兔子想：希望我的手臂可以像大兔子一样。

小兔子又有个好主意，它把脚顶在树干上倒立了起来。它说："我爱你到我的脚趾头这么多。"

男：大兔子一把抓起小兔子的手，将它抛起来，飞得比它的头还高，说："我爱你到你的脚趾头这么多。"

女：小兔子笑了起来，说："我爱你像我跳得那么高，高得不能再高。"它跳过来又跳过去。

男：大兔子笑着说："可是，我爱你，像我跳得这么高，跳得不能再高。"

他往上一跳，耳朵都碰到树枝了。

女：跳得真高哇——小兔子想——真希望我也可以跳得像它一样高。

小兔子大叫："我爱你，一直到过了小路，在远远的河那边。"

男：大兔子说："我爱你，一直到过了小河，越过山的那一边。"

女：小兔子想，那真的好远。它揉了揉红红的双眼，开始困了，想不出来了；

它抬头看着树丛后面那一大片的黑夜，觉得再也没有任何东西比天空更远的了。

男：大兔子轻轻抱起频频打着呵欠的小兔子，小兔子闭上了眼睛，在进入梦乡前，喃喃说：

女："我爱你，从这里一直到月亮。"

男："噢！那么远，"大兔子说："真的非常远、非常远。"

大兔子说着，轻轻将小兔子放到叶子铺成的床上，低下头来，亲亲它，祝它晚安。

然后，大兔子躺在小兔子的旁边，

小声地微笑着说："我爱你，从这里一直到月亮，再……绕回来。"

（歌曲——《爱我》剪辑后的精选段）

（背景歌曲——《幸福在哪里》）

男：有些朋友问，什么是幸福？幸福在哪里呢？

女：幸福像时间，总在你不知道珍惜的时候偷偷溜走。

男：幸福像烈酒，需要你用心去感受。

女：幸福像石子，无处不在，需要你仔细去玩味和感受。

男：如果你是孩子，你有疼你爱你的父母，有善解人意的老师；有亲密无间的同学，有一个美丽的校园，一个温暖的班集体，一份满意的成绩，你就十分幸福。

女：如果你是大人，你有可爱的儿女，过着丰衣足食的生活，有稳定的工作和收入，你就很幸福。

男：如果你是老人，你有与你共度晚年的伴侣和孝顺的儿女，你有一个健康的体魄，你就很幸福。

女：如果你说，你没有钱，那么健康的身体就是幸福。

男：如果你说，你生了病，那么朋友就是幸福。

女：如果你说，你失去了自由，那么依然保持美好的希望与崇高的理想，那也是幸福！

男：不要哭朋友，因为有我们的陪伴。

女、男：不要害怕朋友，你们一定会幸福！

（背景音乐）

男：刚才很多朋友说到了什么是幸福，那幸福到底是什么呢？

女：有人说，爱情是最大的幸福。

男：有人说，亲情是最大的幸福。

女：不过听过今天的爱你在心口难开，相信你会明白，自由就是最大的幸福。

男：也许我们感觉不到，但是星期二看过两封来自铁窗里面的声音之后，这种感觉就更加的强烈！

女：今天的故事也要从这里说起——

（歌曲：《冲动的惩罚》）

男：男孩子叫胡元，27岁，原本在一家摩托车配件公司工作，因为自己一直很勤奋，技术也掌握得比较好，通过自学拿到了大专文凭。通过自己的努力，很快被老板提到了中层人员，可以说前途一片光明。

女：可是在1999年秋天，一次朋友聚会上，他认识了一个女孩，真是有点“众里寻他千百度，蓦然回首，那人却在灯火阑珊处”的感觉。从动容到动了心，在2000年情人节那天，他向女孩表达了自己的心意，也就是那天，女孩成了胡元的女朋友。

男：可是由于工作的原因，胡元在江北，女孩在解放碑，他们只能通过电话和短信彼此联系，由于他们都是文学爱好者，常常用诗词表达自己的爱意，感情也就与日俱增，互相都和对方家长见了面，也都很满意！

女：胡元当时想，反正还年轻，再奋斗几年，等有了事业基础再谈婚娶，他在心里面发誓，要让她成为最美丽最幸福的新娘，全心全意地呵护她、关心她，直到一起变老。

男：不过有时候幸福总是短暂的，慢慢地，越来越多的风言风语传到胡元耳朵里面，终于他看到了，自己深爱的女孩和另一个男子一起钻进了黑色的“奥迪”。

女：三年的感情，在物欲面前竟然碰得如此粉碎。他喝酒了，喝得很醉，血气方刚的胡元找到了那个男子，把他打成了“轻微脑震荡”和骨折，现在被判劳教三年。

男：入狱以后，女孩提出了分手，此时此刻的他也十分冷静，他说，一个人的心死了，那么一切对他而言都是淡漠的！

女：同样是在北碚西山坪劳教所八大队二中队，还有一个朋友叫梁险，他的经历同样也十分曲折。

男：五年前，在一次朋友的聚会上，他们俩认识了，女孩叫谭娟，两个人十分相爱，就在这个时候，这位名叫梁险的朋友染上了毒品。

女：他没有告诉自己的女朋友，他怕谭娟受到伤害。一直固执地认为这样的隐瞒是善意的。

男：没想到，女孩知道了以后，不但没有提出分手，而且苦口婆心劝他，他非常感动！

女：女孩一次次地陪他去戒毒，不知道经过多少次的反复，梁险还是再一次染上了毒品，被公安机关抓获进行劳改。

男：一年前，通过一次与亲人见面的机会，他得到一个噩耗。女孩在一年前的一次车祸中已经去世了。如今——

女：太多太多的愧疚。

男：也承载太深太深的感恩。

女：希望梁险、同样也希望胡元努力表现，好好珍惜未来的日子。

男：很多朋友都在默默地关心着你们，帮助着你们！

女：记住一句话——

男：前方是绝路。

女：希望在转角！

（歌曲：《一天一点爱恋》剪辑后的精选段）

（宣传片花）

男：这里是爱你在心口难开——

女：今天为朋友们播出的是：来自铁窗里的声音。

男：相信此时此刻，胡元和梁险也在收音机前倾听着我们的声音。

女：在这里《都市情缘》也有一份特别的礼物，送给胡元、梁险，还有高墙里面的其他朋友们！

（同期声　录音）

大家好，我是重庆都市电台主持人蓝天，我想在此刻对生活在铁窗里面的朋友说，千万不要对生命的意义和价值产生怀疑，逆境不会是永远的，挫折也不会是人生的唯一，拿出信心、勇气和意志，努力在逆境中迸发出生命的力量，闪耀生命的光彩吧！

大家好，我是重庆都市电台主持人孙爽，我不知道你们现在的生活到底怎么样？但我相信迎接我们的只有非常非常美好的将来，把握住今天是最重要的！过去的已经过去了，希望大家不要被过去的事情束缚住自己的脚步，过好每一天，相信成功会属于你们的！

我是重庆都市电台主持人铁威，在这个时间里，我想对大墙另一端的朋友们说上一句话：祝你们好、你们平安。

我是重庆都市电台的主持人王珂，我想对这些朋友说，经历过风雨未免不是一件好事儿，在你们最艰难的日子里，有我们的广播还有那么多的朋友们、更多的是你的家人的关心与帮助！只要你能够勇敢地面对自己、面对人生，我相信未来还是属于你们的！

大家好，我是重庆都市电台的主持人伊鹏，听过这个故事以后我觉得很遗憾，而且很震惊，我想，每一个人，特别是成年人，做任何一件事情都应当为这件事情的后果承担相应的责任，虽然最后的结局令人伤感，但事情已经发生了就无法挽回，所以希望你也放下心中的包袱。

（歌曲——《朋友别哭》剪辑后精选段）

男：周末的夜晚，我们在这里相约，

女：不管下个星期我们相约在几时，

男：调频 93.8 依然有一份来自缘分的邀请，

女：宇航、芳菲与你不变的约会。

男：如果您对我们有任何的意见或者建议都可以写信告诉我们。

女：我们的地址是——重庆市中山三路 159 号重庆都市广播《都市情缘》节目收

邮政编码：400015

男：登陆重庆电台都市频道的官方网站，在重庆社区“都市情缘版”给我们留言！

女：希望我们下个星期六某个时间还能看到你美丽的身影。

男：我是宇航！

女：我是芳菲！

男：祝你幸福！

女：祝你快乐！

（二）非语言要素：音乐、音响

1. 描绘点染作品特定的环境、情绪、意境、心理；
2. 情感气氛的渲染，表明思想基调。

示例 3　《感动在地平线》

音乐起：（有没有一首歌你会想起我）

白：我们都是这样的人，活在这样的世界，用自己的方式努力，我们忙得忘了自己，我们已经有点稍微的麻木。于是，开始寻找生活中那点点滴滴的感动，突然有天，终于发现，活着，就是感动。感动天空的颜色，感动空气的味道，感动上街时他走在自己的左边，感动伤心时有人在旁边讲笑话，感动有人听我喜欢的歌，感动有人帮我捡掉在地上的苹果……寻找感动，朋友，欢迎来到“感动在地平线”……（音乐渐停）

白：“感动在地平线”，大家好，我是主持人＊＊。

一直感觉生活中有很多的事情值得我们感动，可是呢，总是被我们忽视，于是就有了这样的一个节目，让大家回忆起或许已经忘记的感动，让它们成为我们生命中一道美丽的风景。好了，在感动之前我们先来听一下羽泉坐在海边的感动。音乐起（goodbye）

——音乐渐停

背景音乐起（恩雅）

白：恩，下雨的时候坐在码头，等一个从远方流浪归来的朋友，不知道这样的一幅画面会不会让你的心里小小地感动一下呢？

（笑——背景音乐渐大——渐小）

白：有一天呢，＊＊出差坐在长途客车上，有对恋人坐在自己的前面，看到他们的样子感觉应该是很幸福的一对，所以呢就专门注意了一下他们，他们紧紧地依偎在一起随着汽车的颠簸他们的手握得很紧。突然，那个女的轻轻地咳嗽了一声，在经过一天漫长的旅途后，难免身体会不适的——我这样想。那个男的却很紧张，不停地问道：“还好吗，哪里不舒服，要不要叫师傅停一下车或者再吃点药？”女的就回答他说：“没什么，我就是嗓子不太舒服，等一下就好了，不用这么担心的。”然后那个男的还很要面子地说：“我哪有担心，只是问一下嘛。”他们就这样说着，在说的时候他们的表情真的很幸福。不知道这算不算一种感动呢？

（背景音乐渐大）

（背景音乐渐小）

白：我想呢，有的时候，可能你也见到过这样的事情，也许你没去注意，也许你注意了然后又忘记了。现在，让我们把这些感动一点一点地捡起来，让它成为以后的感动，让它成为自己受到挫折时告诉自己人生依然美丽的理由。（背景音乐渐停）

音乐起：（呢喃）

（音乐渐停）

（背景音乐渐起）

白：经常会有朋友聚会，也经常听到朋友说起自己的烦恼，说起自己的孤独。也经常去安慰他们，告诉他们，留心一下身边的一切，其实，一棵小草也可以让你感动。

（背景音乐渐大——渐小）

白：听一听风的声音，想一想至少，或许，应该还有一个人就在此刻在某一个角落想着你。如果你非要认为没有的话，那么，你就只好听收音机了，因为，至少有＊＊在陪着你，想着你呀！（笑——背景音乐渐大——渐小）

白：是不是觉得＊＊有一点点把事情讲得太过于浪漫了呢？（笑）

白：其实挫折是难免的，没有经过挫折的人永远不会长大，就像菜虫一定要经过蜕变的痛苦才能成为美丽的蝴蝶。我们在用自己的方式努力，不管别人能不能看到，不管别人能不能理解，只要自己知道，自己就是最棒的。把这首歌送给所有现在还孤独的朋友，告诉他们，现在，有人在想着他们……（背景音乐渐小）

（音乐起：风雨无阻）

（音乐停）

（背景音乐渐大——渐小）

白：曾经看到过一篇名字叫作《恋人》的文章，看过之后真的很感动，感动于文章中那样的一种平淡，感动于文章中那样一种随意、年轻而又深情的描写。相信每个刚刚恋爱的朋友都会是那样的一种样子。下面我就把它读出来让大家一起分享……

（背景音乐渐大——渐小）

白：……在走了十三公里的夜路后，我回到了学校。真想不出在北京还有什么比没钱更可怕的了。晓龙一直在骂我："就在苏磊那睡嘛，这么晚了还走这么长的路，你是不是有病。明天我过去时又不是不可以帮你带钱，干吗这么傻呀?"我想了想："其实当时没想别的，只是想今天无论如何都要回来。"

"为什么?"

"因为她给我的信是寄到学校呀，我要看信就得回来呀!" "就为这个，明天看会死呀?"

"没有呀，我是想她一定算好了信今天到，也一定会想我看到信时是怎么样的心情，我不能让她空想呀，所以我今天一定要看信的。"

"我服了你了，她是你什么人呀？值得你这样地跑。"

我抬头看见了星星，轻轻地闭上眼睛："恋人呀，一个把我当作她的幸福的人，她说我像只猫。"

"猫？不会吧，为什么说你像只猫?"

"你不懂的啦，等你也有了恋人的时候你就知道了。多谢你等我，走吧，去睡了，明早还有课。"我站起了身，小心地把信收好，再把它和其他的信分开，藏在一本书里，之后就和晓龙回了……

（背景音渐小——停）

（音乐渐起：爱情）

（音乐停）

（背景音乐渐大——渐小）

白：小心地把信收好，再把它和其他的信分开，藏在一本书里。嗯，这样的一段动作描写其实更应该算是一种心理描写吧？我相信除了作者本身的写作技巧以外更多的是作者的一种感动。看完这篇文章的时候，＊＊想起一位朋友说过的话，谈恋爱的人从没谈恋爱的人来看其实就是小题大做。真的这样吗？我想这个问题只有谈了恋爱的人才知道咯?（笑）其实别人怎么看都无所谓，主要的是自己知道就好，不是吗?

（背景音乐渐大——渐小）

白：好了，时间已经来到了节目结束的时候了，愿朋友们每天都开心，每个人都不会孤独，每个人都能看见和自己刚刚吵完架的朋友眼里的眼泪，每个人都能在拥抱的时候闭上眼睛……最后一首歌，送给你们，希望你们感动在地平线……

（背景音乐渐小——停）

（音乐起：美丽心情——渐大）

三、从受众感受角度进行分析

（一）受众的心理期待

1. 追求新鲜的内容；
2. 追求新颖的形式；
3. 期待亲切的交流。

（二）受众品评角度

1. 受众的话语空间：话题的广度和深度；
2. 受众的参与程度：自我价值的实现；
3. 真实性和客观性：对受众的尊重。

四、风格塑造的因素

（一）内部因素

1. 心理素质因素

在谈话节目当中，广播节目主持人要想营造一个良好的谈话环境，必须要拥有良好的心理素质。

2. 文化修养

文化修养是广播节目主持人在长期的生活实践中，通过不断学习文化知识、增加人生阅历而积累成的一种潜在的气质。文化修养影响到广播节目主持人的语言表达，这种语言表达是形成广播节目主持人主持风格的表现。

主持人要面对受众说话，所以对其语言表达能力的要求较强，主持人知识渊博、经验丰富、思维敏捷才能面对观众侃侃而谈。即使在现场主持过程中遇到一些猝不及防的问题，也能临阵不慌，从容应对，表现出一种“大将”风范。给人一种自信、力度和沉稳之感。主持人若是知识浅薄，再加上阅历贫乏，其思维就容易僵涩，那么主持中遇到一些事先没有准备的情况，便会显得手足无措，说一些未置可否或简单重复的话，更有甚者还会说出一些错话来，所谓“巧妇难为无米之炊”，这样的主持人便很难被观众喜爱和接受。

主持人的容貌会随着岁月的流逝而不断发生变化，而知识的魅力却是恒久的。如果主持人拥有很好的外观形象、气质风度，再加上学识渊博、谈吐不俗，那便可说是不可多得的极优秀者了。近年来，在电视节目主持人队伍中也出现了一批具有较高学历和专门知识的主持人，他们在主持某一类专题节目时，其渊博的知识，精辟的分析和点评，使观众深受启迪，从而产生了理想的传播效果。

主持实践中还有一种情况，那就是并非所有的优秀节目主持人，都受过正规的高等教育，也不是说没有高学历的人就一定不能成为一个好主持人，关键在于是否有自己的专长，是否有“动态学习，终身学习”的自觉意识和行动，正如白岩松在回答《青年报》记者的提问时所说，挑选主持人的标准是：会“长跑”的人。所以，在当今这个信息的时代，竞争的时代，要想成为一个有个性化魅力的主持人，就须在生活和工作中，不断学习，丰富阅历，及时充实自己的知识结构和信息储备。只有这样，才能在节目主持中将知识和信息很好地传递给观众，以满足观众不断增长的口味和需求。

3. 性格气质

良好的性格气质对一个广播节目主持人来说是非常重要的，它甚至决定着节目的风格。主持人的个性魅力还来源于良好的个人品格修养，它包括高尚的思想境界和真诚坦荡的人生态度。电视节目主持人的职业特性决定了主持人是媒介的公众形象，这个公众形象不仅代表着主持人自身，还代表着电视台，甚至还代表着一个城市、一个国家和广大民众。作为主持人，其一言一行都可能会对受众产生极大的影响。所以选择了主持人这个职业，成了“公众人物”，言行举止都应该体现出良好的品格修养，她应是“美的化身、美的使者”。主持人敬一丹曾在杭州大学讲座中说：“主持人首先是个人，然后是个文化人、电视人，最后才是个节目主持人。”白岩松在谈到主持人时也说了一句很值得思考的话：要缩小“主持”，把“人”放大，做一个大写的人。一个主持人只有意识到自己个人品格修养的重要性，在人格上立得住脚，才能成为受众心目中不倒的“偶像”，才会永葆个性魅力！

一个优秀的节目主持人其在节目中展现出来的人格魅力，可以给节目增光添彩，成为节目的标志，会使观众因为喜欢这位主持人而更喜欢他主持的节目。所以说，主持人一定要加强良好的个人品格修养，有了这块基石，主持人才会更好地展现出其个性化魅力。

（二）外部因素

1. 听众

对于一期好的节目来说，只有确定了听众对象，有针对性地不断满足听众的需求，才能办出有自己特色的优秀节目来。面对不同的听众，直接会影响到节目风格及主持人风格的不同。广播节目主持人应用他朴实无华而又不失幽默的平民化语言贴近百姓的生活，才能避免广播节目中出现的说教式的不自然的感觉。

2. 节目风格

主持人的风格应与节目风格相统一。节目风格就是节目内容和形式方面的特色与个性的集中体现。只有独特的风格，才能形成特色，进而打造品牌节目。

五、塑造风格的方法

1. 全方位参与节目构思

节目主持人要参与到节目构思中来，和编导一起完成节目的创作。节目主持人对录播中的各种细节要进行深入地了解，因为细节往往最能打动人，最能让人产生共鸣。主持人只要有了自己的独特感受和深刻理解，才能在后期的串场中运用自如。那么，广播主持人应如何参与节目构思呢？第一，要为节目创意出点子；第二，要给节目建立结构；第三，要接触到听众嘉宾；第四，在节目表现形式上加以创新。广播节目主持人只有了解节目内容和所表达的主题思想，明确自己在节目中的位置和任务，才能形成自己独特的风格。

2. 独特的气质

一个有个性的节目主持人必须拥有独特的气质，因为广播节目主持人在直播间里的每一句话，都有千万只耳朵在听。一个主持人要想成为有个性的明星级主持人，除了具备合格标准的基本条件外，还需要达到以下要求：第一，要有开拓、探索的创造力；第二，广播节目主持人要得到听众的信赖，必须具有综合经验、临阵不乱、发挥自如。总之，广播节目主持人必须具备灵敏的应变能力和个性魅力，才能使节目焕发出夺目的光彩。

3. 个性化的写作（亲力亲为）

在国外，广播节目主持人的串场、提问稿，几乎都是由主持人自己完成的，他们认为主持人要朝着个性化写作的方向发展。以英国为例子，他们曾对英国广播公司 BBC 主持人的写作进行了一次评估，几乎各个栏目的主持人写作水平都非常优秀，而在我国，这一点就显得不足。因此，广播节目主持人在主持节目时，要深入生活，提高写作水平，个人特点和技巧才会较好地发挥出来，使广播节目主持人与节目融为一体。

知识巩固 >>

主持人魅力构成元素有哪些?

主持人节目驾驭能力要求。

主持人节目赏析要素。

实训演练 >>

实训 1. 每位同学分类听评广播（音频）节目，然后集体讨论，教师综合点评。

实训 2. 选择一档在播节目进行深入研讨，运用赏析要素，写作一篇 500～800 字的小论文。

语体项目训练篇

项目教学教案

项目一
广播新闻现场主持

广播新闻现场主持项目教学设计

项目教学名称	广播新闻现场主持		
项目教学 建议课时	8 课时	项目教学 时间安排	理论课时 2 节，实践课时 6 节
项目教学 目标	知识目标	掌握广播新闻现场报道基本理论	
	能力目标	根据素材独立制作广播新闻现场报道	
项目教学 任务	通过项目知识的讲解，典型案例分析，使学生掌握广播新闻现场报道技巧。根据相关材料模拟制作一期广播新闻现场报道		
课前准备 （设备、器材等）	教程教案、多媒体设备、PPT 课件、典型报道案例；录音软件、硬件设备		
备注			

广播新闻现场主持

教学环节	教 学 内 容	教师活动	学生活动
引入新课	**课程内容提要** 1. 现场报道—概念；形态；特征；结构 2. 现场报道—要素（说什么）；介绍；描述；串联；访问；评议 3. 现场报道—怎么说及语言特点	提问、演示多媒体提出项目要求	问答、思考
新课讲解	**教学具体内容** 一、现场报道的定义 记者在新闻事件发生的现场，将音响采集（包括对当事人的采访）与解说同步完成，以采访者、目击者和参与者的身份向受众描述新闻现场、叙述新闻事实、点评新闻事件的一种新闻报道形式。 现场报道有直播和录播之分，也叫口头报道。广播新闻是有音响的新闻，快捷、贴近、活泼，现场报道作为广播新闻一种独特表现形式，要求广播记者（主持人）具备更强的新闻敏感，快速抢发新闻；以清晰的结构和情感描写，体现人文关怀内涵；利用文学表现手法和“说”新闻形式播发新闻，带给听众“听”的享受。正确采集音效资料，为“带响”的新闻报道增色添辉。这些方法的运用，可以使广播新闻优势更加明显，在节目创优中一枝独秀。 二、现场报道的主要特征 同步性和不可分割性 主观音响：人声 客观音响：背景 要求：时、空同步，现在进行时 三、什么题材适合做现场报道 （1）现场要动感强烈，有吸引力 （2）事件内容要单一，结局明朗 （3）现场音响要丰富，特色要鲜明 （4）事件场面要集中，时间较短 四、现场报道的言语要求 （1）符合时空要求 （2）要有色彩感 （3）要有节奏感 （4）让音响说话	提出问题，引导学生探索	听讲、观察、思考

（续表）

教学环节	教　学　内　容	教师活动	学生活动
	五、现场报道中记者究竟应当说什么 （一）介绍 开门见山地把事件发生的时间、地点、事件的概貌确切地介绍给听众，同时也应当向听众介绍自己。还要做到先声夺人，尽早把听众“引入”新闻现场。必要时，还应当介绍背景材料，以体现这则现场报道的新闻价值，引起听众的收听兴趣。		
	示例 1 **现场报道：奥运闭幕** 各位听众你们好，我是新华社记者张明洪，我现在在鸟巢做现场报道。现在大概是晚上六点四十分，不少观众已经入场，我们来到会场的时候天色已经慢慢暗了下来，但是我们抬起头来依然能够看到奥运火炬在我们的不远处熊熊在燃烧，现在我在这鸟巢的记者席上，奥组委已经给每一个人发放了一个印有“同一个世界，同一个梦想”的红色袋子，里面装着一些小的道具，其中包括展馆的祥云火炬一个，还有一把红色的扇子，一个印着福娃的拨浪鼓，还有一面奥林匹克会旗，一面中国国旗，此外组委会还给前来参与报道的记者发了一本媒体手册。根据我的了解闭幕式的仪式前表演已经开始了，主题主要是要来反映来自北京奥运会的友好祝福，仪式前的表演采取的形式应该比较喜剧化的、比较幽默的，也是有点戏剧色彩的，它包括了很多种表现形式，比如说：有杂技，有跳舞，目的就是为了在闭幕式开始之前实现和观众的互动，从而营造一种松弛和欢乐的气氛，而且此前精彩的开幕式已经让所有的观众神往，那么如果开幕式是精彩的开始的话，那么闭幕式应该是精彩的延续，在此我们有理由期待看到一个同样精彩的闭幕式。	播放单频	观摩、思考
	（二）描述 现场报道要使听众有身临其境之感。一些重要场面、场景、典型细节、人物外貌、举止，单靠声音是反映不出来的，只有通过记者以第一人称用具体而形象的语言进行描绘，才能调动听众的视、听等感觉的交叉影射作用，在其大脑中“再现”现场画面，加强报道的现场感。其次，为报道注入感情色彩，使现场感强。广播新闻由于只闻其声，不见其人，这就要求多采用文学描写手法，对现场进行形象描绘，对人物进行细节描写，使听众如临其境，如闻其声，如见其人，给听众以无限的想象和联想空间。生活中美的事物是客观存在的，记者在观察中要调动所有的感官。从视觉、听觉、味觉、触觉、嗅觉等各个方面去感受、体验观察对象的多种特点，在别人司空见惯的东西上能够发现出美来。既从平凡之中找到不平凡的东西，又从不平凡中找到平凡的东西，只有通过这样的观察体验，现场报道才会有生命，才会入情理，才会有美感，使听众在脑海中形成形象。有时，利用采访对象的描述，也可以为听众展示新闻形象。	点评、引导	

（续表）

教学环节	教　学　内　容	教师活动	学生活动
新课讲解	**示例 2** **现场报道　描述** **（主持人演播室）**：近日在宣城市郎溪县发生了一件怪事，在新城区有大批的人在集体种油菜，我们都知道，按照常识油菜是在秋冬季播种的，而现在已经是春天了，油菜就要开始开花了，这个时候种的油菜能成活吗？大片大片的油菜地上正在干活的村民说他们是受雇来的，将别的地方油菜移栽到此已经干了八九天了，而郎溪县国土局相关负责人说强种活动由政府组织，而且要确保到卫星能够拍到这绿油油的一片。请听安徽电视台昨天的报道：（主持人现场）：这里是郎溪县新城区的郎春大道，记者看到在这大道两侧随处可见堆放在路边的油菜秧苗，不时地还有农用车将一批批新的秧苗运到路边，数十台大型的挖掘机在平整路边田地，在郎春大道的一些路段还能看到不少工人正在刚刚平整过的一些地面上将油菜秧苗种下，记者以路人的身份上去和工人们攀谈起来。 **主持人**：这是种什么呀？ **工人**：种油菜啊，现在油都不够吃啦。 …………	播放单频	观摩思考
	（三）串联 现场报道不同于实况广播，多数情况下也不同于现场直播，它只是截取事件的某些有代表性的片段进行报道，这就需要记者用语言进行过渡，承上启下，把这些片段连成一体，使报道自然流畅。	点评引导	听讲、思考
	示例 3 **现场报道　又是一年 3·15** **记者**：现在旺洪锦大街的两侧都专门设立了现场咨询台、检测台、投诉点和产品识假辨伪的演示台。 **技术人员**：这是专门针对化妆品中汞含量进行鉴别的一种试剂。 **路人**：拿这个能测出来吗？ **技术人员**：马上给你做个试验。 **记者**：现在技术人员呢，在某品牌的日霜和晚霜中分别蘸了少许涂抹在试纸上，并滴上了几滴试剂，几秒钟后两张试纸上的日霜和晚霜就都变黑了。 **技术人员**：再等一下它颜色还要深一点，证明这个含汞量比这个含汞量还要高。 **记者**：观看了这一变化的市民都表示："女同志二十四小时老抹这东西真得注意一下。"除了专业的检验设备外，技术人员还向消费者介绍了一些简单的在家就可以辨别真伪的小方法。 **技术人员**：你那他那酒用那个家里的那碱面，如果是真的葡萄酒他就变成绿色的了。	播放单频	观摩、思考

（续表）

<table>
<tr><th>教学环节</th><th>教　学　内　容</th><th>教师活动</th><th>学生活动</th></tr>
<tr><td>新课讲解</td><td>记者：还有不少的消费者则带着自己疑惑的商品来现场咨询，张女士昨天就买了瓶茅台酒，结果今天国家食品质量监督检验中心的技术人员告诉她这是瓶假酒。
张女士：我在专卖店买的，五百块钱，他要我四百五，待会我让我先生去专卖店找他去，给我个说法。
记者：除了现场的咨询外，来自海尔、联想、安利等三十家大型企业在活动现场宣读了质量诚信宣言，郑重签署了企业质量诚信承诺书，国家质检总局副局长支守平也在咨询服务区为消费者发放消费者常识手册。
副局长：我们要开展食品安全的专项整治，关于打假我们有几个重点，农药的打假，家电下乡建材打假，还有就是日常用品了，我们见了就打，露头就打，我想总有一天它会越来越少了。
（四）访问
记者担任听众代言人的角色在现场向合适的采访对象提问，满足听众的探究心理，使报道具有现场参与感，缩短新闻事件与听众间的心理距离。它要求记者切实做到换位思考，及时解答听众可能产生的疑问。
1. 提问的艺术
① 你必须向对方（采访对象）说明你是谁：“我是×××电台新闻部的×××”；向对方说明你打电话的原因：“我想知道您对改善城市环境卫生的条例有什么意见……”
② 你应向对方说明，你将录下他的谈话，如果对方犹豫，可向他说明，这样做对他有好处，因为这样不会把他的话引错或曲解。如果他拒绝，那就把录音机关上，继续采访，把他的讲话记下来。
③ 如果对方对某一存在争执的问题是否发表意见表示迟疑，那你可以向他说明，你不过是想知道这方面的意见。“我们已经了解到其他方面的一些看法……我们想做出较更全面的报道……”
④ 如果他仍然拒绝，那你可以问他为什么拒绝发表意见，他的回答本身可能成为一篇有趣的报道。
⑤ 如果你请某人对某事提供情况遭到拒绝时，那你还可以向他（她）说明，你已从另一来源得到的情况，你现在不过是想听听他的说法，以便弄清那些混乱不清的地方。
⑥ 如果对方同意你的采访，接下来就是你自己要考虑的问题，“问些什么”，你最好不要问仅仅用“是”或“不是”就可以回答的问题。可以问：“关于××你认为怎么样?”“如果法案通过，你认为将会有什么影响?”诸如此类的问话将能引出比所谓“死的”问题有趣得多和内容丰富得多的回答。
⑦ 如果对方对你提出的一个直截了当的问题做出“是”或“不是”的回答，那你应该接着问为什么。
⑧ 在你提出问题后，按上按钮，让他回答完，仔细地听他的意见，以便从中得到启发，提出下一个问题。</td><td>点评、引导

讲授</td><td>听讲、思考</td></tr>
</table>

（续表）

教学环节	教　学　内　容	教师活动	学生活动
新课讲解	⑨ 在对方回答问题时不要插进“是”“对”这些用语，这会给你在采访结束后的录音剪辑带来困难。对方讲话一开始，就等于向你发出了保持安静的信号。 ⑩ 如果对方谈了一些你认为是惊人的、不寻常的话，不要问他是否同意使用这些话，因为你在事先已经向他说明了你要录音，并已征得他的同意了。你的这种追问，会给对方造成心理上的紧张情绪，他会因此对自己的讲话将公布于众是否合适产生疑问。本来他谈这些话是自愿的，你的不自然的激动（惊奇），使他多虑起来。 ⑪ 在整个采访过程中，都要把录音机打开，因为你无法知道对方的讲话什么时候有用。 ⑫ 在采访结束时，可简单地说，你认为你已经得到了足够的材料，谢谢他，然后把电话挂上。 2. 访谈对象的选择 （1）因事选人 ① 新闻事件的中心人物 ② 新闻事件的亲历者 ③ 与所报事实相关者 ④ 典型人物 （2）因名选人 ① 人物作为报道中心 ② 就一事件、一个问题提供意见 （3）选择最好的合作者 ① 较好的表达能力 ② 能说较好的普通话 ③ 愿意合作者 ④ 没有让人不愉快的其他语言毛病		
	示例 4 **央视火灾连线** **主持人**：这里是正在为您直播的《新闻夜线》，欢迎大家继续关注，这里要为大家加播一条我们刚刚收到的消息，也就是启用不久的中央电视台新大楼在今天晚上九点钟左右发生了火灾，目前正在扑救当中。北京市的有关领导现在已经赶往现场去指挥，我们马上来电话连线新华社记者毛伟豪，请他来给我们介绍一下现场的情况：“毛伟豪您好！” **记者**：您好！ **主持人**：嗯，请你跟我们介绍一下中央电视台新大楼这个火灾大概是在什么时间发生的？ **记者**：据当场在现场观看灭火的民众表示火灾九点半左右烧起来的。 **主持人**：嗯，那么发生火灾起火点大概是在什么位置呢？	播放音频	听讲、观摩

（续表）

教学环节	教　学　内　容	教师活动	学生活动
新课讲解	**记者**：起火点应该在大楼的顶部，刚才民众说当时的烟雾非常的大，然后就看到顶部有火苗燃起，当时的火势非常的小，仅仅过了十多分钟，火势就已经蔓延开来。我当时就在北京市的消防指挥中心，我在大屏幕上看到了这个情况，然后我们的记者就马上开车赶到了现场。 **主持人**：那您现在还是在火灾的现场是吗？ **记者**：对，我现在就在京广桥的东北角，就在中央电视台新楼的北边。 **主持人**：那您现在在现场看到的情况怎么样？ **记者**：我现在看到的情况火势是得到控制，但是在外面依然能够看到火苗。 **主持人**：那么现在扑救的进展怎么样？ **记者**：现在扑救的进展是现场已经被完全封锁，但是里面有非常多的消防车，但是我距离非常远，我看不太清楚，然后现场还到了九辆以上120急救车，没有看到有担架，所以还不知道有没有人员伤亡情况。 **主持人**：有关人员伤亡的情况还不清楚，只是看到120急救车，那不知道这样的一些情况对央视的播出有没有影响呢？ **记者**：抱歉，我没有听清楚您刚才说的话。 **主持人**：我想请您告诉我们说这一场火灾有没有对央视的正常播出造成一些什么样的影响？ **记者**：对央视的什么？ **主持人**：播出，对央视的播出，有没有什么影响？ **记者**：对央视的播出。对央视的播出的话，我刚才在消防局指挥中心我还能看到元宵晚会的这个转播画面，目前我不太清楚。因为我们现在接近不了现场。 **主持人**：好的，好的非常感谢毛伟豪从现场给我们带来的报道。 **案例5** **现场报道之（现场访问）** 在进入招聘会现场路程当中记者就已经看到了很多的女大学生在往这边赶，那么到达了门口之后呢，记者发现外面已经排起了长龙。 **记者**：打扰一下同学，你今天是来投简历的是吧？ **同学**：嗯，对，想找一个偏文一点的工作。 **记者**：感觉今天人多不多？ **同学**：嗯，挺多的，比我想的多多了，但是和其他的那些招聘会比较，还是比较少的。 **记者**：秩序这方面好像好一点。 **同学**：秩序很好，排队这些，对，一点都不挤，进来的时候。 **记者**：觉得他们今天来招聘的这些公司怎么样？	播放音频	观摩、思考

（续表）

教学环节	教　学　内　容	教师活动	学生活动
新课讲解	**同学：**普遍来说，应该还比较不错，都是比较符合我们女生的那个就业的方向。 **记者：**关于这个女子招聘会的服务方面的这个工作呢，我们请北京市人事局毕业生就业服务中心的这个王海英给大家介绍一下。 **王海英：**我们会实行限时分流，保证会场求职大学生的这个找工作这种的质量，包括热点的单位，都进行了分散，做好相关的安全的工作。 **记者：**那我们让北京市妇联的副协调员王淑存给大家介绍一下妇联的一些服务。 **王淑存：**我们还想把这个就是女大学生就业工作作为常年的一项工作，就把这个妇女创业的基地拿出来作为女大学生的实习基地，让她们知道基地里的亲身感受，通过实践把这个择业观转变过来。 **记者：**关于高校毕业生下一步的这个工作呢，我们请人事局副局长张竹德给大家介绍一下。 **张竹德：**这个服务月完了之后不会停止，相关促进就业服务的形式我们还会继续下去。我们正在研究北京市的各个高等大学生就业的贯彻实施意见，大家即将会看到我们相关的一些政策的出台。我们也会按照国家的统一安排，他有春夏秋冬四季的集中促进高校毕业生就业服务的全国行动，我们北京市会积极地参与进去。 **记者：**最近的这么一个具体的活动会是什么？ **张竹德：**困难帮扶，重点帮扶这项工作的夯实，将有就业困难的群体的基本信息全部收集上来后，收集上来后我们进行确认建台账，跟踪，开始抓落实。 （五）评议 记者的解说不应当局限于事件的客观描述，在适当的时候可以紧扣事实，插入自己的印象、感想和评议。这主要是为了让听众更加了解事件的本质，体现现场报道的意义和价值。 **示例5** **现场报道之（评议）** **主持人：**18号晚上7点多钟合肥的徐女士像往常一样带着3岁的女儿妞妞乘坐公交车回家，但是在下车的时候孩子和母亲双双被车门夹到，令徐女士难以接受的是司机指责是她下车太慢而造成的，于是，气愤的徐女士要到公交公司来讨个说法，详细情况请听特别关注记者张飞的报道。 **记者：**18号晚上7点半左右，徐女士带着3周岁的女儿妞妞从超市买菜回家，坐上了最为熟悉的132路公交车，在到东城世家站时，徐女士一手提着从超市买回的菜，一手搀着妞妞正要下车时，车门却突然被关上，这时母女二人被卡在车门内。 **徐女士：**右手拎着个菜，左手拉着个宝宝，拉着宝宝，我脚刚抬下来，我半个身子在里面，我的胳膊夹在里面，宝宝夹在上面。	讲解 播放音频	笔记 观摩思考

（续表）

教学环节	教　学　内　容	教师活动	学生活动
新课讲解	**记者**：据徐女士介绍，当时的左半身被卡住，女儿更是被车门夹在中央，受到惊吓的小妞妞当场哇哇大哭，但是司机却跟没事人一样，只是轻描淡写地说声没事没事，而同车的一位穿着公交制服和司机一起下班的男子还指责这对受到惊吓的母女。 **徐女士**：他驾行的车上面坐着四五个驾驶员，他大概都是从那个长江批发市场上来的，另外一个驾驶员讲门开得慢，你缓慢怎么怪驾驶员，我讲你不关门我们不就夹不到了吗？你晚一点点关门我孩子就下来了，他就指责我，我就非常激动，可知道，我心里一直都不平衡。 **主持人**：昨天早上记者在徐女士的家中见到了小妞妞，徐女士说妞妞在当天晚上就被家人送到医院进行了检查，医生告诉他们并无大碍，但是令她担心的是妞妞由于惊吓过度现在见到公交车就会喊害怕。 **徐女士**：夹到哪里呀？ **妞妞**：夹到肚子。 **徐女士**：还有夹哪里？ **妞妞**：夹到后面了。 **徐女士**：还有呢？哪里疼？ **妞妞**：还有这边疼。 **记者**：屁股疼吗？ **妞妞**：嗯。 **主持人**：随后记者来到公车集团一车队，找到了事发当天的司机郭师傅，郭师傅告诉记者，18号晚上他的车上确实发生了徐女士母女被车门卡住的事情，主要原因是车子的制动系统不灵。 **记者**：郭师傅对当天晚上发生的事情深表愧疚，并表示当时的态度确实有些不妥。 **郭师傅**：这位大姐实在对不起了，我还要更加地谢谢你。 **徐女士**：前天晚上如果要讲客气话就不会再麻烦你们了，你讲可对？ **记者**：双方冰释前嫌以后，合肥市公交集团一车队事故安全科科长胡照春表示，事件也反映出车队一些驾驶员在服务意识上并没有做到乘客至上，他们将在以后的工作中加以改进。 **郭师傅**：造成的财产经济损失我肯定要弥补，后面呢我们要把这个事情做一个典型的服务案例吧。 **主持人**（点评）：公交车服务质量是一座城市的名片啊，而司机师傅更是这张名片的传递者，如何才能令乘客满意，在某种程度上彰显了一个城市的文明程度，我们希望合肥市公交集团能够切实加强员工的培训工作，让更多的笑容，更多的安全被传递开来。		观摩、思考
	六、现场报道对体裁的要求 1. 现场报道一般没有写作过程，是记者边看边说出来的 2. 现场报道只能有一个新闻现场 3. 现场报道主述人的身份必须是记者	讲解	笔记

（续表）

教学环节	教　学　内　容	教师活动	学生活动
新课讲解	七、现场报道对记者的要求 （一）广播记者应具备更强的新闻敏感性，利用现场报道抢发新闻 新闻敏感性是媒体记者均应具备的素质。当记者遇到新闻线索或来到新闻现场时，记者们都会使用手中的“武器”对新闻事件进行穷追不舍的采访。广播电台的记者对新闻敏感性要求更高，因为广播具有快捷优势，可以在第一时间通过电波把新闻抢发出来。这样，必须要求广播电台记者在最短的时间内分析判断出新闻点在哪里，属于哪类题材，采取何种报道方式。新闻敏感还应体现在应变能力上，随时对已经打好的腹稿进行修正，根据现场实际情况进行报道。 （二）要具有敏锐的现场观察能力 比如，某台在做“奥运火炬传递”现场直播时，记者报道说：“现在，一群少年儿童手持鲜花，等待奥运火炬传递仪式的开始。”这样报道就比较准确。但是有一个台在报道同一个内容时，记者在现场说：“现在，一千名少年儿童正手捧鲜花，站在主席台正前方。”这显然不合理，记者怎么能这么准确地数出来是一千名少年儿童，这显然是背景材料提供的数据，在报道时应该交代“据举办方介绍……”这样才合乎现场报道的常理。 （三）广播新闻要体现人文关怀，必须具有可听性 首先，要求报道要叙事清楚，听众听得明白。这就要求现场报道的结构，不能使用文字消息的倒金字塔结构，无法做到把最重要、最新鲜、最吸引人的新闻事实排在最前面。它的结构形式，一是顺序结构，按照新闻事件发生、发展的时间顺序安排，记者的口头报道与事件进程一致。二是多头并列结构。多个事件并列时，按照重要性的先后排列，并从中挖掘典型性事件进行报道。 （四）具备准确流畅的口头叙述能力 广播电台现场报道采用“说”新闻，不同于“播”新闻。现场报道记者的语言讲求有现场感，语速稍快，语气抑扬顿挫，表达思想有较强的主观意图，有“说”新闻的意思；而播新闻的语言则是字正腔圆，不要求现场感，语调较平，缺乏主观性。因此，有些记者在遇到可以做现场报道的题材时，就自己口播，及时做现场报道，决不将它写成稿件让播音员播，再后期制作，不是因为播音员播得不好，而是记者最了解现场情况，最能体会现场情绪，自己播的语气、语感、情绪都是最准确的。 现场报道要求广播记者具有较高的语言表达能力。广播记者语言素质首先要求吐字清楚，最好讲普通话。其次还应具备一点表演素质，能够富有感情地把握字、词、句，叙事语气与现场气氛协调一致。	讲解	笔记

（续表）

教学环节	教　学　内　容	教师活动	学生活动
新课讲解	现场报道的语言必须符合现场特点。 （五）善于采制真实的、典型的音响素材 把握好音响效果，用音效语言代替人物语言。音响是广播特有的语言，广播记者就是要善于运用音响来“说话”。现场音响，特别是现场典型音响，不但能增加报道的现场感、可信性和感染力，而且往往比记者的转述更形象、更具体、更活泼。比如西安台记者郝六一在采访《奥运村里秦风飘香》这篇连续报道时，陕西学子奔赴北京做厨师服务奥运，就选取了在火车站欢送他们的音响，其中火车站大钟的敲响，东方红乐曲的奏起，分别交代了“早晨 7 点整”这个具体时间和学子们赴京前兴奋的心情。 善于选择音响，让音响资料为主题服务。使用音响并不是滥用，而是正确使用音响，还要根据需要选择使用音响。记者到现场时各种音响“耳”不暇接，成熟的记者应该善于辨析，根据所需有所选择，什么是主体音响，什么是典型音响，哪些该录，哪些不该录。他在采访《陇海铁路灞河新桥成功通车》这篇报道时，将会议议程提前拿到手，到需要的地方再打开采访机，录到有用资料。这样有的放矢，胸中有数，使录音效果较好地起到为主题服务的作用。 （六）务必捕捉新闻事实的信息性、科学性、知识性 即使有些新闻事实或事件信息性、科学性、知识性不明显或不突出，只要记者能开动脑筋，想方设法去开掘和扩展这方面的因素，也能制作出现场报道的佳作来。这方面，记者必须具备以下一些素质：一是变换角度。许多现场报道切入角度老化，平铺直叙，让人听了乏味。如果设计 15～20 种开头，从中选择一种最能吸引人的有新闻性、信息性、科学性、知识性的开头，往往能吸引受众，记者再去交代事情的来龙去脉，这样就使本来新闻性、信息性、科学性、知识性不强的新闻也变得有趣了。二是做好一个引人入胜的标题。三是选择一些有趣的事实。四是产生一些联想和移情。 **八、现场报道的基本流程** 1. 记者的自我介绍 2. 记者对现在时间以及所在现场（位置）的介绍 3. 记者对新闻现场、新闻事件的描述 4. 记者对相关人士的现场采访 5. 记者对新闻事件的简单分析 6. 记者对新闻的简单概括 面对复杂情况，“乱”中求“静”，沉着思考、克服畏难情绪，寻找突破口，变被动为主动，积极完成报道任务。 观察力和传达力：用眼观察、用耳倾听、用嘴打探，通过视觉、听觉、嗅觉、味觉、触觉对新闻事件、场景、人物进行全面的了解。	讲解	笔记

（续表）

教学环节	教 学 内 容	教师活动	学生活动
新课讲解	九、广播特写 “特写”这个词来源于电影，即电影中的特写镜头。特写在摄影中是放大的近景，即在拍摄中把人物、事件的某一细部放大，并延续时间，从而形成突出、清晰的视觉效果。电影拍摄运用特写镜头，是电影艺术手法上的一个飞跃。 作为新闻体裁的特写，正是借鉴了电影特写镜头的表现手法。新闻特写是一种“再现”新闻事件、人物或场景的形象化报道。它强调视觉印象，以描绘为主要手法，往往截取事件发展进程中的某个片段、细节或画面，绘声绘色，给人以特写镜头般的印象。 广播特写是运用语言和实况音响，以类似特写镜头的手法真实、突出地再现客观事物、人物及其活动场景某一局部的专稿形式。这是一种迄今仍然议论纷纭的体裁，原因之一在于它与邻近的体裁，如广播通讯之间，并不存在绝对的界限。一般来说，广播特写与广播通讯的区别，在于它注重展现事物的横剖面，或人物的富有特点的言行举止，而不是一般的表现过程。它通常比通讯短小，但更细腻，更注重撷取情节、细节和运用形象化手法表现事物。在除通讯以外的其他专稿形式中，广播特写在表现事物或人物上有特殊的功能，被广泛运用，所以我们将单辟一节来介绍广播特写。那么，广播特写怎样体现自身的特点呢？广播特写《一场特殊的音乐会》。这个节目反映的是上海钢琴教授范大雷对音乐、对学生的真挚之爱。在范教授抱病垂危的时候，他的学生、国际知名的钢琴演奏家孔祥东、周挺，举行了一场献给范老师的音乐会。他们演奏的是老师曾经手把手、心贴心地教会的曲子，也是老师临终前最想听的曲子。恰当的音响、感人的情节使《一场特殊的音乐会》获得了1993年亚广联信息节目奖。 为了采制这篇广播特写，记者汪永晨随身背着录音机，长时间守在范大雷病房。这个节目的时长是26分40秒，而她录下的各种现场的音响共达600多分钟。正如汪永晨所说：“如今，那十几盘磁带上记录下来的每一句话，几乎还都深深地印在我的脑海里。那确实是一场特殊的音乐会。” **广播特写的制作技巧** 开头结尾、故事情节、典型音响、转场过渡、解说旁白五个方面是广播特写的骨和肉，是主题之魂的载体，缺一不可。 （一）开头、结尾要有新意、能抓住人 开头很说明一个节目的功底。广播节目有时很难像电视和文章那样，上来就给人一种强刺激，广播更多的是慢慢地引人入胜。开头应当满足以下要求，否则就有可能使作品得不到听众应有的重视。	讲解	笔记

（续表）

教学环节	教学内容	教师活动	学生活动
新课讲解	首先，必须提出听众最关心、最具悬念的问题，以吸引听众有兴趣听下去。 其次，开头应有创意、与众不同。 下面是《一场特殊的音乐会》的开头： （拉赫玛尼诺夫的《第二钢琴协奏曲》第一乐章慢慢扬起……） **记者：**我从来没有像今年这样一遍又一遍地听着这首拉赫玛尼诺夫的《第二钢琴协奏曲》。是参加了一场特殊的音乐会以后，才使我格外留恋这富有激情的史诗般的协奏曲。 （拉赫玛尼诺夫的《第二钢琴协奏曲》） 我永远不会忘记 1993 年 3 月 14 日那场音乐会。 （街上，大雨，出租车停） **记者：**那天雨真大，我刚刚离开范老师住的医院，赶着来到了剧场。 （大雨，剧场门口） **男士：**帮我解决一张票，你帮我解决。 **记者：**我也没票。 **男士：**你是记者，你肯定有办法，我相信。帮我解决一张，我是给孩子的。	音频播放	观摩、思考
	节目一开始，伴随着悲壮的钢琴声，记者缓缓的叙述吸引住听众，想知道究竟是一场怎样的“特殊的音乐会”使记者如此充满感情。随后，记者用音响语言表达了这样一些内容：街上、大雨、出租车。剧场门口等满了找退票的人。其中一位求记者帮他找张票。雨声敲打在伞上、车顶上，出租车在街上急驶，这些音响是对记者当时的心情和所叙事件开始时的气氛的烘托。退票的吵闹声及对话，又把这场音乐会引人关注的程度表述了出来。 又如中央电台另一个获得亚广联大奖的广播特写《走向正在消逝的冰川——寄自长江源的家书》。作者用家信的形式描述了对长江源的考察过程，作者从个体的角度，表达了对环境的深切关注。	讲解提问、分析	
	（浪涛声，流水声，滴水声压混） 记者：正是这一滴一滴的水，孕育了我们的母亲河——长江。 （滴水声压混） **记者：**我的这段经历过去已经一年了，可它还是那么刻骨铭心地留在我的记忆中。长江源冰川的壮美，长江源冰川因我们人类的干预正在融化，还有我在那里历经的生死考验。今天，我找出了写自长江源的三封家书，是想让您也能跟着我当年走过的路，去感受一下青藏高原、长江源区那独特的风情和全球气候变暖在江源产生的生态变化。您听…… （牧民的歌声压混羊的咩咚，打酥油茶压混） 这个新闻导语式开头，差不多是到了第 14 稿才确定的（本节目一共写了 16 稿）。记者用两分多钟的时间把一些精彩的音响集中放在一起，以刺激、打动、感染听众，有高原上的马嘶，牧民向导穿破云天	音频播放	观察、思考

（续表）

教学环节	教 学 内 容	教师活动	学生活动
新课讲解	的歌声和小羊在水边的呻吟，有专家对高原上四百多头牦牛、野驴奔跑时尘土飞扬的形容，还有女探险家对江源冰川的描绘及女队员走在冰川前的喘息声等。 （二）故事、情节要感人 广播特写不像录音通讯那样，必须展示新闻的全过程，它只需抓住人物或事件最有表现力的一个侧面或片段，采用文学描写手法，对所报道的对象做传神的、细腻的描绘和渲染，从而打动听众；令听众有所愉悦，有所感悟。而在说明人物及生活方面，故事、情节的作用不可替代，有意义、可听性强的故事的引入能使作品产生强烈的震撼效果，从而打动人心。所谓的“一波三折、高潮迭起、引人入胜”就是这个道理。 广播特写《一个人的渡口》追述了一位110岁老妇人的生活，她把自己的一生融入为他人摆渡的90年岁月中，展现了一位勤劳、充满活力和爱心的无私老人的真实生存状态。这个特写成功地运用水声、人声、摇橹声和实地音响打动也吸引听众。 在《一个人的渡口》中，作者选取的“水生的故事”和“百岁老人参与抗洪救灾的故事”，就较理想地表现了老人的内心世界和人物性格特征。 （当地地方小调：夫妻双双大门外，有句话儿要交代。要交代……压混） **解说：**1960年闹饥荒，一天下午，在船上等客的老人忽然发现从河上游漂来一只木桶，桶里隐隐传来猫一样的哭声。老人摇动双桨，赶紧划过去。原来木桶里放着一个襁褓中的男婴。老人收留了这个孩子，给孩子取名“水生”。水生3岁那年，一天中午，一对中年夫妻上了船。那女的看着水生目不转睛。原来，这对夫妻是沿河来找自己3年前在河中“放生”的儿子的，水生就是他们的孩子。老人含着泪给客人做了饭。从做饭到吃饭，整个中午，老人没说一句话。该出门了，水生抱着老人的腿，说什么也不走。那对夫妻见这样，双双向老人跪下了。那女人含着泪说：3年前我们养不活水生，把他送到河里放生，您老人家菩萨心肠，救了水生，也救了我们夫妻。老人拉起那对夫妻，脸背着水生说，还是走吧。送出门的时候，老人偷偷将那夫妻给她的100块谢恩钱塞到水生的衣兜里，算是尽了一段母子情分。 （当地地方小调——压混） **解说：**1991年，中国华东地区连降暴雨，淠河水位疯涨，一夜之间，河西大坝轰然崩塌。顿时，河西一片汪洋，沿河房屋全被淹没，求生的村民们纷纷涌向屋顶等待援救。老人的土房子也被洪水吞没，但这位整整100岁的老人，却摇起小船，参加了救援队伍。小船只能载8个人，老人就一趟一趟地把乡亲们送到河东大坝上。 这两个故事充分表现了老奶奶勤劳善良、豁达乐观、乐于助人的品质。但是，故事的挖掘难度是很大的，往往会留下缺憾。	音频播放 讲解、提问、分析	观摩、思考

（续表）

教学环节	教　学　内　容	教师活动	学生活动
新 课 讲 解	总之，广播特写的人物要求是鲜活的、实在的，所报道的事件是真实的、具体的，它要求作者细心捕捉能体现人物特征的情景、细节及富于特色的典型音响，再与恰到好处的语言、文字结合，生动地展示新闻人物或事件的真相，诠释作品蕴含的主题。 （三）音响要真实、典型、传神 　　用音响说话，是广播特写有别于录音通讯的另一个重要特征，它不需要作者大段大段的文字叙述，凡是能用音响表达的就用音响表达。与文字相比，人的语言、大自然和日常生活中的音响要生动精彩得多，蕴藏的内涵也要丰富得多，也更具感染力。 　　广播特写具有新闻性，因此，它的音响必须是真实的、写实的，以实声表现实人实事。我们必须撷取最能唤起情景想象效果、又有助于表现人物主题的典型音响来反映人的生活、环境和心理。 　　《走向正在消逝的冰川》，作为广播特写最出彩之处是什么？毋庸置疑，那还应该说是它充分展现了声音艺术的不可比拟的魅力。那冰川融化的滴水声、巨大冰柱的碎裂声、冰雹打在帐篷上的啪啪声、藏族老人的诵经声、羊落水的哀叫声、马上山的喘气声、打酥油茶的嗵嗵声、赶牦牛的吆喝声、女探险队员的歌声笑声、老教授深沉的谈话声……一下子把人们带到长江源区的天地，有如身临其境。 　　这也再次证明，在广播作品中，音响不应该只是文字的简单补充，更不应该只是文字的陪衬，音响是一种语言，它所能构筑的世界，美妙无限、广阔无垠。 　　此外，典型音响的作用在于叙事、传情、表意，起到“音外画”的效果。在《一个人的渡口》中，老人下船准备回家、各种家禽家畜上渡口找她接她的那段音响，既展现了人与动物和谐相处的田园生活画面，又描写了老人的爱心及开朗的性格，令听众感到身临其境。 （流水声——牛叫声——老人下船，拄着拐杖爬坡——拐杖一下一下落地声——） （狗叫——猪叫——由远及近） **汪：**回家。 **老人：**（学）回家。 **汪：**Go home. **老人：**（学）Go home. **汪：**Go home. **老人：**（学）够，够，够。（笑） **汪：**Bye，Bye. **老人：**（学）拾，拾。 **汪：**再见。 **老人：**（学）再见，再见。 （猪、牛、群鹅叫——） **汪：**猪都认识你了？	音频 播放	观察、 思考

（续表）

教学环节	教　学　内　容	教师活动	学生活动
	老人：猪认识我。天黑了，我要是没来家，它就去找我。猪、狗都认识我，都去找我，上船找，都去找。我回家，就跟回来。狗，猫，猪。狗叫，汪、汪、汪；猫叫，阿呜、阿呜……（笑）猪叫，哼啊，来找我。 （四）转场要自然、合理 在广播特写中，由于时空、场合的变化，就有转场需要。用作转场的声音通常有两种，其一是与所表现的人物或事件有关的某种自然音响，其二是音乐。 《一个人的渡口》中有老奶奶摆河时的桨声，而转场音乐是当地一个由民间艺人组成的戏班所唱的民间小调，他们唱的地方小调朴实，地方味浓，曲调与反映老人过去和现在生活的音响内容很相配，起到了烘托气氛、渲染情绪的作用。因此，作品中，把“地方小调”与“桨声”作为一主一辅用以转场，使转场显得更为自然、合理。 （当地地方小调：我思啊，我想啊，我思思想想再想想……压混） **解说**：1891 年 2 月 12 日，光绪十七年，安徽西部乔王寨一个姓李的老实巴交的农民，年过“而立”终于当上了爸爸，让他遗憾的是，生了个丫头。按照当地的习俗，丫头是人家的人，所以连名字也没取。3 岁时，一场伤寒，夺去了这孩子妈妈的命，从此孩子和父亲相依为命。没了娘的孩子，日子是怎么过的，没多少人知道，倒是她的那双脚，成了清末汉族女子极为罕见的天足。 （羊叫——牛叫——流水声——） （老人从船舱里往外舀水声——） **盛**：奶奶，我们坐您的船来了。奶奶…… **老人**：啊？ **盛**：身体好吗？ **老人**：好，身体好。你从哪儿来的？ **朱**：从北京过来的，到对岸去。 （五）解说要简练 解说在广播特写中可以弥补音响之不足，凸显主题，但它应当简明，篇幅不要过多。 《一个人的渡口》中有 5 段解说词，总共不到 1200 字，约 5 分钟，虽然仅占整个广播特写的 1/6 强，却分别对老人从小命苦、中年丧夫、晚年失去养子、1991 年参加抗洪抢险、渡口是老人生活的全部等重点问题做了叙述和铺垫，起到了画龙点睛的作用。	音频播放	
	解说 1：1891 年 2 月 12 日，光绪十七年，安徽西部乔王寨一个姓李的老实巴交的农民，年过“而立”终于当上了爸爸，让他遗憾的是，生了个丫头。按照当地的习俗，丫头是人家的人，所以连名字也没取。3 岁时，一场伤寒，夺去了这孩子妈妈的命，从此孩子和父亲相依为命。没了娘的孩子，日子是怎么过的，没多少人知道，倒是她的那双脚，成了清末汉族女子极为罕见的天足。	音频播放	观摩

（续表）

教学环节	教　学　内　容	教师活动	学生活动
新课讲解	**解说 2**：老人和老伴周本转成家后一直没有孩子。老人 63 岁那年，一个夏天的深夜，老两口正在睡觉，突然有人敲门，并且用很低的声音喊着："摆河，摆河！"周本转把人家送过了河。哪知道这人正在被追捕。第二天中午，一直受人尊重的周本转被罚跪在渡口，受不了这份羞辱的他，寻了短见。 **解说 3**：1960 年闹饥荒，一天下午，在船上等客的老人忽然发现从河上游漂来一只木桶，桶里隐隐传来猫一样的哭声。老人摇动双桨，赶紧划过去。原来木桶里放着一个襁褓中的男婴。…… **解说 4**：1991 年，中国华东地区连降暴雨，淠河水位疯涨，一夜之间，河西大坝轰然崩塌。顿时，河西一片汪洋，沿河房屋全被淹没，求生的村民们纷纷涌向屋顶等待援救。老人的土房子也被洪水吞没，但这位整整 100 岁的老人，却摇起小船，参加了救援队伍。小船只能载 8 个人，老人就一趟一趟地把乡亲们送到河东大坝上。 **解说 5**：1999 年，地区河道航运管理局负责人获悉有位老人在摆渡大发雷霆："简直是开玩笑！100 多岁了还摆渡，出了问题谁负责?"紧急电话当夜打到县里，于是老人被强迫停止了摆渡。停摆以后老人病了，这一病就是一个多月。108 年以来，老人是第一次生大病，不想吃饭，只是咳嗽，谁也说不清老人得的是啥病。没办法，有人出了这样的主意：渡船交给老人的养女和堂侄，作为交换，两人每年都交给老人 300 斤粮食。由于养女家远离渡口，所以轮到她摆河的时候，实际上多半是由老人代劳；而堂侄一家在河西，时间来不及的时候，老人也去帮忙。 　　最后需要强调，广播特写中的"镜头"是以客观事实为基础的。无论是情节和细节，还是借以表现情节和细节的音响，都必须绝对真实，都必须排除任何虚构的成分。 　　分析广播新闻《隆福大厦火灾目击记》的报道特色，结合这篇报道谈谈现场报道对记者的素质要求。 **附录：** **广播现场报道《隆福大厦火灾目击记》** **记者**：听众朋友，现在是 8 月 12 日晚上 11 点 5 分。我们刚刚接到一位听众的电话说隆福大厦起火了，我们现在正在赶赴现场。……我现在站在了隆福大厦的南口，整个隆福大厦的上空被一股浓烟团团地包围住，大概这里停了有几十辆救火车，现在我跑过了几道防线，已经走得更近一些了，也就是说来到了隆福大厦的楼跟底下，据我们所知市领导在这里担任现场的指挥，还有公安局局长。 **记者**：市长，您是什么时候赶到火灾现场的? **市长**：哎呀！你现在还采访我，赶快把火救完了就算了，小伙子。 **记者**：局长，您作为现场的总指挥，对火情是不是很了解呢?	音频、播放	观摩、思考

（续表）

教学环节	教学内容	教师活动	学生活动
	公安局局长： 现在我们的探险班正在向里面探查。前面冒烟的这个估计不是火，是后面的火蔓延过来的烟，现在新楼里面没有起火，主要是这个地区居民的房子比较狭窄，消防车过来有些困难，水源也不太足。（砸碎玻璃和喷水声） **记者：** 现在我已经接近了火源，消防队员先用石块砸碎了紧封的玻璃，然后呢用水枪扑灭火舌。现在我已经完全接近了火源，也就是离大火燃烧的地方 10 米左右，浑身真正感到了灼热的感觉。听众朋友，在火势最凶猛的隆福大厦的后楼，一、二、三、四，第四层我们看到了消防队的抢险队员也就是探险队员已经搭上云梯敲碎了玻璃，现在正准备闯入火灾的最中心地区。现在在四楼还有没完全撤出的人员，他们正在抢救被火围困在屋子里的人。 （消防队员的喊声：李强，接她一下，接她一下，好了好了） **记者：** 现在消防队员已经登上了云梯，接住刚刚撤离火灾现场的那位戴眼镜的女同志。据隆福大厦的同志介绍说，这是一直坚守岗位的隆福大厦总机值班员。 （记者被浓烟呛咳嗽声） **记者：** 听众朋友，我现在冒着滚滚的浓烟试图闯进刚刚被扑灭的一楼的货场。一楼的货场里充满了浓烟，消防队员正在努力地搜索每一个最后的星星点点。 作业：根据相关素材，模拟制作一个广播新闻现场报道；时长 3 分钟，有文案。	布置作业	合作完成作业

项目二

广播新闻节目主持

项目教学教案

广播新闻节目主持项目教学设计

<table>
<tr><td>项目教学
名称</td><td colspan="3">广播新闻节目主持</td></tr>
<tr><td>项目教学
建议课时</td><td>8 课时</td><td>项目教学
时间安排</td><td>理论讲授学时：2 节
实践学时：6 节</td></tr>
<tr><td rowspan="2">项目教学
目标</td><td>知识
目标</td><td colspan="2">通过学习使学生了解新闻节目的形态、特点及流变，掌握新闻节目主持基本理论</td></tr>
<tr><td>能力
目标</td><td colspan="2">具备模拟主持广播新闻节目的技能</td></tr>
<tr><td>项目教学
任务</td><td colspan="3">1. 新闻节目概说
2. 新闻节目的流变
3. 新闻节目的主持艺术（说新闻）
4. 新闻节目主持应规避的误区</td></tr>
<tr><td>课前准备
（设备、器材等）</td><td colspan="3">教程教案、多媒体设备、PPT 课件、广播新闻节目主持音频案例；录音软件、硬件设备</td></tr>
<tr><td>备注</td><td colspan="3"></td></tr>
</table>

广播新闻节目主持

教学环节	教　学　内　容	教师活动	学生活动
引入新授	**课程内容提要** 广播新闻节目主持人的岗位要求 主持人是节目的核心 新闻节目的主持类型 节目主持人的采访 社会民生新闻主持（重点）	提出项目要求	听讲、观察、思考
新课讲解	**教程具体内容** 一、广播新闻主持的职业（岗位）要求 1. 会说 2. 善问 3. 能评	讲解、引导学生探索	
讲授	二、节目的核心是：主持人 主持人节目的特点之一是有声语言口语化：是生活口语的精炼，是雅与俗的结合体。是一种既让受众感到亲切自然，又具有一定文采的有声语言。 “新闻立台”作为当今传媒业界的共识，标志着新闻传播的成熟与发展方向。新闻节目主持人不再是传声筒，不再是编导控制的播报工具。而是以个性化的视角来解读新闻，以高度的社会责任感来关注时事，影响政府决策，启迪社会良知。 （一）新闻节目主持人的定义 新闻节目主持人是由美国哥伦比亚广播公司的编导唐·休伊特提出来的。英文 Anchor 是指接力比赛的最后一棒，引用为：在固定的新闻板块中的主播者。 （二）地位 从某种意义上说有无新闻节目主持人是衡量一个国家和地区节目主持人是否成熟的重要标志。也是衡量一个新闻传媒是否具备现代意识的标志。 （三）作用 参与节目的策划、组织、串联、编辑，是节目演播阶段的指挥者和代言人。具有采、编、播、评议素质，参与制定选题进行现场采访，善于在错综复杂的大千世界中捕捉新闻，有较强的新闻敏感，能够深刻的反映最新的有价值的新闻。善于现场采访、提问议论、敏于思考、贵在对新闻的报道有思想深度。 三、新闻节目的主持类型 （一）新闻杂志型 借鉴杂志的综合编排方法，利用广播电视的传播优势和报道、评述手段，按栏目的宗旨，将不同样式和内容的新闻板块小栏目串联起来，形成一个完整的节目在固定时间播出。		

（续表）

教学环节	教　学　内　容	教师活动	学生活动
新课讲解	**内容设置** 1. 既要有时效性、针对性，还要兼顾社会性和趣味性 2. 要通过对社会热点问题，通过节目主持人的思考、评述体现新闻杂志型节目“深”的根本特性 **编排优势** 1. 用多样化题材和手段来激发受众的兴趣 2. 容量大、题材广，巧妙融为一体 **示例 1** **《新闻纵横》** 新闻纵横，追问新闻。(片头) 新闻纵横，追问新闻。张磊、子雯和您一起倾听特别声音。 “…堵了有…这一段…估计有 20 多分钟，堵了有…将近半个小时吧！” “收费这一块…花了有十几分钟。”(录音) **主持人：**在刚才的录音里发出抱怨的，是今年清明祭扫期间，在从安徽合肥市区前往小蜀山陵园时遭遇堵车的司机们。清明节期间，各城市通往周边墓园的道路都不同程度地出现了拥堵，而合肥去往小蜀山陵园的道路由于 312 国道合肥收费站的存在，堵车情况更为严重，最堵时，收费站前车流排了几百米长，市民们因此呼吁：能不能在节假日暂停收费站的收费。 **主持人纵横点评：**在车流量原本就很大的路上，因为收费又制造了堵点，如此的后果是可想而知的。公路收费原因不一而足，但其国家公共基础设施的属性却无法改变。节假日期间，收费公路是不是可以免费通行呢？因为这一来可以缓解拥堵，二来让利于民。看着车堵成长龙，仍然无动于衷拦截收费，莫非，你真的把大家的公路当成了摇钱树了？ 　　“我们每天上班 8 小时，工作内容就是发各种各样的帖子，忽悠人家买房。”小飞，目前是一家国内知名房地产网站石家庄分站的发帖、回帖专员，她的工作呢，就是每天游走在各个网上房地产论坛，专门靠发帖、跟帖、忽悠房价挣钱。他们就被称为“网络房托”。据小飞自己说啊，几乎每个论坛都有托，而他们所在的网络公司也与各家房地产开发商有着业务往来，网站负责组织房托发帖，力挺房价，而开发商呢，则以花钱在网上登广告作为回报。 纵横点评：原本平等交流的论坛，沦为发帖公司谋利的工具，发帖内容不仅失实虚假，而且干扰了购房人正确的判断。类似的网络水军匿名发表，看似不必负责，但是“成也萧何败也萧何”，在商业利益的驱动之下，在网络上发布虚假信息，虽然可能会在短时间之内赢得眼球，可是一旦被揭发，雪崩式的反作用一定会让幕后公司“搬起石头砸自己的脚”。	音频播放	观摩、听讲

（续表）

教学环节	教　学　内　容	教师活动	学生活动
新课讲解	（二）新闻（评论）专题节目 向往现场创造传播——节目主持人的终身定位。 新闻事件的现场是最能展示节目主持人才情的地方，现场将是主持人拼搏的战场。它将击碎主持人所有不切实际的空想，让自己回归到实力上来。 四、广播新闻节目主持人的采访 （一）采访 新闻从业人员为新闻报道而进行的访问、观察、调查、分析的一种业务活动。 （二）新闻线索 新闻事实发生的一种信号和征兆，反映新闻事实的简略轮廓或片段。新闻线索是记者追寻新闻的方向和依据。 （三）新闻线索的主要来源 （1）记者本人的观察和积累。 闭合式问题适合挖掘典型的情节、细节和核实材料，对于不善言辞的采访对象或访问的初始阶段，可适当采用闭合式问题。 （2）编辑部的报道提示或报道任务。 （3）有关会议、文件、简报或有关政策和领导人讲话等。 （4）来自受众的信息。 （5）从其他媒介获得的信息等。 （四）主持人采访的特点 现场采访不仅仅是采集各种素材的过程，同时也是对这些素材同步加工的过程，一次完成，没有弥补和重来的可能。 （五）采访的准备 掌握被采访对象的背景情况，包括工作、年龄、学历、成就、影响，尽可能找一些有关的作品、论文、评介来参考。 （六）设计提问问题 （1）提问要紧扣主题，简要具体，把大问题化成若干小问题。 （2）提问对方熟悉领域的问题。 （3）所设计的问题应是听众最关心和最想知道的。 （4）把握好提问时的分寸感，也就是度：表示事物一定数量和质量的界限。 （5）为了保证采访需要，多设计一些问题，以供挑选。 （6）平时注意收集资料，建立起自己的资料库。 （七）演播室采访技巧 （1）寻找与被采访对象的心理沟通点（先有一个共同话题，要善于套近乎）从这里引起话题。 （2）灵活多变的提问方法：①直截了当地提问：适宜于领导和很健谈的人；②抓住热点提问；③一针见血式提问；④求教式提问；⑤迂回式提问；⑥发现新鲜点，及时追问。	讲授、分析	听讲、思考

（续表）

教学环节	教　学　内　容	教师活动	学生活动
新课讲解	**示例2** **北京台《新闻天天谈》** 北京的声音。中播828千赫，调频100.6兆赫，Eight twenty eight AM，One hundred point six FM，Beijing News Radio，北京新闻广播。（片花） 新闻是如何发生的，谁是其中的关键人物，事件会向何方发展。新闻故事在此展开，各方观点在此汇聚。新闻天天谈，新闻大家谈。（片头） 大学生村干部想高飞，巢不好，还是凤难留？对湖北大学生村官现状的一项调查显示，近六成的大学生村干部长期被上级部门借用，不在农村一线工作，今年8月，首届大学生村干部3年服务期将满，有七成准备考公务员，仅有1.5%想扎根农村，他们自己是如何看待自己的选择的，基层部门又是如何看待这些年轻村干部的，怎么才能让这些年轻才俊们给农村带来新的面貌又改变他们自己的命运呢？欢迎您收听并参与今天的《新闻天天谈》。 听新闻，不过瘾，谈新闻，要参与。移动、联通、小灵通，各显神通，发送短信到10628821828，就听你的啦。（片花） **主持人：**听众朋友你好，欢迎大家来到今天的《新闻天天谈》，我是主持人郑磊，先来介绍一下今天来到我们直播间的二位嘉宾，第一位是北京市政协教文卫体委员会特邀委员王静堂老师：“王老师您好！”“你好。”第二位是我们的新闻评论员徐勇：“徐勇你好。”“你好，大家好。” 今天呐，我们聊一聊大学生村干部，您可以发送手机短信到10628821828来跟我们进行互动，同时呢，也可以在新浪微博呢，登录北京电台郑磊留下您想说的话或者提出您的建议和意见。 在这里啊，我想问一下二位一个简单的问题。就是，二位认为（看到的和没看到的都可以），就是这个大学生村干部艰苦不艰苦？王老师：“额，应该说，比起做公务员，或者其他事业单位的工作艰苦一些。”“艰苦一些。”“但是，因为现在我们农村的情况也相当不错了。”“嗯…”“应当说好多了。”“其实……”“比起，那个20世纪六七十年代插队的、下放的，那条件就不可同日而语。”“那是肯定没法比，现在我们这个年代也确实比那个时候进步得多，徐勇是真真正正去当过村干部，呵呵呵，也不算村干部吧？”“不算村干部？”“不算村干部，就是咱们在基层也确确实实过了，额，做过很多工作。那徐勇认为大学生村官，您觉着艰苦不艰苦啊？”“额，其实是这样子，就说，额，中国的现在，地域的差别啊，东部和西部额，沿海和内地，那么还有一些相对的老少、额……边穷的地方，那么……额……村干部和村干部呢……额……所处的环境、所处的条件，额……那么所领的，说得具体一点，所领的薪水……到底有没有薪水……应该说是……都是一个麻烦。”“千差万别的。”“千差万别，麻烦……麻烦……	音频播放	观摩、听讲 观摩、思考

（续表）

教学环节	教 学 内 容	教师活动	学生活动
新课讲解	没有、没有办法，额……就这么……额……一下子就说清楚。那么，第二件事情是这样子，就说村干部这个概念啊，一定意义上是一个，我们在北京谈论这个话题的时候，一定意义上是人为的概念。什么叫人为的概念呢？因为在行政序里面、序列里面，村干部不是官，也就是说他的收入、他的状况很多方面是难以落实。那么，第三件事情，我所接触的人，额、因为我去、到……额……农村啊、国家一些贫困县的时候，那年是第一年的扩招的第一年、入学的第一年。”“嗯……”“那么现在是大学生村干部三年任期的、额……”“最后一年……”“结束的、最后一年，实际上也是”“是第一、第一村干部、今年八月份任期就满了。”“面临选择的第一年，那么应该是这么说，我接触的人当中，是有……因为我当年去扩招嘛，扩招有一个问题就是，后面的落实工作啊什么。那么七年八年之后我去一趟，那是、就是离开那地方第一次去，那么我在乡镇一级，发掘了当年的、这个……这个……毕业生。”“嗯。”“当年去扩招第一年的毕业生，额、即使是这样，就是我们当年、额、我们那个项目资助了是十个大学生，真正在乡镇一级的，乡镇一级啊、先不说村干部啊……”“嗯……”“乡镇一级的最后留下来的是……也就是两三个，实际上是非常非常、嘶……艰难的一个过程。” “嗯，其实我简单介绍一下咱们这个背景，2008年3月中央同意中组部决定用5年的时间选聘10万名高校毕业生到农村任职。额、前不久呢，我们中南财经政法大学公共管理研究所的所长徐双敏教授，他对湖北大学生的村干部现状做了一项调查，额……也说很多大学生村干部啊，他不觉得苦，为什么不觉得苦呢，因为他们不在基层工作。近六成的大学生村干部没有在基层工作，他是被上级部门‘借用’去了，不在一线工作这个、有多少人呢，一直被借用或者经常被借用的占62.2%，没有被借用过的仅占15.3%。 “咱再说说就是、您刚才徐勇说了，今年是我们大学生第一批大学生村干部2008年到现在的任期满了的一年，我们这次公务员招录的这个过程中呢，也有一些岗位就是要求必须有这个大学生村干部经历的人才能去参加这个国考。而现在七成大学生村干部准备考公务员，只有1.5%还想扎根农村，非常非常的少。额……我们现在想分析一下啊，就大学生和基层都是怎么看待大学生村干部的。” “先从学生的心态来讲，王老师，您从事教育工作这么多年，你觉着大学生他自己是怎么看待村干部这个工作的呢？”“额……我接触的面很窄……”“嗯……”“但是从我接触的情况来看呢，这个、村里的人没有把大学生这村干部啊、当作、说融入他们集体的人。”“没太当成自己人。”“哎，对。因为，他们早晚得飞走，所以这样的话，从他开始下去，到他走，这个时间好像也不算短，但是由于没有真正地融入，所以这个经历呢，就变得比较虚。”“那您说的这一点，是基层啊这些群众对村干部的看法。”“还有一些就截留了，根本就没让他……”“没到村里。”“嗯、对，没着地。”“在乡里在镇里先干上。”“没接着地气……嗯……这个也很可惜。其实，你既然下去了，那就不	音频播放	观摩、思考

（续表）

教学环节	教　学　内　容	教师活动	学生活动
新课讲解	如在基层。至少了解了我中国的社会，了解了中国的农村，和农民打了交道。那农村的很多问题呀，你都可以有一种感性认识。”“嗯。既然下去了，咱们就脚踏到、踏到实地”“对。”“那您觉着这个学生自己会怎么看待这个大学生村干部呢？”“额……学生想法也不一样，因为我就接触过啊，是吧，有的觉得他这当了一两年村干部他赔了。”“嗯。”“他和他这个同、同期毕业的同学啊，人家当了公务员的怎么样，人家这个……到了企事业单位的怎么样，额……那个考了研的怎么样，他这么一比他老觉着自己……这个……好像……不……不如人。”“嗯。”“当然，这里也不排除呢有些人，哎，在这里找到了自己发展的空间。” （八）开、闭合型问题 需要采访对象明确回答的特定的具体问题，甚至有的只需要回答“是”或“不是”，如“这件事是什么时候发生的？”“您看到他是拿着枪吗？”等。闭合式问题适合挖掘典型的情节、细节和核实材料，对于不善言辞的采访对象或访问的初始阶段，可适当采用闭合式问题。 （九）如何富有深度和思辨价值 (1) 深入现场采访，深入调查研究，掌握熟悉新闻事件的来龙去脉、前因后果； (2) 注重分析研究和评价，善于独立思考，提出真知灼见； (3) 参考社会（网络）独特观点，见解独到，有新意。 **示例3** **北京交通广播《夹叙夹议》** 加入自己的叙述议论，调频100.6兆。刘思佳，《夹叙夹议》。 你好，亲爱的听众朋友，欢迎收听《夹叙夹议》，我是刘思佳。前几天有一幅新闻图片引起了很多人的兴趣。在照片上，有人用一捆一捆的百元人民币堆起了一面墙，还有一些人站在这墙后面合影。看报道说这是一次慈善捐助活动，组织者是国内著名的企业家，也是慈善家陈光标。刚才说的那面墙上，每块砖都是10万元人民币，一共是3300万。加上还没亮相的支票，总计4300多万。陈光标表示，要用这笔钱封8万个红包，过年的时候送到新疆、西藏、贵州、云南、四川的特困户手里。参加捐款的一共有127个人，其中有出手几百万的企业老板，也有捐出十几块钱的孤寡老人，不管多少，这都是大家的一份爱心。过些天啊，这127个人就要兵分五路，亲手去送红包。陈光标则对媒体呼吁说：“请大家给我一点儿掌声，慈善需要掌声，而且我的捐款肯定全部到位，欢迎媒体监督。”这条新闻配合那几张极具视觉冲击力的照片，一下子就成了议论的焦点。有人觉得这活动不错，这种点对点的慈善活动起码让人看着踏实。但是有很多人认为，陈光标搞这种炒作动机不纯。虽然他是组织者，但是这4300多万的善款里，属于他的捐款只有200万，可是新闻一吆喝起来，大家	讲解 音频播放	笔记 观摩、听讲

（续表）

教学环节	教　学　内　容	教师活动	学生活动
新课讲解	仿佛只听见了陈光标的名字，这么张扬，不就为自己出名吗？问题说到这份上大家的关注点成了“慈善，应该低调还是高调”。咱这位当事人也感叹：“我做了10年的慈善，有7年时间人家在说我作秀，这话又让我想起了几年前著名的‘福布斯排行榜’曾经推出过‘中国慈善榜’，可是办到2007年的时候就宣布，我们这榜撤了，因为很多富豪怕给自己惹麻烦，选择隐秘捐款。大家都‘润物细无声’地躲着排行榜，数据调查难度太大。这么一看啊，我觉得现在讨论陈光标的动机并不重要了，重要的是他用行动把慈善举到了醒目的位置。就像四川地震的时候，他开着工程车进震区救援一样。众所周知，咱们这慈善事业还不是很发达，不但出钱的人相对较少，手段也比较单一，要在国内普及“慈善”这个理念就需要有人发出点声音，吸引舆论的关注，凝聚社会的力量。所以无论什么形式的慈善行为，都是需要鼓励的。” 　　“既然我做善事了，（我）就得让大家伙知道。”“哎呀我感觉……没有这么做的吧，哪有说把钱那么垛成一摞呀，那有点太夸张了吧！”“我跟你讲其实做慈善啊还是一个人比较好，那样的话感觉作秀的意思比较多。”“要不然这样怎么能大力宣传呢”“我觉得他能够这样做，就说明他还比那些有钱不捐出来的人要强得多。”“根据中国人的习惯啊……就不留名嘛，做完之后，他只要心意到了，让人得到他的帮助就可以了。”“不管高调还是低调，只要最后真的做了，就行。”“作为媒体应该是引导大家，不要对他一再求全责备，他要是因为这个行为再受到指责，我觉得对他不公平。”“大力宣传啊，让全北京全中国，是吧，全世界，都能起到一个很好的作用。”“不要把它做得太过夸张，特别花俏，让人看完之后不知道是要报道明星，还是在报道慈善事业。”“做慈善嘛，不管是高调还是低调，这个社会都应该颂扬这个风气。”“媒体怎么说呢……顺其自然吧，不要推波助澜。” 　　事不大，平常话；事不小，新视角。（片花） 　　《夹叙夹议》，换个角度聊新闻。刘思佳主持。 　　欢迎继续收听《夹叙夹议》，我是刘思佳。说起慈善捐款，这几天从全球瞩目的“达沃斯论坛”上还传出了一条新闻：微软公司的创始人比尔·盖茨和他的妻子在达沃斯宣布，以他们夫妻名字命名的基金会将在未来十年内提供100亿美元的资金，帮助世界上最贫穷的国家研发和使用疫苗，预计在2010年到2019年之间，这个项目可以帮助挽救760万5岁以下儿童的生命。咱不说这个计划的前景如何，盖茨这100亿美元拍出来，就很让人敬佩，要是也堆起来的话，别说砌一面墙，围一四合院我看都够了。可是看看欧美那些主要的报纸和通讯社，报道这条新闻的时候，基本上都在关注时间表、所涉及的疫苗、对贫困国家的具体帮助。对于盖茨这样的名人以及100亿美元这样震撼的数字，其实并没有太多的强调。大概是因为不管谁出了多少钱，用钱去做什么才是最重要的，这才是慈善事业的理念，也是大众	音频播放	观摩、思考

（续表）

教学环节	教 学 内 容	教师活动	学生活动
新课讲解	最关心的。可是同样的事，不知道为什么一被咱们这报道就变味了。现在各路明星参加完慈善晚宴，报道一出来，看标题，不是明星谁和谁撞衫了，就是谁和谁联手不理谁，或者谁和谁又十指紧扣秀幸福了，要么，就是深度分析为什么这老板要为那女星一掷千金地捐款。反正啊，除了娱乐八卦，您放心，其他就基本看不见什么了。读完以后，读者也不会对慈善留下什么印象。我本来认为报道慈善活动的新闻同样也应该属于慈善事业的一部分，您去报道慈善晚宴，结果没看见慈善，光看见“灯红酒绿”和“纸醉金迷”了，您说这叫什么事儿啊。反正这种新闻看多了，经常会替有关记者感到不好意思，也不知道他们自己写出这样的报道会不会有点难为情。慈善，不应该是时尚秀场的另一个幌子，也不应该是某个小圈子装饰性的专利吧，真心期待着关于慈善事业的更多更专业的宣传和报道，至少可以先少用点笔墨在女明星们的手包、钻戒与各种和富二代相关的绯闻上，省下来的版面儿，您干点儿什么不好？哪怕登点儿实打实的广告呢，多少有点儿意义，您说？ 感谢收听今天的《夹叙夹议》，我是刘思佳，再见！ **五、民生新闻（《说新闻》）主持** （一）《说新闻》节目的背景 近年来，广播电视新闻类节目中，《说新闻》节目的出现正影响着各广播电台、电视台常规新闻类节目的主要位置，在一定程度上满足了大众对新闻类节目个性化的要求，其中表现得更多的是新闻主播的个性色彩。此时新闻中潜在的娱乐因素战胜了新闻因素成为主宰，新闻也就从信息播报转向轻松娱乐，从严肃正统转向通俗流行，这也就是《说新闻》出现的最主要的原因。 1. 长久以来沿用的“宣传腔”浓烈的播报形式，让受众产生一种排斥、逆反心理，希望能够出现新形式。 2. 社会转型期间所出现的浮躁心态和巨大的心理压力，促使受众追求播报形式的亲和力。 3. 新闻报道的理念与价值取向的变革，也是《说新闻》这一播报形式出现的催化剂。 （二）新闻素材 1. 时政类新闻 2. 体育类新闻 3. 娱乐类新闻 4. 生活类新闻 5. 八卦类新闻 （三）《说新闻》基本的制作模式 1. 新闻故事化 2. 故事人物化	讲解、分析	听讲、观察、思考

（续表）

教学环节	教　学　内　容	教师活动	学生活动
新课讲解	3. 人物情节化 （四）主持人在《说新闻》中的思维状态和语言特征 1. 尽量不依靠稿件，凭理解和记忆 主持人不能拿着稿子念，念得再好，也没有“说”味，他应该收集与这次节目有关的全部资料，形成“说”的提纲，然后，充分理解、消化，再形之于声。说的时候，随时从记忆中提取所需要的东西，也许是这次记住的，也许是以前留下深刻印象的。 2. 要进入“说”的思维状态 说话都必须有一个听的对象，他不仅在说自己想说的话，而且还看着听的人的眼睛，观察他是否感兴趣，猜想他可能产生什么反映。 3. 话题的选择 话题的选择是主持人的真功夫，是进入“说”的思维状态的重要基础。主持人在选择话题时，应充分了解此时的社会情况和受众心理；懂政策，有一定的理论修养；要抓住准确鲜明的事实，掌握大量的资料。 **示例 4** **北京新闻台《新闻面对面》** 俗话说，打开天窗说亮话。（片头） 每天 20 点 20 分新闻面对面，你是支持正方呢？还是支持反方呢？ 《新闻面对面》，一个最讲道理的节目 海量资讯，阅读要讲效率纷繁话题，看透要有高度。新闻面对面，和你一起寻找不同角度，讨论热点话题。（片花） FM100.6 AM828 北京新闻广播 每天 20 点 20 分 刘思佳主持。 **主持人：**北京时间 20 点 20 分，欢迎收听新闻面对面，我是刘思嘉，我们的节目正在直播当中来欢迎我们今天邀请到的两位嘉宾。首先是我们节目的老嘉宾，大家都很熟悉的，来自华东律师事务所的缪孟津律师，欢迎您。（大家好） 还有一位是新朋友，来自北京鱼跃学会龟鳖分会的乔伊伦副会长，欢迎您。（大家好） 虽然是新朋友啊，但是他这个专业知识不是盖的。待会在节目里大家可以和他一起分享一下。 为什么请这位动物专家来呢，也是因为待会儿我们要说一下和放生有关的这个话题。我们在微博上已经公布了这个相关的话题，也有朋友留言了。如果现在呢，对于放生这事儿您有什么想要表达的观点，也可以发送短信到 10628821828 10628821828 好了，我们先来看一下，在历史上的今天就是 4 月 2 号啊，有什么大事发生。 好了，我今天正式的话题，就和清明节的放生内容有关。 一般清明节有三个主要的内容。一个是种植，就是清明节前后种	音频播放	听讲、观察、思考

（续表）

教学环节	教　学　内　容	教师活动	学生活动
	瓜点豆这都知道。植树造林没过清明也有这么一个说法。第二当然就是祭祀啦，是祭祖和扫墓的日子。古代呢，本来是清明前一天寒食节扫墓，后来把两个日子合二为一了。因为咱们中国呢，扫墓的时候有个烧纸钱的习惯啊，寒食节是不能动火的，所以把这两个日子合在一起，逐渐演变成清明扫墓。三呢是踏青。这时候正好是春光明媚，草木吐绿的时候，所以会踏青啊，放风筝等。现在呢，这些活动当中又增添了一项。有不少朋友会选择在清明前后选择去放生。这也可能是寄托一种善意吧。但是现在在放生这一问题上又出现了很多的新的矛盾。就比如说放生到底是不是好的？对动物好还是对环境好？放生是不是应该有些科学的选择？这就是我们今天要说的话题。 伴着昨晚的第一场春雨，清明节将在两天后来到。清明除了是扫墓踏青的好时节，在每年清明前后有很多市民都会参加放生的活动。放生乌龟俨然成了一种传统，其中一种叫作巴西龟的乌龟更是成为销售以及被放生的冠军。 本期《新闻面对面》，面对动物的放生你了解多少？巴西龟的放生能否达到动物与自然的和谐共存呢？ 欢迎您编辑短信内容发送到10628821828参加话题讨论。		
	4. 要形成“说”的思路 主持人说话，得有两个条件，一个是形成思路，一个是组织好语流，二者缺一不可。内在无声的起主导作用的思路在先，外在的起有声的传播作用的语流在后。思路是语流的灵魂，语流是思路的载体，是思路引导着语流前进，一旦思路形成了“说”的意向就明确起来，说话的行为才成为可能。	讲解、分析	听讲、笔记
新课讲解	**示例5** **北京台《话里话外》** 2011年，您猜怎么着，报纸更好听了。（片花） **主持人：**清明假期您忙活什么呀？看房。哎，我没听错吧，好不容易在家歇两天，干吗看房去呀。如今这楼市怎么着了呀。 新华社有一消息，说这重庆市政府最近召开常务会议，研究落实新建住房价格控制目标的有关问题，那么重庆市市长黄奇帆就说呀，重庆市商品房调控要把握好俩指标，一个呢是城镇双职工家庭平均6～7年收入能够买一套60～70平方米的普通商品房，不错呀啊。二呢是新建住房价格增速低于主城区城市居民人均可支配收入的增速，要力争降低增速，使房价少增或者不增保持长期稳定。唉，要降多好呀，唉嗨。哎呀，市长这番话说到咱们老百姓心坎上了啊。听的那叫一个安逸，那叫一个拔丝，啊，这都是四川方言，那就是踏实舒服的意思。不过仔细想一想啊，这目标完成起来也有一定难度呀。你想啊，城镇双职工家庭平均6～7年收入能够买一套60～70平方米的普通商品房，这双职工要这么算这一个月要挣多少钱呀？没有一万块钱	播放音频	听讲、观察、思考

（续表）

教学环节	教学内容	教师活动	学生活动
新课讲解	恐怕够呛吧，你掰，不止。你想呀，你还得吃喝交房租水电的，给孩子补习班交学费呢。所以呀，目标确定了，接下来得算算细账了，唉，咱们要倒着算也行，这房子得多少钱一平方米才能让双职工家庭平均6～7年的收入能买得起呢。这账算得越细考虑得越周全，咱们落实起来才稳当不是。还有一事啊，也不错，财政部啊最近在中央部委当中率先公开了今年的部门账本，2011年他们部门的预算将行政运行支出等情况首次公之于众，那么他用于工资办公费等日常经费方面的行政运行支出呢，是3.7亿万元。啊，比2010年这个执行数呢达到了21.58%。嚯，公布预算啊，这是好事，这让咱们全体人民监督啊。唉，你说这是不是就那个三公支出啊。哎，还不是，所谓三公经费啊指的是出国经费、车辆购置以及运行费，还有呢公务接待费这次没有。啊，没有啊，这个大家更关心是吧。不过这个是有原因的，因为目前在咱们国家财政预算分类科目中，没有三公消费这一科目，三公支出的钱实际上是分散在很多科目之中的。放心吧，反正呢，早晚得公布。政务公开嘛，这不能含糊。 （片花） 欢迎收听北京新闻广播午间读报节目《话里话外》，我是利辛。你说你这是直播吗，我给你打一壳剥啊，打一壳剥啊，这您听出来直播。嗨，别打壳剥啊，就是这个意思，所以说呢，直播状态那么也是啊，大家伙假期当中啊，要么您听节目，并且听着听着您还来了情绪了，来了兴趣了，想参与参与的话呢，没错，我这直播，所以说呢，可以跟各位朋友一块来互动交流，发短信请您发送到10628821828，也可以登录咱们的新浪微博RBC话里话外利辛一块聊聊。		
	5. 主持人要具备过硬的“说功” （1）口语规范化：主持人说话应该像生活口语那样生动活泼、挥洒自如，又应该像文学作品那样严谨精练，讲究结构和布局，应该语音纯正、语句整齐，把话语与语境紧密联系起来，形成较强的临场交谈感。 （2）学识修养、语言功底、敏捷而缜密的思维能力、丰富的语言材料的储备、敏捷的驾驭语言的能力、丰富的社会经验。 （3）具体形象。民生新闻要说得具体形象，才能让听众听得入迷，这就像是说相声或者评书表演一样，需要主持人有表演的意识，这个表演，也是完全尊重新闻事实本质的生动表现。 （4）简洁生动。说民生新闻，很容易因为讲述一件事情而变得语言拖沓冗长、啰唆，这就有悖于新闻语言特点，民生新闻也要简洁、生动，这样才能使得说新闻的语言有更强的感染力，民生新闻要在主持人的嘴中变得栩栩如生。 （5）准确鲜明。说民生新闻，要求语言比较活，但是这个“活”，一定要控制好，准确表达是新闻内容真实传递出去的前提；另		听讲、笔记、思考

（续表）

教学环节	教　学　内　容	教师活动	学生活动
新课讲解 新课讲解	外，民生新闻语言要观点鲜明，这样才能突出民生新闻的社会意义，观点鲜明是民生新闻的生命力。 （6）语言要诙谐。诙谐幽默应该是民生新闻必备的语言特点，在麻辣诙谐的语境下，主持人的表现不是肤浅的贫嘴，而是闪烁着智慧火花。 **示例 6** **北京台《大城小事》** 清晨，当第一声鸽哨在上空响起；日暮，当回家的思绪在心中涌动。城市在 24 小时中变换着色彩，我们为你讲述城市的声音《大城小事》。（片头） **男：**您好收音机前的听众朋友，您正在收听到的是北京新闻广播为您带来的《大城小事》，我是李凯。 **女：**我是刘丽。今您这个车停哪啊？ **男：**嗯—— **女：**很多朋友发现今儿的见面问候语改了。 **男：**对。 **女：**不是“您吃了吗”？ **男：**嗨—— **女：**改“您车停哪了”？ **男：**是—— **女：**哎，这个真是一个新问题啊。 **男：**嗯—— **女：**因为从今天开始，不是很多地方都停车涨钱了吗？ **男：**嗯—— **女：**所以有些朋友也是措手不及，有的不知道。啊，说停一天要这么多钱呐？ **男：**啊—— **女：**明儿我不开了。 **男：**啊—— **女：**嘿嘿，这是我们听到的很多说法，很多也被贴了条了。那么昨天是涨价的最后一天。 **男：**嗯—— **女：**涨价前的很多的私家车主就开始犯心病了。说我得想辙，给我那爱车找个停车位，得想办法有地停啊。 **男：**嗯—— **女：**像昨天清晨 8 点多钟，位于东直门附近的一个居民小区，旁边啊有一辆绿色的 QQ 就打算把车停下。 **男：**啊—— **女：**这车头刚一歪，一位白头发的大妈立马冲过来了。	播放音频	听讲、观察、思考

（续表）

教学环节	教 学 内 容	教师活动	学生活动
新课讲解	**男**：说什么呀？ **女**：你没看到这块砖头吗？ **男**：啊—— **女**：这车位是我给孩子占的。 **男**：这砖头也算数啊？ **女**：啊——这女车主说求您了大妈，我在附近上班，到晚上我就开走，您瞧我都迟到了。 **男**：嗯—— **女**：额恩——那位大妈说的你要是加班怎么办呀？ **男**：嗯—— **女**：这停车费明个就涨价了，我儿子今个下班回家晚，小区里又没地方停，就只能停旁边路边这停车场了，这一天得花多少钱呐，不行，你一定得挪走。 **男**：啊—— **女**：讨价还价，等到商量近5分钟，QQ车主还是没辙，把车开走了。 **男**：没赢得了大妈。 **女**：哎，在这个小区门的附近，占车位的招数还有其他的三四种。比如说两辆自行车把前后轱辘都绑住，撑开了占地。 **男**：嗬—— **女**：还有就隔离墩冲上个铁丝，围地。 **男**：嗯—— **女**：得，就干脆私自装了地锁了。因为本次涨价范围啊，不涉及居民区，所以不少上班族啊打算把车停单位附近居民小区里头。 **男**：嗯—— **女**：可三环以内的小区，比如说什么广恩门呐，安外小黄庄呐，和平街呐等区域，周边呢大多是一些老旧小区。 **男**：嗯—— **女**：停车位人家配备得本来就不完善。 **男**：本来就少。 **女**：唉，因此白天在家的银发族啊现在啊有活干了。 **男**：啊—— **女**：人家也成了车位守护者了，跟私家车主争地盘。 **男**：哎，大爷大妈没事就看着自己的车位。 **女**：哎，小张在一家银行上班，在东关附近，单位里面有免费停车位，由于停车位要调整啊，最近他接到最多的电话就是咨询能不能共享停车位。 **男**：嗯—— **女**：他说我有一位在广安门附近上班的同事，也接到不少银行门口能不能免费停车的咨询，其实啊除了银行门前的免费车位，饭店和写字楼的车位也成了香饽饽。	音频播放	观摩、思考

（续表）

教学环节	教 学 内 容	教师活动	学生活动
新课讲解	**男**：嗯—— **女**：有一位绑友就说了还有一部分打算着蹭会议的车位。 **男**：蹭会议的车位？这什么意思？ **女**：一些参加会议的车辆啊，都会自己打一份简易的车证。 **男**：嗯—— **女**：都是用A4纸写明当天的日期。 **男**：啊—— **女**：这不就一看啊，啊，这—— **男**：车证，哎对—— **女**：啊，就进去吧！ **男**：嗯—— **女**：那他说我单位在中关村附近，不少写字楼门口都能看见这样的车辆，所以我盘算着—— **男**：啊—— **女**：要不然多备几张停车卡，蹭个车位。 **男**：啧—— **女**：自己没事，拿个A4纸打个日期备用啊。 **男**：写个A4.1，今天就能使。 **女**：嗯，或者写四月一，再写个四杠一。 **男**：啊—— **女**：总有一个能蒙对的吧。 **男**：嗨，呵呵—— **女**：亚运村一家足疗店最近打出了一个新的横幅，叫作“做足道，送茶水＋果盘＋免费停车”。 **男**：哎，这是最吸引人的现如今的招牌。 **女**：最后那条新加上的。 **男**：是。 **女**：三里屯和中关村的电影院都标注得清楚，说每张电影票可以免费停车两小时。 **男**：嗯—— **女**：三元桥附近一家餐馆的广告词特别标注了“吃四人套餐可以免费停车”。 **男**：哎—— **女**：随着停车价位即将调整啊，免费停车也成为各商家吸引客流打出的招牌，那么不少车主啊，还在网上分享商场停车的省钱的秘籍。 **男**：嗯—— **女**：比如说车停东四环，奥特莱斯免费停车场。 **男**：那地儿大。 **女**：啊，对。你知道我还听有朋友说过，但凡约人谈点事—— **男**：昂——	音频讲解	观摩、思考

（续表）

教学环节	教　学　内　容	教师活动	学生活动
新课讲解	**女**：都约奥特莱斯。 **男**：那为什么呢？ **女**：停车免费。 **男**：哎，便宜。 **女**：哎，那以后估计那车位也该抢了。 **男**：是。 **女**：还有中关村家乐福地下车库，凭会员卡和小票可以兑换免费停车券。 **男**：嗯—— **女**：享受俩小时免费停车优惠等等等等，大家都开始攒这些东西了。对于五花八门整车位的招数，有交通专家说了，利用价格更改调整停车收费是为了更好地引导停车先地下再路面，最后路侧这样一个习惯，当然了人家这点说得特别对哈，只有价格方式还是不够的，交通部门应该尽快提供更多合理的公共出行方式。 **男**：嗯—— **女**：比如说通过开行通行快车，更多的额，开车族可以减少开车到城中心的机会。另外呢，保障新的差别化停车费的政策，对缓解拥堵起到作用。说本市今天同时开展停车专项治理活动？ **男**：是。 **女**：我们刚才通过直播间的玻璃往下看了一眼。 **男**：嗯—— **女**：已经看到很多车上贴上了小条了。 **男**：对，这个都是违法停车所付出的代价。 **女**：嗯—— **男**：那今天开始可能是对于某些人一些触动。 **女**：嗯—— **男**：因为有些人就开始改变自己出行方式了，比如说我今天就听到很多同事说，赶明儿不开车了。 **女**：对—— **男**：这个坐公交车。另外还有一些人干脆就说周六周日开吧，平时就算了。 **女**：嗯—— **男**：总之呢，希望大家改变之后，也希望这些配套设施可以快点。比如说我坐地铁，8号线的地铁，就永远—— **女**：就挤得跟相片似的—— **男**：是，有时候还挤不进去呢！ **女**：昂。 **男**：也希望有关部门加大一些这方面的措施。 **女**：哎，我觉得可能这样一个政策的出台啊，就是加停车费啦哈，不可能改变了大家的出行意识。	播放音频 穿插、分析、讲解	观摩、思考

（续表）

教学环节	教　学　内　容	教师活动	学生活动
新课讲解	**男：**嗯—— **女：**还有很多东西可能后续都会有些改变。 **男：**嗯—— **女：**比如说商场的促销。 **男：**是—— **女：**可能以后电子商务会更受欢迎。 **男：**哎—— **女：**门对门的我在网上订完了，直接送家了。 **男：**嗯—— **女：**省得我出去了，我省油还省停车费，比如说送餐服务。 **男：**嗯—— **女：**比如说某些单位夜班的工作可能会更受大家青睐。 **男：**来，接下面我们来说说节能灯，按说现在很多家里面使的都是节能灯，都是为了低碳环保，但是节能灯是省电，但是为什么总坏呢？ **女：**嗯—— **男：**节能的电费还不够换灯泡的呢。	音频播放	观摩、思考
	6. 主持人的导语、串联词 （1）主持人应动手撰写、修改导语、串联词 （2）导语串联词的基本特点 ① 扩大视野补充信息的服务性 ② 稍加点评引发共鸣的沟通性 ③ 有机衔接巧妙转换的新颖性	讲解、分析	听讲、笔记、思考
新课讲解	**示例 7** **北京新闻台《议政论坛》** 人大代表，政协委员，反映民意，关注民生。北京新闻广播，中播 828 千赫，调频 100.6 兆赫，每周一至周五 9：30 分，议政论坛。（片头） **主持人：**民主议政，科学发展，收音机前的听众朋友，欢迎您收听北京新闻广播议政论坛，我是玉坤。 **主持人：**当前首都的经济社会发展呢已经进入了全面建设现代化国际大都市的新阶段。十二五规划即将全面地展开，北京也正在加快落实“人文北京”“科技北京”“绿色北京”的发展战略，提出了推动首都经济又好又快发展，建设繁荣文明和谐宜居的首善之区以及建设世界城市的战略目标，那么这些目标的实现呢，都需要强有力的人力资源的支撑和保证。那么从根本上来说啊，北京的职工队伍的素质将会决定着北京城市发展的水平。那么在北京市的两会上呢，北京市政协委员，北京市工会干部学院的常务副会长张锦，他提出了首都职工素质建设工程应该列入北京市十二五规划的建议。那么这个首都职工素质	播放音频	观摩、思考

（续表）

教学环节	教 学 内 容	教师活动	学生活动
新课讲解	建设工程，有着什么样的内容呢？在十二五规划当中实施这项工程又有着什么样的重大意义？今天我们的议政论坛就一起来聊一聊。那么今天我的演播室呢就请到了北京市政协委员，北京市工会干部学院的常务副院长，首都职工素质教育工程领导小组办公室主任张锦先生，张院长，您好。 **张院长：**主持人好，听众朋友们早上好。 **主持人：**嗯，今天我们要聊的这个话题呢是跟这个职工素质有关的，您本人呢也是从事这个职工教育很多年的一位工作者。那么我们怎么来理解所谓的职工素质？它主要包括了一些什么样的内容呢？ 张院长：谈到素质呢很多人的概念就非常的广泛，我觉得呢，我是这样来…… **主持人：**其实说到这个职业职工的素质啊，说到这个素质问题，确实呢可能比较抽象一些，但是实际上我们在生活当中在工作当中呢也是会天天遇到这样的问题。我曾经看过一个报道，就是讲这个咱们北京的手表厂，北京的手表厂应该在全国的这个钟表行业那是相当厉害的一个企业了，那这家企业在手表行业创造很多中国的第一，它比如说它是一个中国第一个创造出了可以售价达到上百万元的这个手表产品的这样的企业，这个企业在它的发展历程当中呢也曾经有过很多的这个很艰难的时候，这其中呢曾经它们有这样一个故事：就是在80年代的时候，当时呢有一家外国的客户到北京的手表厂，就是在昌平的这个手表厂去参观。到来之后他发现这个设备啊特别先进，他大吃一惊。为什么这么说呢，就是当时是进口的世界上最先进的瑞士的一个设备，结果呢这些设备呢瑞士人没有卖给日本的手表企业，他卖给了中国，应该说这个企业的设备是相当先进的，但是仔细去看这个用精密的车床加工出来的原件，而且是用放大镜来看就发现这个刀口啊，那切得都是没问题，切得都是相当的好，只不过呢，就是这个原件呢很脏，就是很脏糊糊的，这种感觉。后来呢，他就说能不能请这些工人把这个脏的东西擦一擦，擦完了再看，就发现原来脏的地方确实不脏了，但是别的地方它又有比较脏的地方，手印啊什么，这些东西又有。后来呢就是讲这样一个问题这也是这个手表厂他们的领导经常讲的这么一个例子。他就说实际上呢这不是一个设备技术的问题，也不是一般的这种人员没文化或是怎么样，这恐怕还是一种，怎么说呢，就是他不知道这个手表这种精密机械对于清洁，清洁对于手表这种精密机械有多么重要，恐怕是这方面缺乏一种意识，那么这种意识恐怕也就是我们今天所说这个职工素质当中的一项，是不是？ **张院长：**对对对…… **主持人：**那么我们说到，刚才说，这个职工素质的很多方面，那么接下来我们就是想请教一下，就是说这个职工素质它是如何形成的呢？由哪些因素决定这个职工素质的高和低呢？	播放音频	观摩、思考

（续表）

教学环节	教　学　内　容	教师活动	学生活动
新课讲解	听众朋友，在我们今天的议政论坛节目当中呢，我们请到的是北京市政协委员，北京市工会干部管理学院的常务副院长，首都职工素质教育工程领导小组办公室主任张锦院长我们一起来探讨了在十二五期间应该把这个首都职工素质工程纳入这个十二五规划这样一个话题。那么今天的节目时间也不多了，那么在最后的时间呢，能不能把这个首都职工素质建设工程它要达到的一个目标，或者说对我们首都发展会起到一个什么样的作用，您个人的一个预期，最后做一个小结。 **张院长：**嗯，好嘞，我们国家呢现在实行的是社会主义的市场经济，市场经济最大的特点和最根本的法则之一呢就是公平竞争、优胜劣汰。那么职工队伍素质的高低直接关系到一个企业一个行业乃至一个城市一个国家竞争力的大小，关系到在激烈竞争的市场当中的胜败，那么市场竞争实质上就是一种人才的竞争，那么要想在这种竞争中立于不败之地，就必须要拥有大批的高素质的人才。那么当前呢，首都的经济社会发展已经进入了要全面建设现代化国际大都市的一个新阶段，那么为了实现建设首善之区实现世界城市，这样的宏伟的战略目标呢，把首都职工素质建设工程，列入北京城市的十二五规划当中呢，可以说是一项有关人力资源发展的妙计、大计，也是一项人才的大战略。 **主持人：**好，今天再次感谢张锦院长来到我们节目中接受我们的访问，谢谢！ **张院长：**谢谢！ **主持人：**也感谢收音机前听众朋友收听我们今天的议政论坛，我是玉坤咱们下次节目时间再会。	音频播放	听讲、笔记、思考
新课讲解	7. 主持人的言论点评 (1)“三言两语”点评的操作方法 提示重点：在概述消息要点中，稍加议论，引导受众注意新闻的重点，既有提示作用，又有解释作用。 倡导方向：对所报道的具有积极意义的人或事，针对受众的思想做画龙点睛的剖析，鲜明地突出我们的倡导方向，引发受众的思索。 引发共鸣：主持人在议论中动之以情，晓之以理，抒发内心的情感与升华的议论相结合，能激起受众的共鸣，产生意味深长的传播效果。 点到为是：主持人对某些事件的报道不是就事论事，而是引导人们举一反三，联想类似的现象，思索症结所在及背后的原因，主持人并不直接下结论，不以教育者自居，点到为是，让人觉得既亲切又耐人寻味。 深化意义：在点评中进一步剖析新闻信息或报道背后值得深入思考的问题，像“黑体字”一样突出强调其普遍意义，引起警觉，发人深省。	讲解、分析	听讲、笔记

（续表）

教学环节	教　学　内　容	教师活动	学生活动
新课讲解	预见警策：对消息报道中崭露头角的又有些盲目性的事物，主持人应当有洞察端倪的分析，这种预见性、警策行的议论，需要对事物发展规律、有关政策、社会现状的综合分析。 纠偏补正：有时某些跟随性纪实性报道，真实倒是真实，却存在偏颇之处，此时，主持人必须以点评的方式提出正确的看法，以全面的判断纠正偏颇，弥补缺憾，以正视听，这是主持人的责任。 总之，以上种种归纳虽然难免挂一漏万，但基本体现了主持人适时、适度地运用点评起到的作用，它紧扣新闻信息，三言两语的议论灵活、亲切又极具“平等”色彩及交流意味，以受众易于接受的方式和贴近的角度坚持了正确的舆论导向。 在实际操作中，主持人的点评切忌不痛不痒，华而不实，人云亦云，简单化，表面化。一般化的所谓“点评”不如不说，像那些重复一下事实，就以诸如“不能不引起有关部门的重视”、什么“事态的发展，我们将拭目以待”等套话，不说也罢。 “三言两语”点评的特点： 内容少：主持人“点评”字数不多字，多则几十个字。 位置活：主持人“点评”位置较活，在新闻之中、之后或在两条消息之间出现，形式自由多样。 议论精：主持人“点评”有言简意赅的特点，表现为要旨清、观点明、语言精。 个性化：主持人“点评”是个人思想政策观念、新闻敏感、独特思维、视角、风格、表达方式的体现。 重结论：电视新闻主持人“点评”由于字数少，因而往往一语中的指出评议的本质、结论，没有议论的完整要件与过程。 (2) 独立成篇的言论 ① 独立成篇言论的特点 亲近感、贴近性、随感性、个性化。 ② 言论的写作与表达 a 选题：从近处和小处着手。 b 选材：突出典型性形象性。 c 立论与论证：微言大义，以诚相见。立论集中深度自现、拓宽视野水到渠成、精于构思具有新意、以诚相见把握分寸。 d 语言表达：平实亲切的谈话体，鲜活生动的个性化。平实生动的口语、注重交流真情面对的语言、鲜活生动的个性语言、言为心声的语言表达。 (3) 善于夹叙夹议 夹叙夹议，就是边叙述边议论，即通常说的摆事实、讲道理。这是一种可以融理、事、情于一体，把观点和材料有机结合起来的论述方式和方法。	讲解、分析	听讲、笔记

（续表）

教学环节	教　学　内　容	教师活动	学生活动
新课讲解	① 夹叙夹议的关键 夹叙夹议虽然以同时具备事实和议论为前提，但恰当地运用这种方法的关键却在于掌握“夹”的艺术。 大多数夹叙夹议的评论，都包含着这三种语言成分——客观叙述、带倾向性叙述和议论，差别只不过是位置、比重有所不同罢了。其中带倾向性叙述尤为重要，它是从客观叙述过渡到议论的中间环节。所以许多有经验的评论作者都十分重视在叙述中，逐渐注入主观色彩，为发议论，也为他人接受议论准备必要的条件。 ② 夹叙夹议的类型 就结构形式说，夹叙夹议有两种基本类型：一种以说理为主干；另一种以叙述为主干。 以说理为主干的夹叙夹议，按道理的逻辑层次组织材料。 以事实为主干的夹叙夹议，则是按照事实的客观逻辑划分层次。每叙述一层事实，都有相应的议论。议论直接从事实中引申出来，既概括了对上一层事实的看法，又带出下一层事实。在这类夹叙夹议中，议论除表达见解外，还具有承上启下的衔接作用。 ③ 夹叙夹议的要求 除了讲究结构成分和结构类型外，恰当运用夹叙夹议的基本要求是： a. 叙、议穿插恰当 穿插恰当，说理才能显现清晰的层次，也才能形成“夹”的格局。以说理为主干的类型，议论是经，事实是纬，事实穿插在议论之中；事实如何剪裁，如何穿插，只能以说理的需要为转移，为展开论述、深化论点服务。 以事实为主干的类型，议论穿插于叙事的过程中，必须力求精练，避免长篇大论。 b. 叙、议要结合紧密 紧密结合，首先要求事实、议论在形式上贴近，但更为重要的，却是事实和议论要有必然的联系，即事实是议论的可靠依据，议论是基于事实的确切判断。 如《信用是本，道德为先》中，记者首先摆出事实：据统计，目前我国每年订立合同40亿份左右，但履约率只有50%多。截止到2000年11月，在四大国有商业银行开户的4万多家改制企业中，经认定有逃废债务行为的占到近一半。从百姓的角度看，喝牛奶担心掺水，买东西顾虑假货。接着得出结论：信用环境不好，制约投资，也影响消费。“失信有所得，守信反有所失”，市场行为中反映出的信用危机，冲击着正常的经济秩序，其危害不可小视。 在此，议论完全从事实而发，十分有说服力。这样，事实成为议论的“表”，议论揭示事实的“理”，表里相应，叙、议自然就浑然一体了。	讲授、分析	听讲、笔记、思考

（续表）

教学环节	教　学　内　容	教师活动	学生活动
新课讲解	**示例8** **北京新闻广播　《夹叙夹议》** 留住每一天的声音记录，思考每件事的前因后果，加入自己的叙述议论，调频100.61，刘思佳，夹叙夹议。（片头） **主持人：**你好啊！我亲爱的听众朋友，欢迎收听《夹叙夹议》，我是刘思佳。今天是周末，也是清明节假期的头一天，咱们来看看本周有意思的新闻： 那天我看报道说福建某地有不少人在忙着种树，紧赶慢赶栽下的树啊过不了几天又死了，这被称为“无根树”。可是种树的人呢却一点也不心疼。因为啊种这些无根树，就是为了应付上级检查，几天以后本来就是要拔掉。在采访当中记者发现，这种擅自违法占地，来了检查团就突击栽树应付检查的做法其实在当地并不是个别现象，比如说有的果园远看没有什么异常可是走近一看，树木周围的地上露出不少钢筋，树苗儿啊轻轻一拔就出来了，有的地方土层下面还有水泥桩子，真是很有“混搭”的风格。可是这么混来混去，种什么都白搭了，而且还造成严重的浪费，这损失要由谁来承担呢？这样的问题大面积存在，首先就得追究人们长期以来对待检查的态度。过去有过为了应付绿化检查在山上刷绿漆的，这跟现在种无根树的做法真是一脉相承，都是想做个伪装，撒个谎，蒙混过关。可是就算你能蒙过国土资源部下来的调查组，可是改变不了土地被乱用的事实啊！如果调查统计与事实严重不符，导致今后当地政策制定出现失误，那倒霉的还是如今作假的这些人呐！另外一个有意思的现象是记者问起当地种无根树的人，他们全都表示是防着上边下来的检查团，而并不在意本地的国土资源部门，这就更让人感到无奈了。如果说这事儿在当地成了被默认的潜规则，那无疑是建立在官司双方互惠互利的基础上，违法挪用土地的人先得了实惠，回头呢再作假让领导也得到政绩，达到了所谓的双赢，而最终受牵害的却是国家的耕地保护政策，树要是没了根儿很快就会死；国家政策要是也没了根儿，那后果可就更严重了！ 事儿不大平常化，事儿不小新视角，夹叙夹议换个角度聊新闻。刘思佳主持。（片花） 8. 注意的问题 ① 避免“戏”说 一是猎奇化。 二是表现狂。 ② 防止形式主义和庸俗化倾向 ③ 避免滥用方言	播放音频	观摩、思考
	作业：搜集新闻素材，模拟主持一档广播新闻评论节目。时长5～10分钟，有文案及策划案。	布置作业	准备搜集素材，完成作业

项目三

广播信息服务类节目主持

项目教学教案

广播信息服务类节目主持项目教学设计

<table>
<tr><td>项目教学名称</td><td colspan="3">广播信息服务类节目主持</td></tr>
<tr><td>项目教学
建议课时</td><td>8 课时</td><td>项目教学
时间安排</td><td>理论讲授学时：2 节
实践学时：6 节</td></tr>
<tr><td rowspan="2">项目教学目标</td><td>知识目标</td><td colspan="2">了解广播信息服务节目的形态、特点、流变，掌握该类节目主持基本理论</td></tr>
<tr><td>能力目标</td><td colspan="2">具备模拟主持广播服务节目的技能
策划结构文案能力
言语组织合成作品能力</td></tr>
<tr><td>项目教学任务</td><td colspan="3">通过项目知识的讲解，典型案例分析，使学生掌握广播信息服务主持技巧。根据相关材料模拟制作一期广播信息服务节目作品</td></tr>
<tr><td>课前准备
（设备、器材等）</td><td colspan="3">教程教案、多媒体设备、PPT 课件、广播服务节目主持音频案例；录音软件、硬件设备</td></tr>
<tr><td>备注</td><td colspan="3"></td></tr>
</table>

广播信息服务类节目主持

教学环节	教 学 内 容	教师活动	学生活动
引入 新授	**课程内容提要** 1. 概念及分类 2. 编排方式、信息采集、选择和编辑 3. 节目魅力、播报色彩、主持方式 4. 主持人素养 5. 主持特点及风格	讲解、 提问、 分析	听讲、 笔记
讲授 新课	**教程具体内容** 一、广播信息服务类节目的概念 应对听众生活所需，通过传递各类信息解决听众实际问题的节目形态。服务类节目生活气息浓郁，题材广泛，内容丰富，深为观众喜闻乐见。它满足老百姓衣、食、住、行等与生活相关的各个方面的需求。而设置的栏目，涉及直接、具体的多种服务内容。常采用节目主持人与观众促膝谈心聊家常的形式播出，家庭气氛浓烈，传播效果好。服务性节目常常邀请听众参与节目，让生活中的能干主妇、模范丈夫、幸福家庭上荧屏现身说法，以进一步触发听众的参与意识。 二、分类 1. 美容与时尚类 2. 饮食与健康类 3. 家居与房产类 4. 旅游与汽车类 5. 其他类型的生活服务节目（囊括广告、天气、路况、婚介、人才劳务等经济、科技、市场、文化、生活等领域） 三、编排方式 1. 插播 2. 独立节目 四、信息采集的来源 1. 听众的热线电话 2. 短信平台 3. 专业信息发布部门 4. 计算机网络 5. 其他媒体	多媒体 演示	

（续表）

教学环节	教　学　内　容	教师活动	学生活动
讲授新课	五、信息的选择和编辑 1. 效用性 2. 逻辑性 **示例1** **北京新闻广播《资讯早八点》** **女：**资讯早餐，计划精致生活，各位亲爱的听众朋友早上好，北京时间早上8点01分，您即将收听到的是北京新闻广播为您直播的《资讯早8点》，各位早上好，我是××。 **男：**各位早上好，我是××，今天是×月×号星期×，今天限行的车牌的尾号是5和0，下面就让我们来了解一下今天有哪些资讯，让我们一起关注。 **女：**部分资讯快速浏览，您将听到，北京的基准地价即将上调，不会直接影响房价。 **男：**公安部即将展开专项治理工作，内容涉及扣押机动车的退还以及警车的使用。 **女：**北京站售票厅今年第一次开始限制人数。 **男：**北京市烟花办明确表示，网上卖花炮是违规行为。 **女：**早上8点08分财经汇市资讯时间，连线中国银行高级交易员，关注汇市动态解读财经资讯。 **男：**之后是资讯重点关注，您将会听到详细解读基准地价对普通居民的影响。 **女：**还有，南京一处地王因为开发商没有付地款被收回，业内分析楼市赚钱没戏了是开发商放弃付款的真正原因。 **男：**大约在8点27分是今天的旅游文化娱乐资讯，春节临近，我们将为您盘点一下各大公园的春节活动。 **女：**笑星周立波推出正版演出DVD主动降到盗版碟的价格打击盗版。 **男：**之后是今天的环球资讯点击，印尼沉船事件中目前唯一的幸存者中国人柯开珍讲述他53个小时的求生过程。 **女：**还有美国50名儿童模仿电影亲吻青蛙染上了疾病。 **男：**大约在8点45分是今天的百姓生活故事，于新志曾是一名手握钢枪的武警，也是一名自学成才的手握画笔的画家，他最爱画的就是水墨竹子，竹子不仅是他灵感的源泉也启迪着他在绘画之路上的追求与理想。今天的百姓生活故事就让我们一起来听《墨竹情》。 **女：**好，亲爱的听众朋友，资讯，早8点新鲜每一天，××、××早上8点钟为您介绍资讯，下面还是先来关注下路况和天气。 **男：**资讯早餐，计划精致生活，早上8点03分为您直播的《咨询早8点》，我们先来关注一下今天的天气情况……	播放音频	听讲、观摩

（续表）

教学环节	教　学　内　容	教师活动	学生活动
讲授新课	**女：**再来说一下今天白天最高气温预计2摄氏度，今天夜间最低气温预计零下5摄氏度。 **男：**资讯快速浏览，再来浏览一下其他的资讯，春节临近了到了放爆竹的时候，说说这买花炮呀也有讲究，不能随便买，北京市烟花办昨天就明确表示网上卖花炮是违规行为，相应的处罚规定也即将出台，建议您不要从网上购买。 **女：**嗯。 **男：**今年北京市五环内的烟花爆竹销售时间从2月7号开始到2月28号结束，7号之前五环路以内是不允许任何单位以及个人出售烟花爆竹的。 **女：**没错，吉庆祥和的时候咱们还是要把安全放在第一位呀。再来关注一下春运，北京站售票厅今年第一次开始限制人数了，《金华时报》的消息说，随着春运客流量增大，昨天北京站售票厅内购票人数已经接近饱和，入口处拉起了警戒线，每次放进50位购票者，其他的客流呢被疏导到广场上临时售票处。 **男：**嗯，这车票还是不好买呀，不过呀最近有网友就自制了一份逃票攻略，一起来听一下，希望对还没买到票的朋友有所帮助。 **女：**来听听呀，这办法之一就是半路回家，怎么半路回家呢，也就是先买到当次列车到任意中途站有票的车票，下车之后别出站直接补票，因为有时候始发站买不到的票中途站反而能够买到。 **男：**哎，这是一个好办法，另外还有一个办法就是守株待兔，这春运期间买票的人多，退票的人其实也不少，建议旅客在火车站的退票窗口等一等，不过这需要持之以恒、询问的勇气和相当的运气哈。 **女：**反正什么招都使上了，祝大家都能够平安回家好好过节哈。我们接着再来关注一下最近暴涨的三亚楼市，三亚也准备出台一项政策，准备对前往三亚购房的外地人采取限制购房的措施，规定一个身份证只能购买五套房子。 **男：**限制措施是为了防止对房地产市场的过度炒作，海南国际旅游岛规划通过后呢当地的房价暴涨，出现过一天涨一半的情况，那投资投机性的购房比例已经达到了80%以上。 **女：**都是泡沫哈，以上消息是来自新华社、《北京晨报》《北京商报》《北京青年报》《北京晚报》以及本台记者采写的消息，是××为您编辑的。一段广告之后我们来关注旅游和文化资讯，稍后您将听到。 **男：**春节临近为您盘点一下各大公园的春节活动。 **女：**笑星周立波推出正版演出DVD主动降到盗版碟的价格以打击盗版。 **男：**好，广告之后我们再见。	播放音频	听讲、观摩

（续表）

教学环节	教　学　内　容	教师活动	学生活动
新课讲解	**女**：好，现在是北京时间早上8点26分，您现在正在收听的是××、××为您直播的北京新闻广播《资讯早8点》，马上我们来关注一下天气情况和路况哈，今天白天晴间多云，今天白天最高气温2摄氏度，今天夜间最低气温零下5摄氏度。北京时间早上8点27分，目前我们来关注一下路面上的状况怎么样，目前呢刘家窑桥辅路由西向北左转的车多。 **男**：还有这个南磨房路劲松桥到平乐园路口由西向东直行车多。另外关注一下，香山公园将于2月12号到21号举办登高祈福会，在山顶举办登福台进福门喝福茶的活动，之前全面检修的香山索道也将在本周五恢复运营了。 **女**：把福迎进家哈。 **男**：我们接下来再去石景山游乐园看一看，和地坛的传统风味儿不同，石景山游乐园将要举办的是洋庙会，新闻广播记者刘晓众了解到呢，庙会上会有中外美食小吃、五大洲风情花车表演和冰雕艺术展等。 **女**：来关注今天的文化娱乐资讯，甄子丹的新电影《锦衣卫》将在今天上映，之前参加过看片会的记者评价说：这部戏当中的神秘武器很酷，性能堪比007的装备。 **男**：《我爱桃花》是编剧邹静师的作品，剧情围绕情感问题展开，这部剧是北京人艺剧场的开幕大戏，也是国家大剧院小剧场的开幕大戏。 **女**：嗯，这部话剧是在春节之后啦，再看看眼前能看的演出，过年听相声，年前的最后一场和年后的头一场历来都是各家相声团体分量最重的两场演出啦。 **男**：没错。 **女**：目前各家的计划已基本确定，排出的那可都是台柱子。 **男**：关注一下德云社，德云社仍然是郭德纲挑大梁，演出呢将分别在天桥德云社剧场、三里屯剧场、张一元茶馆和北展剧场进行，年前演到2月13号左右，年后2月19号开场具体的节目点还没确定。 **女**：估计这票会很紧张，您得早下手。 **男**：没错，再来关注一下，笑星周立波在上海推出了正版的《笑侃大上海》DVD的价格居然和盗版的价格是一样的，为的就是与盗版商抢客源。 **女**：北晚消息说，周立波的《笑侃大上海》一共是演了60场，演到了第7场就遭到了盗录哈，就是有盗版碟满天飞啦，网上呐也到处是他演出的视频，很多人看了盗版碟就不看演出啦，所以周立波痛下决心被逼无奈呀采取了以上对策。 **男**：明星现在也不容易，赔本儿赚吆喝。 **女**：好，那今天的《资讯早八点》就该和您说再见啦，今天的责任编辑××、××，主持人××、××，感谢大家收听。	播放音频	听讲、观摩

（续表）

教学环节	教　学　内　容	教师活动	学生活动
新课讲解	男：明天早上 8 点我们再来一起品味北京的资讯早餐，明天再会。 **女：**明天再会啦。 六、广播服务类节目的魅力 1. 纯服务类节目的实效性和实用性 2. 百姓热线服务类节目的贴近性和灵活性 3. 情感服务类节目的可听性和娱乐性 **示例 2** **北京交通广播《1039 交通服务热线》** 您即将收听到的是 1039 交通服务热线。交通服务热线，服务您的爱车服务您的生活！ A：这里就是 1039 交通服务热线，开始我们今天下午的直播。各位好，我是林贺！ B：大家好，我是吴军。 A：今天呢，我们照例有三节为您安排，第一节说的是进口现代的全系，第二节跟您说的是东风尼桑的全系，第三节呢什么车型都可以修，请到的也是杂家，有问题一个联系方法不变，编辑 HD 加内容到 10621039。 B：哎～在这呢，我们首先呢应该跟我们的网友啊，还有我们的听众朋友打声招呼，因为今儿不是腊月二十三么，就是小年。从今天开始，一直到年三十，包括到初一初二初三初四初五啊，包括到正月十五啊，这年味儿就会逐渐逐渐来了。我们在这儿呢，也能感觉到，哎呀～这个可爱的小老虎，离我们也越来越近了。 A：那是，按老话讲呢，二十三得把面发。之后呢，各天都有各天的功用。比如说扫房呐，比如说什么蒸肉的、煮馒头的，这都有。但是现在啊，从小年过后，这个什么要账的啊、逃跑的啊、然后躲起来的啊、这都该多了，都该出来了，是吧？ B：嗯～其实呐，这个二十三呐也就是在提醒大家，过年的一些准备工作应该要做好。特别是有很多的朋友要开车回家了，应该说今天明天，就会形成一个高峰。因为今天从这个统计数字来看，它的铁路和机场，那这个运营能力来说，是出现了一个高峰值。就是从二十三来说。 A：所以说呢，大家如果还没有买到回家的票，您赶紧去火车站啊或者去机场啊、长途车站，多咨询一下。 B：嗯！我们呢，也将在节目当中竭诚地为您服务。 A：哎～话说回来，有两样还得提醒您，跟我们的节目有关的。一，您的爱车该保养了，您别到年根底下，二十九再去，那时候扎堆儿，那排队的人就多了。二一个，作为洗车大师的我来说，你看因为我们的很多兄弟，回家过年嘛，嗯！全国各地的都有，这两天您得空就把这车洗洗。这人过年，这车也得过个年。	讲解 播放音频	听讲、观摩

（续表）

教学环节	教学内容	教师活动	学生活动
新课讲解	B：对，要不然稍微再晚两天，估计那排大队的情况不亚于停车场。 A：哎～就怕到时候“五十一辆，插队一百～”。该洗也得洗啊。哈哈哈哈…… B：第一节我们进口现代的。因为今天呢，这腊月二十三他们开始分拨休息了是吧。我们这大军怎么没来啊。 A：大军今儿好像有个比赛、也不知道参加什么活动，他就去了外地了。今天呢，我们请到的是郑新峰，郑师傅。维修的总监，来给大家伙修车。 B：哎～修这个进口现代。想这个维拉克斯啊，雅科仕啊，还有这个劳恩斯啊，还有这个酷派啊。还有一辆是什么来着？ A：雅尊。 B：啊～雅尊。对。有这方面问题您可以发短信上来了。HD加内容到10621039。哎～我们首先来关注一下目前路上的最新情况。 A：这是我们指挥中心发来的消息。东四环四元桥的北向南内侧车道有一起事故，提醒后面的司机多多小心。 B：另外呢，0169也在问，说：能不能帮忙看看呀，京石出京方向，快到收费站那是怎么回事啊？非常堵。看来那是出现了一个状况。要不然就是出京的车辆比较多。 A：对，有点扎堆了。上和县吃驴肉的，去霸州洗澡的。今儿又是小年，还有很多河北的朋友，人家也要回家过年，可能就是车多。有最新的情况，我们立马向您汇报。 A：嗯。1435，这是一辆维拉克斯。他这个车在跑高速的时候，车速如果超过120，啊，这个整车震动得就特别厉害。他想知道是哪儿出了毛病。 嘉宾：是这样子，如果咱们呢，车要超过120公里的话，车会发生震动，有一些时候会伴随着这个方向盘抖动。这种情况主要是旋转部件的动平衡引起的。你想，比如说吧，首先咱们看看，因为这种车啊，跑在不同的路面，有些时间钢圈内部是不是有泥巴，如果有的话，咱们把冲掉，冲干净。 A：这个如果要是说，还开着还有震动，就是做四个轮动平衡。接下来我们聊个题外话，这是8168，打您这起个头哈。嗯。他说借贵节目…… B：借贵两位主持人的玉嘴，啊，要谢谢我们小区的保安员。昨天晚上啊，上楼呢，我就大意了。车窗没弄上去，就走了。结果人保安呢，哆哆嗦嗦的，嗑着瓜子儿看了一宿。他说在这非常感激。天这么冷，保安员呢，非常负责任。 A：对，应该说，进入春节这个喜庆的这个氛围之后呢，像保安呐、我们的公安民警啊，包括我们街道社区的很多的治保力量啊，都是他们最为忙碌的时刻。在这应该向他们表示一下问候。	播放音频	听讲、观摩

（续表）

教学环节	教　学　内　容	教师活动	学生活动
新课讲解	七、信息播报的“色彩” 1. 节目的串联：通过语言、音乐、片花、广告等方式实现，顺理成章、浑圆完整。 （1）合理 语言表达：承上启下。 音乐使用：节奏贴切、出入恰当。 操纵驾驭：主持经验与临场发挥。 节目的串联：通过语言、音乐、片花、广告等方式实现，顺理成章、浑圆完整。 （2）提升 是一种服务责任感。对信息有所理解，有所预见。 **示例 3** **北京城市服务管理广播《京城帮帮团》** 爱北京，一起来，北京城市服务管理广播，FM107.3，AM1026。（片头） 京城帮帮团，组团来帮忙。（片花） **女：**世界需要热心肠， **男：**是啊！ **女：**各位听众朋友上午好！ **男：**今天是 3 月 14 日，星期天。农历是正月二十九。 **女：**我是方华。 **男：**我是司金庭。 **女：**又到了周日，我们来给大家讲温暖、快乐故事的时候了。 **男：**每到这个时候都特别期待，因为一周下来有很多的故事等待着我们去追寻，而很多朋友都又期待着这个日子里能有更多的温暖，更多的快乐。 **女：**还有更多的问题能够得到解决。 **男：**嗯，对，是的。一说到问题，那个李女士在给咱们打电话中，说“一直在找人做伴”，不知道现在情况到底怎么样了？ **女：**当时这个李女士在节目中说了“别在她那儿住，其实和她做个伴就行”。 **男：**对对，对对，她有这么一个找伴的愿望，不知道能不能够实现？ **女：**当时的时候，出于对老人家安全的考虑呢，我们并没有让老人在节目中留电话，结果后来有好几个听众说：“你们这种做法是对的，是替老人家把关嘛，要为她的安全着想。” **男：**我想还是请李女士直接来说一说。	播放音频	听讲、观摩

（续表）

教学环节	教　学　内　容	教师活动	学生活动
新课 讲解	（电话连线） **李女士**：喂，什么？ **男**：是李女士吗？ **李女士**：对啊！ **男**：你好！我们是京城帮帮团。 **李女士**：您好！您好！ **女**：上次您在我们节目中要找个伴，后来我们节目当中也有两个人留言了，说要和您联系，不知道联系上没有？ **李女士**：有一个，我给他打电话了。我给人家回电话。人家说“大妈，我还以为你需要一个人，完了以后你给钱”，我说不是，我给你说，我老伴去世了，然后我说，我的眼泪流不完，我今年72岁，我就说我没爹没妈，没姐妹兄弟，没有闺女，就3个儿子，我老伴是纺织局连续5年的劳模，优秀党员。7月1号，2009年7月1号，老头去世了。我没有亲人，成天哭。后来剩我自己，我是北京回民学院毕业的，身体很好，能歌善舞，早晨起来打拳、打剑、玩刀，后来是压力太大了，我就想找一个，有钱没有地的姑娘，没有地方住，可以上我这住，我给她做饭，她多少给我点钱，因为我老伴在的时候，他工资2500，他这一走了，我一个人1600块钱。 **女**：其实您这相当于要出租一间房子的意思，是吧？ **李女士**：不是，我那儿子和孙女他们有时候一个礼拜来一次，有时候俩礼拜、一个月来一次，所以这个房子不能出租，因为我老了，而且老伴走了，我什么事都听我儿子的，他说怎么就怎么，我说那个，他不同意我也没有办法。 **女**：可是如果说人家要到您家里住的话，那怎么办呢？ **李女士**：哎，我把火关了，你稍微等一下。 **女**：您去关，您去关。 **男**：李女士，想起自己的这点家务事，还很动情。 **女**：我们还是觉得，还要替老人家把把关，这安全的确是个问题。	音频 播放	听讲、 观摩
	2. 节目形式的多元表现 （1）单纯播报：状态、语速、韵律、节奏。 （2）连线现场播报：真实、迅捷。 （3）信息杂糅于节目：音乐＋笑话＋话题。		
	示例4 **安徽经济广播《股林大会——华山论剑》** 2011年5月安徽经济广播广散英雄帖邀请省内股林高手参加4年一度的股林大会，经过一个月的拳脚初试共有4大高手脱颖而出，他们将效仿华山论剑齐聚电波一股会友切磋技艺，争夺股林盟主的称号。（片花）	播放 音频	听讲、 观摩

（续表）

教学环节	教 学 内 容	教师活动	学生活动
新课讲解	**男**：各位听众朋友大家好，欢迎收听由经济广播为您送出的股林大会证券实盘操作大赛月冠军赛的特别节目华山论剑，我是本次股林大会的主持人史威。 **女**：大家好，我是蔡佳。这次股林大会证券实盘操作大赛是由安徽经济广播主办，省内23家证券营业部来共同协办的，那么这次股林大会和平常的比赛有一些不同的地方，就是咱们分为3个比赛单元分别是拳脚、内功和暗器。 **男**：哦，这个比赛环节听起来是刀光剑影、血雨腥风，不过所谓股市如江湖，这个股林高手行走江湖的时候也要有一身的好武艺呀，比如说拳脚，拳脚指的就是在市场操作当中实际的收益率，这个可是成为股林高手的必要条件，那么在今天将会有4位股林高手走进我们的节目，华山论剑争夺股林盟主的称号，当然他们也都是在第一个环节拳脚比拼当中收益率遥遥领先的大侠级人物，今天主要是比试内功和暗器。 **女**：来为大家介绍一下这个内功呀，咱们比拼的就是操作理念，而这个暗器呢，咱们比拼的是对后市的研判，至于最后谁能够成为股林盟主则是由咱们的听众朋友所决定的。 **男**：哎呀，这个决定权在你们的手中啊，也就是说综合3个比赛的考量，你认为谁理念最有参考价值，那他就应该成为股林盟主，那么你就可以飞鸽传书告诉我们。 **女**：没错，那么咱飞鸽传书的方式也非常简单，您可以编辑数字61530加上您支持的那位股林高手的名字发送到10629100971，史威咱们说了那么多，还是先来认识下这4位股林高手。 **女**：哎呀，我觉得这4位高手都是非常有个性呀，而且都非常有实力。 **男**：那是必须的，接下来就要进入比内功的环节啦。 **女**：唉，这个比内功呀，就是比操盘理念。 **男**：对，其实这个操盘理念特别的重要，这是决定收益率的一个内在因素。 **女**：对。 **男**：我觉得呢，一个好的理念是克敌制胜的关键。 **女**：天呐，我真是大开眼界，不愧为内功心法，连太极图都有了。 **男**：喔，我觉得江南布衣的这个理论确实还有意思啊，从这个太极图当中演变出来这种炒股的理论，不过我觉得其他高手的内功心法也还是很有特色的。 **女**：对。 **男**：反正我听了以后感觉是茅塞顿开呀，打开了任督二脉的感觉。	播放音频	听讲、观摩

（续表）

教学环节	教　学　内　容	教师活动	学生活动
新课讲解	**女**：嗯，咱们暗器的比拼就是比各位对于后市的研判了，那么咱们再来试一试这4位高手的暗器功夫到底如何。 **男**：各位听众朋友，欢迎回到我们的节目当中，我是史威。 **女**：大家好，我是蔡佳，在这里还是要提醒一下各位听众朋友，所有的嘉宾观点只是仅供参考的，有一句老话：股市有风险，投资须谨慎。 **男**：主持人史威和佳佳非常感谢各位的收听。 **女**：再见！ **男**：再见！ 八、主持技巧 （一）语言通俗易懂，生动简练 生活服务类节目的主要传播对象是老百姓，并且这一类节目受众在收听收看节目时往往是伴随性的，所以应采用最容易让老百姓听懂的词汇来传达节目的信息。另外，要多用打比方的方式来解释信息中一些普通受众难以接收的信息，比如：在一档环保节目中，介绍了过多地使用洗衣粉会造成极大的污染，通过一系列数据来说明多少水中放了多少洗衣粉达到了一个百分比后所造成的污染有多么严重，对于这些数据，老百姓并不能直观地感受到，也就没有起到提醒老百姓注意的目的，这时主持人打了这样一个比方：“您可以设想一下，在一个普通的鱼缸中，放入四分之一块透明皂，鱼缸里的鱼将是怎样的后果？”鱼缸和透明皂都是生活中比较常见的物品，这样受众的联想就能辅助这些数字把信息接收到了。 对于地方台的节目主持人来说，适当地使用当地的方言中一些使用频率比较高的词汇，往往有利于信息的传递。比如，在山西方言中，把由于疲劳引发的肌肉紧张称为“困”，那么在一些健康服务类节目中，出现了这种情况时，使用了“困”这个词，就会引起曾经出现过这种状况的受众的注意，从而对下面的节目更加关注。 （二）语调亲切自然、轻松幽默 生活服务类节目主持人应该抱有这样的心态来主持节目：你的受众是你的一个朋友或者一个邻居，他现在遇到了一个生活中的小问题，你恰恰知道这个问题的答案，所以你们聊了起来。 这样的语言感觉是最容易为人所接受的，在生活服务类节目中切忌“念稿子”“播音腔”的主持人，这种生硬的语调会让人感觉到不真实，不亲切，就像你向邻居问了一个很简单的生活中的小问题，虽然邻居帮你解决了，但是解决的过程中却一直板着面孔，这样你即便得到了答案，心里也不会太舒服。 在这里需要强调的是，很多主持人在主持节目时是带着稿子进直播间的，明明是“念”，却要装出“说”的状态。这种不真实的状态	讲解	笔记

（续表）

教学环节	教 学 内 容	教师活动	学生活动
新课讲解	更会让受众感到反感，作为一个主持人应该把所掌握的信息转化成自己的话来告诉给受众，这样才能让受众感受到主持人的真实存在，如果节目当中出现了一段科学性比较强，要求比较严格，或者是数据比较多的文字，那么就不如真正地念给受众，就像在给朋友念书上的一小段文章一样，这样更利于受众的接受。 另外，受众在收听收看生活服务类节目时的心情一般是轻松的，所以在这种情况下主持人也应该以轻松的状态为受众主持，语言上最好是幽默的。这里要注意的是，幽默不同于搞笑，从大方面说，它可以是一个人的生活态度，具体到节目主持方面说，它是一种利用文学中的“陌生化”原则，打乱日常的语言习惯，从而得到强烈的倒错效果，以吸引人的注意。尤其，我们甚至可以说，幽默是各个类型节目主持人所必备的素质。 （三）交流真诚，以心换心 节目主持人虽然不代表个人，但是所依托的是个人，包括个人的形象、声音、个性甚至生活经历等方面。现在的节目越来越朝着人性化、人文化的方向发展。所以主持人在节目主持过程中虽然代表的是群体观点，但是个人存在的真实性也同样重要。 中央电视台节目主持人张悦在《为您服务》节目中，从观众的来信讲到了关于家庭感情危机的问题，她就坦诚地谈他到了自己的夫妻生活经历，借此来劝导青年夫妻之间要恩爱敬重，并涉及如何对待自己的工作和生活。她的自我介人，使表述更具有交流感。 “……我觉得，一个人想在学习和工作中取得成绩，除了领导的支持、朋友的关心、个人的努力以外，爱人的支持和帮助也是十分可贵的。因为这是最直接、最实在的支持。我没有上过大学，我是通过艰苦的自学取得大学学历的。在我自学的那段时间里，每天晚饭以后，我爱人怕孩子吵我，常常把孩子带出去，把晚饭后的黄金时间，包括我们狭小居室中唯一的一张写字台让给我。现在，我已经完成了大专学历，这里边有他一份实实在在的功劳。我想我把我的座右铭告诉你们，希望对你们有些帮助：莫叹生不逢时，贵在奋斗不息！……” 这种自我介人的主持方式一下子就拉近了主持人和受众的距离，让人觉得主持人是自己可信的实际存在的一个朋友。	讲授	听讲、笔记
	示例 5 **北京交通广播《百姓 Taxi》** **主持人李阳**：各位亲爱的的士司机师傅们路上辛苦了，我是李阳，欢迎收听百姓 Taxi。今天呢是星期六，我们会连续两期为你送上“的士	播放音频	观摩、分析

（续表）

教学环节	教　学　内　容	教师活动	学生活动
新课讲解	一家亲”周末特别节目，这春节呢是一天一天临近了，在节日当中我们送上的祝福其中有一大块内容就是恭喜发财呀，所以呢咱们这个特别节目的主题也和恭喜发财、祝您发财有关。 **主持人李阳：**今天呢轮到了马铎师傅和我搭档了。马师傅好！ **马师傅：**李阳好，收音机前的的哥、的姐大家好！ **主持人李阳：**现在我问问马师傅啊，我知道您最爱理财了。 **马师傅：**嗯，对。我之前做过这个节目，我说我攒外币。 **主持人李阳：**对，而且您站在咱们大多数的司机师傅在平常运营过程当中有没有这个理财呀、存钱呀的意识呢？ **马师傅：**我听说有很多司机他们到机场去排队都带着笔记本儿。 **主持人李阳：**理财？ **马师傅：**他们在理财、在关注股市行情。 **主持人李阳：**哦，那这也是能多挣钱的一个方法。 **马师傅：**也是一种办法吧。 **主持人李阳：**但是，我觉得毕竟这是凤毛麟角少数的士司机师傅，像您似的。 **马师傅：**嗯。 **主持人李阳：**是吧，大多数咱的哥、的姐呢，可能还没有说咱家也没有那么多财可能是。 **马师傅：**其实应该意识到这一点了。 **主持人李阳：**对，所以在今天节目时间当中咱们就请所有的士司机师傅留意，今儿啊我跟马师傅就给您请来了一位非常优秀的年轻的理财师。 **马师傅：**专业理财师。 **主持人李阳：**教咱们司机师傅把咱们挣的这点辛苦钱都理好喽！ **马师傅：**怎么让它钱生钱。 **主持人李阳：**我们这位嘉宾呢，是来自于建行北京分行的理财师吴雪正，欢迎小吴。 **吴先生：**大家好！我是建行的理财师吴雪正，今天非常高兴能够进行咱们这么一个特殊话题的节目。 **主持人李阳：**嗯，小吴你有没有一点压力啊，我们十万的士司机师傅家庭这个钱生钱的担子就交在你身上了。 **吴先生：**哪有压力呀，是一点压力都没有。 **主持人李阳：**没有呀！ **吴先生：**对呀！ **主持人李阳：**我们这么多的司机师傅如果通过你一会给大家讲理财，回去我们照着去做，这钱没生出钱来或越理越少了，你没压力呀？ **吴先生：**一会我给大家解释之后呀，大家可能就觉得要如果在座的各位是我的话也没有压力了。	播放音频	观摩、分析

（续表）

教学环节	教 学 内 容	教师活动	学生活动
新课讲解	**主持人李阳：** 太好了。那马师傅咱们既然说到了这个理财我不知道有多少的士司机师傅想过这个概念？ **吴先生：** 嗯。 **主持人李阳：** 小吴你先给我们说一个，就是从你专业的角度告诉我们什么叫理财。 **吴先生：** 理财这俩字啊，也就是最近五六年咱们老百姓街头巷尾开始聊起来了，这理财两个字啊，我是这么理解的，“理”就是合理地打理财富，这里有两个意思，第一是合理，你不能够不讲科学地随便，对吧。这个打理呢，是指你不用这个钱或者你不理财的话，钱本身是没有任何的变化的。第二打理财富，这个财呀不仅仅是钱的意思，为什么呢，一提到财富你就想钱只是财富的一部分，包括你手里的现金、存款甚至说你住的房子。财富的形式现在已经越来越广了。 **主持人李阳：** ……什么的，是吧。现在这个财富不仅仅是我们直观上的钱，还有更广泛的含义了。 **吴先生：** 对，甚至说在我们这个行业现在有一个新的领域，这财呀不仅包括咱们有形的，就是你看得见摸得着的钱、房子，也包括你自己的个人的身体。 **主持人李阳：** 哎，咱们不有那么一句老话吗，马师傅这您知道，您是开车 30 年的老的哥，您受党教育这么多年，什么是本钱来的？ **马师傅：** 身体是革命的本钱。 **主持人李阳：** 是革命的本钱。 **吴先生：** 没错，所以就是说在我们这个领域呀，理财的含义说简单也简单，但是你往复杂了说呢也复杂，我们这个行业就是要把这个大家觉得简单的事情尽量地想得更详细一些，然后再给大家解释清楚，那么大家再做理财的时候就有目的了，理财本来是一个轻松的事情。 **主持人李阳：** 我还听到过那么一句话，说到这个理财就说这个你不理财财不理你。 **马师傅：** 对。 **主持人李阳：** 这个就能够反映出小吴刚才说的那个“打理”的这个环儿，就是你不去打理它，你不去理它，就是有这么一些财富它也不会再有什么变化。 **吴先生：** 对，之所以大家对理财感兴趣呀，我觉得另外一个原因也是被动的，因为像咱们父母都是 50 年代初生人，那一代的人呀，大部分都是只认银行。 **主持人李阳：** 没财可理吧。 **吴先生：** 一方面就是有点钱就存起来了。 **主持人李阳：** 存钱。 **吴先生：** 但是他呢又不花，总觉得将来存成一大笔的时候是个钱，比如说吧，你日常的开销啊，坦诚来讲一个月比如 5000 元就够了，但是你从来不理财我家里活期卡上永远存着比如 10000 钱。	音频播放	观摩、思考

（续表）

教学环节	教　学　内　容	教师活动	学生活动
讲授新课	**马师傅：** 嗯。 **吴先生：** 那你说多余那5000块钱是不是就浪费了？ **主持人李阳：** 嗯。 **吴先生：** 理财，我们叫精明理财嘛。并不是说咱们要每个钱子每个钱子，一分钱掰成两分钱花，但是也不能说富裕着就富裕着了。 **主持人李阳：** 嗯。 **吴先生：** 合理地打理财富。 **主持人李阳：** 对，所以一呢咱们不能让它倒金字塔，马师傅咱俩都是反面教材了。 **马师傅：** 嗯，对。 **主持人李阳：** 二呢，也不能像我这个完全是摊在一块，一盘散沙。 **马师傅：** 对。 **主持人李阳：** 您呢是慢慢挣你的金字塔，我呢是慢慢搭起来金字塔。 **主持人李阳：** 各位亲爱的的士司机师傅们听到这儿呢，我和马铎师傅都找到了我们该从哪儿着手做起，您家里边的理财是处在哪样的一个环节当中，是怎样的一种状况呢？不管怎样希望通过我们的周末特别节目呢，给我们的的士司机师傅打理自己的财富带去一些好的方法和思维，在明天的节目时间当中还有更多关于家庭理财的常识要您共同分享，同时呢吴雪正还要给马铎师傅的家庭量身制定理财计划。好了《百姓 Taxi》今天的节目就到这里，最后的时间呢送给你一个喜庆的歌曲，既然说到了理财，那么就送给您《恭喜发财》……	穿插讲解	
	示例6 **安徽台服务类节目《果壳时间》** **女：** 剥开层层外壳，寻找科学真相。大家好，欢迎收听《果壳时间》，我是主持人海宁，请出我的搭档虚拟主播果壳仔，它是一位爱思考、爱提问的热心肠，就是偶尔有点犯迷糊。 **男：** 大家好！我是果壳仔，生活当中我们总会有很多很多想不明白的问题。《果壳时间》会从科普的角度与你一起寻找正确答案。 **女：** 绿豆为何不能包治百病？盐究竟需不需要囤积？一包奶真的不如白开水吗？手机辐射会不会致命？四处传播的流言我们该不该相信？ **男：** 拨开层层外壳，寻找科学真相。流言粉碎机。 **女：** 唉，老张今天没开车，上车吧！捎你一程！ **男：** 好啊！谢谢啊！唉，天，太热，你看我这一身汗。 **女：** 嗯，来喝瓶水解解暑。 **男：** 哎哟！ **女：** 怎么啦！ **男：** 唉——哟哟哟哟—— **女：** 怎么了老张，你中暑啦！ **男：** 去去去——你还不知道，在车里放热了的水不能喝！	播放音频	观摩、听讲

（续表）

教学环节	教学内容	教师活动	学生活动
讲授新课	**女**：这水怎么了！ **男**：我问你呀，塑化剂知不知道？ **女**：听说过，怎么啦！ **男**：你看，咱们拿这打火机烧这瓶子，变热了吧！热能遇到塑胶瓶子就会发生化学反应。而且，就会产生致癌物质。 **女**：啊！这车里的热水我没少喝！太恐怖了，真的吗？ **女**：刚才的对话听着真的很耳熟，塑化剂是大家关注的焦点，所以现在真的有这么一个说法在民间流传，我们今天的话题就是车内的瓶装水到底安不安全，果壳仔你说呢！ **男**：肯定不安全喽，据说，这个消息来自美国的约翰霍普金斯大学，这可是名校，很权威的嘞！ **女**：可是根据仔细地求证，消息最早是流传在2007的夏天，一封来自美国的电子邮件。翻译过来以后有各种版本，其中有个版本就宣称这个消息是来自约翰霍普金斯大学，人家发表声明说根本没这回事！ **男**：这是个谣传吗？那么到底有没有权威机构对这件事情进行调查？ **女**：当然有了！但这类邮件在北美流传的时候，国际瓶装水协会和美国食品药品管理局都发表了相应的声明，他们解释了塑料瓶在多种环境条件下都是安全的！ **男**：那如果车里的水天天都在六七十度的高温环境，就算是日积月累都没有潜在的危害吗？ **女**：其实2003瑞士的科学家就这种情况特意做过实验了，最终结果表明如果长期持续地喝这种水，致癌的风险分别是十亿分之一点六和千万分之二点八，也就是说完全可以忽略不计，所以说我们的结论就是：目前所有的科学研究结果表明，符合质量标志的PT瓶子，即使在夏天高温的汽车里，不会发生分解反应，是安全的。 **女**：好了，剥开层层外壳，寻找科学真相。结束今天的流言粉碎机，休息一下听听我们特别制作翻唱的主题歌曲。稍后进入今天的所有人问所有人。 4.“鸡肋”型节目 商业类型的节目——医疗健康类及广告，原因： （1）经济利益主导：50%～70%。 （2）广播的亲和作用：不收费的门诊、方便了老年听众、私人医疗机构。	播放音频	观摩、听讲
	示例7 **《养生之道》** **女**：人生最宝贵的是什么？ **男**：生命。 **女**：生命最珍贵的是什么？ **男**：健康。	播放音频	观摩、听讲

（续表）

教学环节	教　学　内　容	教师活动	学生活动
讲授新课	**女：** 健康最可贵的是什么？ **男：** 养生。 **男：** 善养生者，上养神智中养形态下养筋骨。这其中奥妙尽在养生之道。 **男：** 早上好啊！听众朋友。欢迎您收听我们这一期的《养生之道》节目，我是周杰。那么首先还是那句老话，祝愿大家今天一天工作生活一切顺利。好，看看我们今天的小提示有哪些内容。 身上痒啊，人们常常觉得是不爱干净闹的，其实这个痒呢，也是身体有些不适的一种表现。甚至呢有时候还是某些体内恶性肿瘤的外在表现。哎，这可不是耸人听闻啊，因为国外的医学界有这样的阐述，说痒呢与内脏的恶性肿瘤的关系是密切的。那么原因目前还不明，专家推测可能是肿瘤的组织细胞产生的阻碍及生物活性的物质，这些物质随着血液循环到达皮肤以后，刺激皮肤感觉神经末梢，引起不同程度的皮肤瘙痒。尤其以发病的初期表现得特别明显，数据显示以16％～30％的患有恶性淋巴瘤的老年人，25％的生殖器官的肿瘤病人。25％～60％患有癌症的老年女性，50％的职场恶性肿瘤患者会出现不同程度的皮肤瘙痒。那么由于癌症所导致的痒与一般的痒是有区别的。它的特点是平时没有瘙痒史而且突然发生顽固性的全身痒，皮肤的表面一般没有发生什么变化，就是难以忍受的巨痒，与气候变化无关，用任何的止痒药物都没有什么效果，而局部性的瘙痒有时候能提示临近部位出现的肿瘤。比如说外阴部瘙痒的常见于子宫颈癌，肛周瘙痒的提示肠癌，鼻孔壁的瘙痒可能是脑瘤，但是瘙痒严重程度及其持续的时间与肿瘤是没有什么关系的，因此对于皮肤原因不明的持久性瘙痒不能一抓了事，应该尽早查明。及时诊治尤其是以前没有患过皮肤病的人在没有药物过敏啊食物过敏啊，在没有其他因素刺激的时候，突然发生持续的剧烈的皮肤瘙痒的时候应该马上去医院检查，排除疾病的可能以免耽误病情。 **女：** 年轻人说养生啊那是年纪大的人事，离我们还远着呢。健康人说养生那是病人的事跟我有什么关系。成功人士说养生那是闲人的事我没时间。专家说今日不养生明日必养病。我们如果输了健康那么赢了世界又能怎样。 **男：** 听众朋友民间有句谚语叫作“上床萝卜下床姜，不劳医生开药方”，意思就是清早下床的时候吃点生姜，晚上上床前呢咱们吃点萝卜有益于健康。为什么姜和萝卜要在一天不同的时间进食呢？这是由于它们不同的性质决定的。生姜呢是我们日常生活中一道重要的调味品，无论是蒸鱼做菜或者是调味佐料，生姜绝对是桌上一味。它的辛辣滋味既可以去腥味、去膻味又可以将自己的特殊气味渗入菜肴当中，使之鲜美可口。由于萝卜性凉败火清热夏季消食，劳累一天了吃点萝卜润喉消食，清虚燥之热，有利于睡眠质量的提高，因此咱们晚上可以吃点萝卜。	播放音频	观摩、听讲

（续表）

教学环节	教　学　内　容	教师活动	学生活动
新课 讲解	**男：**热心听众赵姐告诉我们说妙用冷水又有一种绝招。①就是茄子土豆等蔬菜切后您浸于冷水当中可以防止氧化变色；②炒肉丝或炒肉片时加少许的冷水可以弥补肉类水分的丢失，必备番茄炒好的肉是非常的鲜嫩可口；③煮牛奶前先用冷水湿一下锅再倒奶牛奶煮开以后不易粘锅底；④在煎荷包蛋的时候你在蛋的四周您洒几滴冷水煎出来的蛋特别鲜嫩。炒鸡蛋的时候，这个蛋液呢混点冷水，炒出来的蛋是松软可口。做蛋汤的汤液您加点冷水给它搅匀了做出来的蛋汤呢是清爽可口的。好，听众朋友我们今天的养生之道节目就到这里了，我是周杰，请您继续收听下面的《新闻和报纸摘要》节目。 “鸡肋”型节目的危害： （1）节目风格很难统一，电台整体形象坍塌。 （2）干扰其他节目正常秩序。 （3）信息失真：嘉宾身份难辨医托 九、生活服务类节目主持人的素质 （一）复合型的知识结构 生活服务类节目包罗万象，主持人应该是一个杂家。主持人需要具有广博的知识并对生活中的各个方面有一定程度的涉猎，从而应对在节目当中出现的各种各样的受众的信息需求。 （二）丰富的生活阅历和人生感悟 生活服务类节目在满足受众知识信息需要的同时，也要满足人们的情感需要。 （三）自觉的服务意识 （1）主持人是信息知识的传递者。 （2）把受众的需要作为自己制作主持节目的准绳。 （3）在节目内容上要时刻了解受众的实际情况。 十、信息服务类节目主持的特点 （一）语言通俗易懂，生动简练 生活服务类节目的主要传播对象是老百姓，并且这一类节目受众在收听收看节目时往往是伴随性的，所以应采用最容易让老百姓听懂的词汇来传达节目的信息。 （二）语调亲切自然、轻松幽默 在信息服务类节目中切忌“念稿子”，而是应该把所掌握的信息转化成自己的话来告诉给受众，这样才能让受众感受到主持人的真实存在。 （三）交流真诚，以心换心 现今的广播节目正朝着人文化、人性化的方向发展，这给了节目主持人一个个性展示的巨大空间。	讲解	笔记

（续表）

教学环节	教学内容	教师活动	学生活动
新课讲解	十一、信息服务类节目主持人的风格 （一）平和、亲近、自然 一个受欢迎的服务类栏目往往也离不开一个受欢迎的节目主持人。生活服务类节目主持人比新闻、文艺等节目主持人在节目中的参与程度更高，有时他要与嘉宾展开交谈，有时要亲自操作演示，有时甚至要作为角色进入表演情节当中。这就要求生活服务类节目主持人既要有较高的主持才智，又要有一定的表演才能，同时他还应是一个性格开朗、和蔼可亲、善解人意的心理专家，在节目中能娓娓道来，把一些琐碎的生活条理化、系统化、知识化，将自身情感恰如其分、不温不火地揉进字里行间，在潜移默化中给受众以无穷回味。但是，目前许多主持人，还不大善于主持此类节目，常常是言不由衷，面孔生硬，呆板，好像不是在主持节目，而是在背词，缺乏交流，没有感情，与服务类节目宗旨背道而驰，令人望而却步，改“频”换“道”。因此，这就要求服务类节目的主持人不断提高自身素质及驾驭节目的能力，用渊博的知识、精辟的见解、机智的谈吐，在观众心目中树立自己的形象和地位，做观众的知心朋友。所以，我们一方面要求编导在主持词写作上要注意口语化、生活化，另一方面要求主持人，尽量多参与节目的前期策划、制作工作，力争做到从语言到服饰化妆都与整期节目风格相吻合，做到不温不火，不土不洋，不游不离，平和、亲近、自然。使观众在不知不觉中认可你，喜欢你，成为他们中的一员。 随着我国媒体观念水平的提高，栏目品牌化、主持人明星化成为很多广播电视媒体节目制作的理念。在这种理念的指引下，主持人的个性化尤为重要。但是，个性转化为自身的一种风格，需要主持人进一步加深自己的文化素质，而不是在形式上追求个性，通过古怪的强调、另类的着装、奇异的发型来突显“个性”，这样的“个性”是不能够转化为风格的。 （二）幽默元素、娱乐倾向 生活服务类节目主持人应该抱有这样的心态来主持节目：你的受众是你的一个朋友或者一个邻居，他现在遇到了一个生活中的小问题，你恰恰知道这个问题的答案。 这样的语言感觉是最容易为人所接受的，在生活服务类节目中切忌“念稿子”、“播音腔”的主持人，这种生硬的语调会让人感觉到不真实，不亲切。 在这里需要强调的是，很多主持人在主持节目时是带着稿子进直播间的，明明是“念”，却要装出“说”的状态。这种不真实的状态更会让受众感到反感，作为一个主持人应该把所掌握的信息转化成自己的话来告诉给受众，这样才能让受众感受到主持人的真实存在，如	讲授	听讲、笔记

（续表）

教学环节	教 学 内 容	教师活动	学生活动
讨论 分析 总结	果节目当中出现了一段科学性比较强，要求比较严格，或者是数据比较多的文字，那么就不如真正的念给受众，就像在给朋友念书上的一小段文章一样，这样更利于受众的接受。 另外，受众在收听收看生活服务类节目时的心情一般是轻松的，所以在这种情况下主持人也应该以轻松的状态为受众主持，语言上最好是幽默的。这里要注意的是，幽默不同于搞笑，从大方面说，它可以是一个人的生活态度，从具体到节目主持方面说，它是一种利用文学中的“陌生化”原则，打乱日常的语言习惯，从而得到强烈的倒错效果，以吸引人的注意。尤其，我们甚至可以说，幽默是各个类型节目主持人所必备的素质。 作业：模拟主持一档广播服务类节目。要求：时长 5 分钟，有策划及创作文案	布置项目作业	独立完成项目作业

项目四

广播谈话类节目主持

项目教学教案

广播谈话类节目主持项目教学设计

<table>
<tr><td>项目教学名称</td><td colspan="3">广播谈话类节目主持</td></tr>
<tr><td>项目教学
建议课时</td><td>8 课时</td><td>项目教学
时间安排</td><td>理论讲授学时：2 节
实践学时：6 节</td></tr>
<tr><td rowspan="2">项目教学目标</td><td>知识目标</td><td colspan="2">通过学习使学生了解谈话节目的形态及特点，并在实践中逐渐掌握谈话节目的主持艺术</td></tr>
<tr><td>能力目标</td><td colspan="2">选题及驾驭节目进程的能力
访问语言应变能力</td></tr>
<tr><td>项目教学任务</td><td colspan="3">1. 谈话节目概述
2. 谈话节目的流变
3. 谈话节目的主持艺术
4. 谈话节目主持应规避的误区</td></tr>
<tr><td>课前准备
（设备、器材等）</td><td colspan="3">教程教案、多媒体设备、PPT 课件、广播谈话节目主持音频案例；录音软件、硬件设备</td></tr>
<tr><td>备注</td><td colspan="3"></td></tr>
</table>

广播谈话类节目主持

教学环节	教　学　内　容	教师活动	学生活动
引入 新授	**课程内容提要** 1. 谈话类节目——概念；分类；背景 2. 主持人角色定位及特色 3. 谈话类节目关键环节 4. 主持人听说原则 5. 主持素质及主持技巧（操控驾驭） 6. 主体节目类型：情感节目 7. 关于语言个性及注意事项	讲授、演示多媒体	回答观察、思考
新课 讲授	**教程具体内容** 一、概念 谈话节目在国外被称为：Talk Show（舶来品）。 广播节目主持人与嘉宾、听众之间的以思想观念、感情心理的深层交流为目的的双向交流节目。 二、分类 （按内容分） 1. 新闻与时事政治谈话节目 2. 心理自助与探索的话题 3. 体育话题 4. 流行与时尚话题 5. 成功和财富的话题 6. 精神生活的话题 7. 夜晚和深夜的娱乐话题 8. 话题讨论 （按表现形式分） 1. 交谈式 2. 访谈式 3. 论辩式 4. 综合式 三、产生的背景 1. 多元文化的态势的形成（“文革”前是单元的）。 2. 社会需要（困惑与压力）：交流、了解、沟通、倾诉、宣泄、慰藉。 谈话节目的界定：由主持人邀集有关人士及受众，围绕公众普遍关注的重要问题，在轻松和谐平等民主的氛围中展开讨论的群言式言论节目。	引导点评 讲授、演示多媒体	观察、思考、笔记

（续表）

教学环节	教学内容	教师活动	学生活动
新课讲解	3. 谈话节目的人员构成：a. 主持人（是谈话节目的具体组织者，如果没有主持人的现场组织协调，群龙无首，七嘴八舌，东一榔头西一棒了，混乱无序的状态自然不成节目）；b. 有关人士（是指与讨论话题有关的人事，或是有研究有见解的具有权威性的嘉宾，或是有代表性典型意义的嘉宾），邀请的嘉宾不论职位高低职业差异。 4. 选择有意义的主题：谈话节目选题正确就有了一半的成功。话题范围广泛，虽然它的方向色彩不同，但都是严肃的，与国家老百姓的利益是息息相关的，而不是无聊的闲言碎语。选题的原则为：重要性、普遍性、热点性和永恒性。可以通俗地概括为，群众关心的领导重视的有普遍意义。根据经验得出的结论与我们的认识在思路上、逻辑上有相同之处，他们认为一个有意义的选题须具备三个条件：a. 其表述的生活观点是重要的；b. 应对尽量多的人有意义；c. 人们能共同感悟的健全永恒的话题。 如果说，谈话节目的选题原则规定了选题方向、范围，那么选题支点的寻找，即选题的具体性、贴近性和可操作性则是更为关键的一步。好的话题在可操作性上要同时具备两个特点，一是普通人能以自己的经验为基础发表见解；二是足以引起专家学者的参与兴趣，换句话说就是浅易性与深刻性的巧妙结合。 5. 轻松和谐、民主平等的谈话氛围是谈话节目的标志性特色。被语言学界称为世界学术水平的专著《剑桥语言百科全书》的作者，英国语言学家戴维·克利斯特尔说："成功的交谈不是一场比赛，成功的交谈是一种相互满足的语言交际。除了争辩和辩论之类型的交谈外，谈话中不会有谁胜谁负的问题。" 谈话节目不论是什么样的话题，严肃也好、轻松也罢，公共话题也好、个案也罢，讨论的氛围一定是亲切平等的、循循善诱的，话语风格排斥抽象枯燥、沉闷空洞，提倡形象生动、鲜活充实，推崇风雅。 6. 谈话观点仁者见仁智者见智。并不强求有一个统一的观点，不同观点的阐发可以提供给思维以不同的角度、不同的层次、不同的判断标准、不同的侧重点、不同的价值取向，使人们以平和宽容的心态，以客观全面、发展辩证的眼光看问题。 **四、主持人的角色定位** 引出话题、介绍嘉宾，通过自己的临场发挥组织协调嘉宾、现场听众的谈话，展开节目主题，把握谈话基调，营造谈话现场的气氛等。 广播谈话类节目中最重要的就是人的要素。主要有：主持人、嘉宾和受众，其中，主持人最为关键，是谈话类节目的灵魂。相对于其他广播节目形式，谈话类节目给予节目主持人发挥的空间更大，也更利于主持人自身魅力的展现。	讲解、提问、分析	观察、思考、笔记 观察、思考、笔记

（续表）

教学环节	教　学　内　容	教师活动	学生活动
新课讲解	节目主持人在谈话节目中担任着至关重要的角色，他（她）要引出话题、介绍嘉宾，通过自己的临场发挥组织协调嘉宾、现场听众的谈话，展开节目主题，还要把握谈话基调，营造谈话现场的气氛等。在演播前，主持人必须同编辑、记者一起潜心研究有关资料。深入社会调查研究，精心设计、构思节目，并在准备过程中同参与谈话的嘉宾和现场受众交流切磋，相互沟通以达成默契。 作为电台谈话类节目的核心，主持人表现的好坏，往往决定了谈话类节目成功与否。胡正荣认为，一个成熟的节目应该具备如下三个条件：“一个是成熟的体制，成熟的机制，尤其谈话节目，要有一个谈话空间，没有一个非常发达的公共空间，谈话节目非常难做；第二要有一个成熟的主持人；第三要有成熟的受众，能接受各种不同的方式。现在受众尚未有更强的接受能力，更强的承受能力，更强的批判能力”。由此可见，在目前体制和受众都还未成熟的前提下，成熟的主持人便成为提高节目成熟度的唯一道路。谈话类节目的主持人成熟的关键就是提高自身的素质。 **五、谈话节目特色** 1. 真实可信，感染力强 2. 方便、平等地参与 3. 突出交流与互动 4. 风险难测 **六、谈话节目的关键环节** 1. 话题选择：恰当（注意导向） 2. 嘉宾选择：合适 包括选择适当的谈话对象（三个原则）： （1）选择与节目主题相关联的人士。 （2）谈话对象要有一定的学识修养。 （3）谈话对象的表达要到位，清晰无误。 主持人要调整姿态、在平等和谐中交流。 3. 主持驾驭：起、承、转、合 **七、主持人的听说原则** （一）学会倾听 这是谈话类节目主持人的基本功，倾听有两点好处：a. 传递出尊重对方、对他的谈话有兴趣的信息。b. 听的心理活动并非被动的接收信息。在听的过程中一要迅速对信息做出判断，观点情感；二要对其话语内容走向作出预测，能够听到发论句，预测后续句；三要在瞬间决定自己接应的语言对策。只有认真听，主持人才能准确理解对方的观点并迅速做出反应，不露痕迹地把主体步步引向深处。	讲授	听讲、笔记

（续表）

教学环节	教　学　内　容	教师活动	学生活动
新课讲解	安徽广播电视台主持人李娜在主持新闻访谈节目期间，曾采访过许多不同领域、身份的嘉宾，深切感到“倾听”对做好节目的重要性。如一次采访原省卫生厅厅长，省政协教科文卫体委员会主任戴光强，谈的是“药价虚高”问题，一个老生常谈却一时难以破解的医疗顽症。由于是日播节目，准备时间仓促，对资料的收集甚为有限，好在戴光强是位很好的采访对象，情况熟悉、表达简练、思路清晰，节目开始前半个小时她向他简单介绍了节目流程和谈话主题，然后就倾听他和编辑交流，从中了解他的思想脉络以及“药价虚高”的一些原因。她把每次在直播前这样的“倾听”视为为自己“补课”的好机会！因为临近直播，嘉宾在这时的谈话大多和节目内容相关，而编辑也会刻意和她聊这样的话题。为了保持嘉宾做节目的新鲜感，她一般不会在直播前向嘉宾提问。直播开始后，在她的引导下，戴光强从药品的生产定价到流通再谈到销售，层层推进，解释得比较清楚，照这样下去，节目可以顺利结束。但她总觉得这期节目应该有亮点，作为曾主管卫生工作多年的官员，他应该知道更多“内幕”，如果在节目中讲出来，可以将“药价虚高”解析得更加透彻，同时，也可以提升节目的可听性。通过戴光强的介绍，我也很吃惊，出厂价仅几毛钱的抗生素到了医院摇身一变身价暴涨数百倍，以几十元的价格出售给病人。于是有了以下的对话： **主持人：**“既然医院的药贵，老百姓可以到药店去买啊。” **戴光强：**“有些医院的医生开处方用的大多是药品的学术名称，甚至是简称，病人根本看不懂。” **主持人：**“医院这样做合乎规定吗？” **戴光强：**“不合乎规定，但是没有人来约束他们。” **主持人：**“为什么这么重要的事情没有约束呢？” 顺着主持人的问话，戴光强讲到医院对药品的定价无人监管、医生开药的多少和奖金挂钩等一些医院内部体制不健全所导致“药价虚高”的原因。节目结束后不久，一位听了节目的省级老领导专门写信给戴光强建议把他在这次节目中的建议和观点整理成提案带到当年的全国两会上去。上述几个问题在策划时是没有准备的，正是在访谈过程中主持人认真倾听了嘉宾的谈话内容，发现了这一切入点并且追问下去，听众才有机会了解“药价虚高”的内幕。所以，一个睿智的谈话主持人，一定不要在节目中充当“口吐莲花”的道具，而应该首先学会倾听，引导嘉宾来表达他们的思想，因为嘉宾的话更有说服力。 （二）作为讨论组织者的“说” （1）主导和绿叶。 （2）关联准则：内容关联、整体关联、建立与参与者的关联。 （3）方式准则：通俗、简洁、有条理、提炼观点。 （4）营造氛围：真诚、得体、善于截留、给台阶下。 （5）谈话节目的语境。	讲授	听讲、笔记

（续表）

教学环节	教　学　内　容	教师活动	学生活动
新课讲解	（三）以大众传播为基础的听说关系 （1）听说关系在空间上是隔离的。 （2）非固定化的听说结构。 （四）主持人语言的特征 （1）语流的方向控制与说法的开放：有目的的、有效的语言。 （2）高级的独白、有预期性的独白：谈话节目的部分独白被排除在有听众反馈的环境之外。 （3）语言的个人风格与语言的功能风格相结合。 八、主持素质 善听、善言、善思、善控 九、主持技巧 1. 制造悬念：介绍精彩看点，抛出疑问、激起收听兴趣 2. 制造反常之举：添加“报料”制造气氛，个性语言 **示例1** **安徽音乐广播　《童谣夜话》** **主持人童谣** 安徽音乐广播，畅想895，童瑶夜话。（片头） **女主持人**：听众朋友们大家好，欢迎收听《童瑶夜话》，我是童瑶。又到了周末，我们的栏目是生活中的反转剧。换一种思维方式，换一种表达方式，你既能自己帮助自己，又能获得幸福，生活中的反转剧，我们先来听一段电话采访录音。 **男**：唉，我老婆太强势了。她之前八年感觉到幸福，那是因为我一直在迎合她。后来发生那个事，我承认反正都是我不对嘛。我也很后悔。所以她不管说什么，我都忍着。可是她总把离婚放在嘴上，我实在是受不了。昨天她又讲。我就只能说如果不想过就离婚算了。 **女主持人**：你是想放弃了吗？ **男**：如果再这样下去，说实话我可能就坚持不住了。 **女主持人**：说话的人叫王强，是上个礼拜四在节目当中给我打电话的那位谢女士的丈夫。那么他们之间到底发生了什么样的事呢？我们一起来回听一下上周四的节目录音。 **谢女士**：我和我爱人结婚都十年了，一直感情也都非常好，可是这两年哪，我们一直吵架，原因是他做了背叛我的事情，虽然只有一次，但是我不能原谅他。 **女主持人**：嗯。 **谢女士**：我想起来就很生气，我就和他吵跟他闹。结果昨天他就说不想过我们就离婚算了，所以我觉得很难过。	音频播放	观摩、思考

（续表）

教学环节	教　学　内　容	教师活动	学生活动
新课讲解	**女主持人：**那你现在是想选择分手吗？ **谢女士：**当然不是了。我对他还是很有感情的。前八年的生活可以说是对我百依百顺，所以那我就想不通为什么会这样现在。 **女主持人：**那你觉得人是不是不可以犯错？ **谢女士：**可以犯错啊。但他犯的这个错误是不可以原谅的。 **女主持人：**那既然不可以原谅，你为什么还要继续过呢？ **谢女士：**嗯……我…… **女主持人：**那既然继续过，为什么还不原谅呢？ **谢女士：**反正他做得再好，这次事情也把他的好给抹杀了。 **女主持人：**从表面看这段婚姻不愉快的原因是王强的错误。但其实谢女士喜欢控制一切的个性又导致了王强的压抑。就像叛逆的孩子总想反抗控制欲望强的父母一样。王强用出轨对谢女士进行了反抗。 **男主持人：**谢女士的固有思维：1. 老公是一定要听自己的；2. 婚姻是不能出现危机的；3. 以偏概全，老公犯了一个错就抹杀了之前老公所有的优点。谢女士应该调整成以下的合理想法：1. 婚姻不是谁听谁的，而应该相互尊重；2. 婚姻和人生一样，都会遇到挫折；3. 老公这次犯错，不代表他之前或今后都是坏人。 **女主持人：**接下来请大家收听我们编排的反转剧，你会发现换一种思维方式，换一种表达方式，整个世界就会变得不一样。这二位的婚姻状态也会有很大的反转。有请扮演者黑米，阿木。 （反转剧情即将开始） **扮演者女：**亲爱的，两年前发生的事情让我很受伤，反省之后我觉得自己也有做得不好的地方，如果不是我对你约束、控制太多，我想你也不会踏进别人的温柔之乡吧。 **扮演者男：**老婆，你这么说，我好惭愧。 **扮演者女：**其实除了这件事你还是对我挺好的。你看，我爸妈在外地，我生病住院的时候都是你一个人照顾我。 **扮演者男：**这些都是我应该做的。 **扮演者女：**还有还有，每次逛街我买什么你都舍得，但是对自己却很不舍得。 **扮演者男：**男人嘛，无所谓的。 **扮演者女：**我之所以总把离婚当歌唱，其实我是害怕你再做出这样的事。所以每天总让你在固定的时间打电话固定的时间回家，希望你能对我公开你的通话记录和短信内容。 **扮演者男：**原来你是因为没有安全感，我再发誓一遍，我肯定会对我们的家庭负责到底。 **扮演者女：**那你昨天还说要跟我离婚。	讲授	听讲、观摩

（续表）

<table>
<tr><th>教学环节</th><th>教　学　内　容</th><th>教师活动</th><th>学生活动</th></tr>
<tr><td rowspan="2">新课
讲解</td><td>扮演者男：其实对于这件事情，我一直没有郑重地给你道歉，今天这样，我真诚地给你说一声，对不起。
扮演者女：那你到底要不要离婚嘛？
扮演者男：老婆，其实我想说的是，你别闹了，咱们好好过不行吗？
扮演者女：嗯。下次，你再出现这种事情，我就睁只眼闭只眼。
扮演者男：啊，我说老婆，你这转变得也太快了一点吧。
扮演者女：我就睁只眼闭只眼枪毙了你。（嘿嘿嘿嘿嘿……）
女主持人：我们总是用固有的思维进行着生活。其实只要您乐意，放下一些看似有道理的却影响着生活质量的原则。那么，你就有可能会获得幸福。记住，人有多柔软就有多幸福。感谢收听。如果您也想反转自己的生活，请与我们联系，再见。
女：你天天这么晚回家。干脆死在外面算了。
女：老公，你晚回家，我好担心哦。</td><td>音频
播放</td><td></td></tr>
<tr><td>3. 提出尖锐问题：直接明确、切中要害
4. 制造有趣情节：善于调侃

十、主持人是谈话的实际组织者

谈话节目由主持人、打进热线的听众、现场观众、嘉宾及无数接收节目的受众，共同构成一个开放的、专注于说与听的言语场。在这个言语场中，主持人处于这样的地位：a. 于话题内容，他是节目意图的贯彻者，应清醒地把握话题的方向范围层次，对说话人进行引导，迅速地取舍谈话内容，要控制节奏掌握时间。主持人是言语场中多向交流的协调调度者，一方面要充分发挥各位嘉宾的作用，不能厚此薄彼，注意意见相反或观点相近的嘉宾，使之相互补充配合，另一方面要在受众与嘉宾之间建立关系架设桥梁，不能让现场的观众当摆设，有时还要代表受众向嘉宾提出问题。b. 于谈话氛围，主持人是激发情绪的调动者，要调动所有参与者的积极性，活跃气氛，保持参与者的谈话兴趣和合作关系，此外因观点的冲突、情绪的激动引起的对立、失控，要由主持人协调和扭转。
由此可见，主持人在谈话节目中无可争议地处在主导地位，享有控制权、决定权、主动权，起着组织引导话题，穿针引线，承上启下，驾驭节目的灵魂作用。面对不可预知性的决断是个人的风格魅力，也是谈话节目成功的决定性因素
应处理好几对关系：① 主持人与创作群体；② 主持人与参与者（嘉宾、现场观众、打热线的听众）；③ 个性风格与传播目的。</td><td>讲授</td><td>听讲</td></tr>
</table>

（续表）

教学环节	教　学　内　容	教师活动	学生活动
新课讲授	**示例2** **北京台　爱家广播《男人女人一台戏》** 著名心理医生雷鸣、白艳怡、胡登、石岗、尹蒲，资深情感顾问庄庆阳、朱一文、唐曾磊。加入北京爱家广播《男人女人一台戏》你就能得到他们的全方位服务，我们的qq：8737609，我们的短信平台：10628821927，我们的地址：北京建外大街14号北京电台爱家广播《男人女人一台戏》，邮编：100022。（片头） 　　一勺沟通、二两恩爱、三片理解，包容成一锅小火慢炖的家庭和谐餐。麻辣家家、醋熘前院、酸儿辣女，男人女人一台戏。 **女：**春光春色元春意。 **男一：**虎将虎年扬虎威。 **女：**诶，在春节期间呐，还是要祝大家虎年顺心顺意顺势顺百意，而且还一帆风顺。 **男一：**祝大家乐意快意满意，而且还四海生意。 **女：**哎呀！真的是到了新的一年了，很多朋友呢觉得，过了一年我又大了一岁，但是面对事情的时候我们也应该更加成熟稳重一点。 **男一：**但是很多时候我们在父母的面前还是小儿女、小朋友，我们有的时候可能还会依赖我们的长辈。 **女：**嗯，说实话，这是我们对于长辈的一种习惯性的心理，因为从小到大都被保护了。但是这样的心理也会给我们新小家庭新的生活带来一些麻烦，为什么这么说呢？进入我们今天《男人女人一台戏》，“春节话家常之遥控小夫妻”。 　　温暖的家、浓浓的爱，家长里短总温馨，欢迎收听《男人女人一台戏》春节特别节目“春节话家常”。	播放音频	观摩、听讲
	本期主题遥控的小夫妻，本期嘉宾：雷鸣，北京晨辉心理咨询有限公司主任，长期担任中央电视台北京电视台以及各时尚杂志的心理特约专家，著有《郁闷》《说出我的秘密》等书。 **女，男一：**欢迎雷老师。 **男二：**大家好。 **女：**说到这个遥控小夫妻，雷老师你最先听到这个词的时候是什么样的感觉？ **男二：**俩吊线木偶凑一块过家家吧。 **女：**这个情况您觉得常见吗？ **男二：**常见，非常非常多。在我咨询的过程当中见到的太多了，就是两口子日子不是自己过，然后实际上是六个人以两个人的面目在过日子，那家伙，这小两口简直就像是棋盘上的车马炮一样，每天我将你的军然后我拱你的卒，很复杂的。 **女：**对，那像这种遥控的小夫妻，为什么会出现这样一种情况，是不是因为父母对于小朋友的这个或者他们眼中小朋友的这个婚姻生活或者说未来的发展道路过分关心？	分析、讲解	观摩、听讲

（续表）

教学环节	教 学 内 容	教师活动	学生活动
新课讲解	**男二**：你要说怪父母吧，也不合适。 **女**：自己也有原因。 **男二**：反正现在咱们老说这孩子课业重，确实是，因为现在这孩子成长起来，尤其现在结婚比较多的像80后吧，他们成长起来的岁月基本上是这样的，小学的时候课业还很重，中学的时候课业很重，好不容易到了大学课业很重，然后毕业之后找工作，工作压力很大，好不容易找到工作一天一天往上走，这样整个过程当中。我们教会了他们数理化，我们也教会了他们语文政治，我们也教会了他们历史外语，但是就没人教过他们怎么跟别人相处，而且他们又都是独生子女，在这种情况下，两个对感情完全没有概念的人，两个对每天朝夕相处完全没有概念的人，过去个个都以自我为中心的这么两个年轻人，他们凑在一起，他们会过日子吗？别说他们亲爹亲妈了，就连我在边上看着都替他们担心，他们真的会过吗？从来没学过，好不容易吧，在他十几岁的时候青涩的时候想恋爱一下吧，我们又给他冠上了某些带有道德意味的评价，然后一巴掌拍回去：你一定要好好学习，你怎么可以想这样的事情，等等等等。恋嘛没恋过学嘛没学过，然后两个人嘎嘣一下就结婚了。 **女**：然后遇到了很多现实的棘手的问题。 **男二**：你要说遇到了现实的棘手的问题吧，就是爹妈不放心，其实用不着爹妈不放心，在这种情况下，我见到的最多的情况就是俩孩子自己你想放心都不行，一扭头：爸——妈——我怎么办呐？ **女**：所以今天我们用两个角度来跟大家一起来互动，一是站在孩子的角度，一个呢是站在父母的角度。如果是站在孩子的角度，我们想问问大家，您能接受父母对你的生活过分干涉吗？或者说你能接受到大概一个什么样的程度，你觉得就够了。比如生活衣食住行，还是关于未来的发展，还有站在父母的角度，您是否会去干涉孩子的生活，您对孩子未来的生活把握您放心吗？古典音乐发烧友说：我们一结婚就跟父母分开过了，这样就不会有婆媳矛盾，而且呢，媳妇跟婆婆更亲了，看来这也是他的一招。 **男二**：我不知道佳佳你会不会下棋，那个我是多少年没下了，以前下围棋下得还不错，然后有时候经常看见那个胡同口有那个喜欢下棋的在一块下。 **男一**：那都是下象棋吧？ **男二**：不是，也有下围棋的。都说观棋不语真君子，我在旁边是咬牙切齿搓着手着急啊，这俩臭棋篓子你这么走不就完了，哎哟，憋得难受。当爹妈看到两个不会过日子的年轻人凑在一起过日子的时候，爹妈基本上就跟会下棋的看不会下棋的下棋那感觉差不多。忍不住就要插嘴，但是你插嘴吧，你要说这孩子没什么个性，你插嘴他就听也行，你给他支的招他还未必听得懂，他扭头就问你为什么啊，我不愿意那样，这时候这当爹的当妈的心里那叫一个敖涛，哎哟，这你都不懂，那孩子，为什么你要这样呢？你就比如说吧那个包括留私房钱这事，有的那个爹妈我就见过这样的父母，就给自己儿子出主意，你得留点私房钱，多少得留那么一点。	音频播放	观摩、听讲

（续表）

教学环节	教　学　内　容	教师活动	学生活动
新课讲授	**女**：这个女儿也听过妈妈说同样的话。 **男一**：她就防着他留私房钱。 **男二**：然后这小两口在一块这个要求留私房钱的这个吧就扭头一边留私房钱吧一边心存惭愧，因为他理解不了这是为什么，心存惭愧的过程当中装模作样你肯定就装不到那个极致，然后又被对方看出来然后对方再指责，一下这夹板气就出现了，对吧？然后你比如说那个，还有那样的父母叫自己的女儿，你得叫他干家务，不管再累你也得让他干家务，本来这当闺女的挺心疼自己丈夫的，为什么他那么累，家务我都干了呗，然后这当爹妈的就该说了，你要不让他干家务的话他省出那精力出去干点什么你知道吗，你要不让他干家务的话他的心就不能放在这个家庭你懂吗？这当女儿的问她为什么呢，为什么呢，为什么呢，这小沈阳就出现了。	分析、讲解	听讲、思考、笔记
	女：这就是有经验和没有经验之间的冲突。我们来看一个小的案例哈，这个案例当中的小夫妻呢，感受也是挺深刻的，关于父母对于自己的影响，以至于他们现在都不会自己生活了。 **男一**：老婆其他方面都挺好，就是太依赖父母。记得宝宝刚出生 3 天，在医院里，脸上突然出现许多小红点，知道我老婆的第一反应是什么吗？她居然说：哎哟，待会问问妈怎么回事吧？我当时就无语啦：老婆，你难道忘了这是在医院吗？那就找医生来看呐，现在结婚 4 年多，情况一直都是这样，什么事情都要岳父岳母做主，我倒不是爱做主的人，只是觉得作为一个妻子，一个母亲，都 30 出头的人了，怎么还不能学会独立呢？分析原因之一就是我岳母太爱管，大事小事都要管，时间久了把自己的女儿就弄成了这样的性格，我又不能说什么，怕引起家庭矛盾，所以问题就来了。 **女**：确实啊，这一对小夫妻的感受还是非常强烈的，因为这个在家庭里面，养成了一种习惯，以至于在医院里面他们都会习惯说要问一下妈妈怎么解决，而不会想到说我可以马上问身边的医生。 **男二**：挺多的，真的挺多的，这个父母啊什么时候能够信任自己的孩子，能够把自己的孩子当作一个成年人来信任？他必须能够看着这个孩子在行为上在思维上在经历上都很成熟了以后，才能够对这个孩子放心，能撒手，但我们今天的成长轨迹是不允许我们有这样的就是好比说我们想摔一跟头，我摔一串跟头，然后我爬起来以后我掸掸土，我能保证我以后摔跟头的频率很少了，这时候我的父亲母亲就可以对我放心了，那么现在的孩子有机会摔跟头吗？我觉得很少的。 **女**：父母有的时候呢在自己的年轻的时候或者很小的时候，用自己的经验，用自己的能力，用自己的金钱替代孩子自身的实践，然后孩子在缺乏实践的情况下，懵懂地长大，这些孩子自己有时候就带有这样的问题，遇事一扭头就开始问父母，完全没有个人决策能力。这是我见过的，然后遇到一些不懂的东西，扭头就去问自己的父母。其实那个两性关系里面它的相处有很多。	音频播放	听讲、笔记

（续表）

教学环节	教　学　内　容	教师活动	学生活动
新课讲授	很多的信息来源，都可作为参照。你比如说上网，你比如问问周围的老大哥老大姐，单位又不是没有同事，对吧？多一些朋友，然后你把人家的经验投射在自己的生活里，然后相互参照一下，这就是一个成长的过程。但是有些人不会，有些习惯性地扭头就去找爹妈，而那些爹妈也会习惯性地立刻就参与进来。因为他们这种参与进来是在自己的子女结婚了之后，他们依然在替办，依然在包办。因为他们的热忱，让他们的孩子走进了婚姻都继续缺乏实践的机会，这种包办到什么时候是个头？ 十一、节目主体类型：情感节目 情感电台套路： 煲鸡汤、唠家常、觅知音 （一）心灵鸡汤类 所谓心灵鸡汤类广播节目，是指从听众需求和节目定位出发找选题，由主持人阐述对每期主题的理解和感悟，并引导听众参与互动，是一种主持人解说加音乐的模式。这种心灵鸡汤类节目大多在午夜时分播出，主持人迷人的嗓音给孤独无眠、寂寞难耐、焦躁不安的心灵带来温暖的慰藉，场景性、伴听性及穿透性极强。 从中国之声的《千里共良宵》，到北京音乐广播的《爱得更久点》、河北音乐广播的《星光慢摇吧》、上海交通广播电台的《燃情夜色》，再到塘沽电台滨海之声的《珍重今宵》，上至国家台、省级台下至地县级台，都浮动着此类节目的身影。 （二）私密话题类 私密话题类情感广播节目从运作模式来说通常是用户打进情感热线来诉说自己的情感问题，从主持人（听众心目中的情感专家）处找寻解决问题的方案。节目主要包括隐私诉说和心理探询两个环节，而节目内容则涵盖了个人心境的阐述、对生活问题的抱怨、对两性生活及生殖健康的询问等多个方面。 “每天，我们都会游走于围城内外，每天，我们都会经历着情感的变迁，在生活中成长，在过程中品尝。”《叶文有话要说》便是一档典型的私密话题类情感广播节目。正如文章开头所述，这档节目不仅在全国各地实时收听率居高不下，在移动平台上也有相当可观的收听人数和互动人数。 虽不似《千里共良宵》的温柔开导，《叶文有话要说》这种“向你开炮式”的风格同样为这档节目引来了大量粉丝。实际上，此类路线并非叶文首创，早在20年前，《伊甸园信箱》主持人万峰就凭借其“电波怒汉”的强势风格招粉无数。	音频播放	观摩、思考

（续表）

教学环节	教　学　内　容	教师活动	学生活动
新课讲授	“什么叫风格？就是厉害一点，疯一点。” “在人们的传统认识上，主持人首先是温文尔雅的，不愠不火的，而且是无所不知的，如果主持人被问住了，那是很没面子的事情。我颠覆了主持人的正统形象。我在直播节目中公开承认我的无知，有人问我一些医学专业问题，我就告诉他：万峰不是医生，看病不要找我，到医院找大夫去!” “性教育不只是性知识的传播，它涉及社会生活的方方面面，你可以不喜欢我的口吻，但是只要你收听，你就一定会有所思考!” 《伊甸园信箱》是浙江人民广播电台文艺台一个以性教育为主的节目，在开播的十多年里，始终在杭州所有电台节目中保持收听率最高的地位，收听范围覆盖了全国绝大多数省市，以及加拿大、美国等多个国家。 （三）公共交友类 随着都市青年相亲交友需求的不断增长，婚恋网站及电视节目合力掀起了互联网时代的相亲热潮，广播交友节目也顺势而生。以天津人民广播电台生活广播的《相约玫瑰园》为例，该节目主要宗旨是搭建一个让单身人群找到另一半的交友平台。周一探讨热门婚恋话题（婚前财产、婚检、闪婚等），周二到周四邀请嘉宾到直播室，公布嘉宾的相关信息，并同时连线听众，为双方交流沟通直接搭建桥梁。然而，由于广播只能听不能看、播出时间有限、参与互动困难、可信度较低等限制，参与相亲的人群成功配对的人数实则屈指可数，而目前国内成熟且具有影响力的广播交友类节目也是少之又少。 情感节目也是一种谈话节目，谈什么，怎么谈，本身就是说的艺术，那么，在主持人在“收”“放”之间，如何实现节目内容所应有的语言美和心灵美呢？ “心灵触媒”的减压作用： 人人有倾诉欲，需要通过表达自己的感情，收获安慰；人人有好奇心，喜欢听别人的苦难或幸福，收获愤怒或者感动……处在社会转型时期的中国，各个阶层都发生了巨大的变化，每个人的内心都变得更渴望理解，渴望倾诉，对人们来说，时间过得太快，发生了太多他们本以为承载不了的东西。转型期社会各阶层的情感变迁亟待释放和疏导，这成为情感节目出现的客观需求，即大众有对于内心情感的强烈释放的群体欲望。而以讲述情感故事为主的广播情感节目，恰恰为人们提供了一个心理倾诉、寻求帮助、解决困惑的平台。 广播得天独厚的隐匿性（可以完全靠声音表达）为匿名和“真名”讲述提供了丰腴的土壤，广播情感节目就这样扮演了社会“情感阀”和“减压器”的角色。声音的独特魅力使得广播更容易满足人们晚间触媒的多元需求。心理学研究表明：人们在接受信息时，媒介信息各个通道（听、看、触）之间存在相互干扰。相对于电视的眼耳并用，广播只用耳朵，是一种单质传播，没有画面的干扰，单纯的声音	讲授	听讲

（续表）

教学环节	教　学　内　容	教师活动	学生活动
新课讲授	更容易使人专注，因此，也更容易接近心灵。对于疲劳一天渴望放松的受众而言，广播是人们“最后的心灵触媒”。 **示例3** **北京台　《今夜私语时》** 本期节目由本台与北京市人口计划生育委员会合作播出。 **主持人：**晚上好！收音机前的各位朋友：晚上好！网络视频前的各位，这里是我们《今夜私语时》每周五的大学生晚时间，我是主持人孙言。周五的时间是我们和各位大学生朋友一起来交流大家在情感中、恋爱中还有在性当中遇到的各种各样的困惑和问题。我们的《今夜私语时》关注着两性健康、两性情感、两性心理，每天是有不同的内容，周五的晚上专门和各位大学生一起聊天儿。除了我之外还有我们的嘉宾，青少年问题专家，吴若梅老师。 **吴若梅：**大家好，我是吴若梅。 **主持人：**现在节目当中有我们的听友还有我们的各位网友，也就是我们现在的节目正在E视频同步直播中。各位收听我们节目的朋友，可登录北京广播网来观看我们的节目视频。视频现在正在直播当中，也就是说大家可以看到我们现在的节目。那么在节目中和我们互动交流的是各位年轻的朋友，各位听众遇到的恋爱的问题，情感的困惑，还有一些关于性的问题，一些性心理的问题，一些有关性健康的问题，都可以在节目中和我们一起交流，一起讨论。好，我们来看一看吧，先来关注一下我们的私语网页上的留言吧！今天刚刚给我们留言的，首先是一位22岁的女孩，网名叫快乐女孩。她说：没有谈过恋爱，别人介绍了很多的男友，都因为我和他们没话说没法维持下去。我该怎么能和男孩有话说呢？ **吴若梅：**首先别给自己下一个定义，我和那些介绍来的男孩没有话说，因为如果这样的话你就有这么一个意识了，反正你们介绍过来的，我也没什么话说，对吧？自己就处在一种排斥的一种状态了。再有就是，实际上两个陌生人经人介绍以后马上就有很多共同的话题这是不可能的，对吧？他一定要有逐步了解的过程或者说制造一些可以了解的或者可以说话的这样的一个机会。这就是看你聪明不聪明了，如果你觉得这个人条件外在的感觉都还不错的话，你别见一次面以后就把人家pass掉了。你这至少要见三次，你对他有一个比较深的，或者相对深一点的了解。嗯，其实是这样，如果男人和女人相比，在去相亲的这个过程当中，男人很容易说：哎，这女孩行。第一次他就能下出来决定说这行，我想继续下去，我觉得就是她了。第一眼可以确认，这是男人。但是女人不是的，女人一般第一次，哎呀还行吧，还说得过去吧，没什么话题也，你别到这个时候就给人家过去了，因为女人的这个感觉，认识一个人的感觉，出于自我保护也好，出于一种自尊或者说矜持，都可能，她不可能一次就决定，一次就一眼就看上，	音频播放	观摩、听讲

（续表）

教学环节	教　学　内　容	教师活动	学生活动
新课讲授	这个比较难，所以我说你至少要坚持三次，五次，再下决定说行还是不行。 **主持人：** 她那个具体问的说不知道该怎么和男孩子说话，比如说第一次如果介绍了一个男孩子给你，大家坐在一起的话，那确实是有的时候话题是你要来想，有的时候话题是对方来想。不知道是什么在障碍你，不知道该怎么和对方去交流。其实，想一想，就把他当作一个，可能，我们一般认识的一个朋友，就可以去交流了，比如说知道对方的工作，或者想了解对方可以问，那你具体在做什么工作呢？人家好比说，哦，我从事 IT 行业，哦，我是一名教师，我在医院工作，这些话题你就可以顺着往下走了对吧？ **吴若梅：** 至少说你业余时间做些什么，说我喜欢爬山喔，我也挺喜欢的，就是一个沟通么，对呀对呀。你跟普通朋友怎么去说话怎么沟通，这也是一样的，其实两个人第一次见面就是认识了一个普通朋友。没错。假如你第一次就让人家觉得，哎呀，我们这是搞对象了，假如是这样的话你自己…… **主持人：** 可能不知道说什么，你可能不知道你以为一定要去谈恋爱，实际上这个谈恋爱的内容先从谈家常开始，对吧？问完人工作再问问人那你下了班都干什么，也许人家说，噢，下了班我喜欢回家陪我爸我妈看电视，噢，那你真是很孝顺，你爸你妈身体都挺好的吧？这也是家常话对不对？对呀。如果说哦我这下了班以后我经常会跟这个朋友一起出去打球。哦那你很喜欢锻炼啊，你很喜欢运动，这些都是话题。 **吴若梅：** 就是你别把自己先紧张起来或者说我先端起来，那时候就真的没话可说了。没错，放松点。 **主持人：** 对对，所以实际上这个放松了才能有话题可以说是吧？好，我们现在正回答的是私语网页上的留言，不知道这几位朋友是不是正在收听，因为我看了一下都是今天给我们留言的这样几位朋友，其他的也是，如果给我们私语网页留言的请记住 siyu. abc. cn。现在在节目当中最方便的交流互动的方式是拨通我们的电话 65155157、65159057 或者是编辑短信发送到 10628821025。我们再看看我们私语网页上的另外一位叫小泰迪。我是一名男生，我现在读大学，我有一个非常要好的男性朋友，是我的高中同学，上高中的时候我们俩总是粘在一起，形影不离，上了大学之后呢我们就分开了，那我感觉我的生活一下子就变得空虚了，在大学里我也有朋友，但是没有像他一样的这种，我现在一天不给他打电话会心神不宁，我觉得我离不开他。我就每天很想看到他，我这个算同性恋吗？如果是同性恋的话我该怎么办呢？	穿插讲解	观摩、听讲

（续表）

教学环节	教 学 内 容	教师活动	学生活动
新课讲授	**吴若梅：**首先说他现在的这个状态，他说的这个状态不是同性恋，有人说是好兄弟，或者说交往得比较好又成了一种习惯一种惯事，就是按他现在的这个留言的这个话来说，实际上这个同性恋的解释的概念是必须有性的这样的一个关注在里面，或者说性的取向在里面，才能够说是同性恋或者说有同性恋倾向。再有，一般真正的同性恋他是不会说我怎么办呢？我要真是我怎么办呢？假如真是的话可能没有这个怎么办的问题了。 **主持人：**也有，很多人并不认同自己就是性的取向，所以他会困惑要是真的我怎么办呢？ **吴若梅：**对这种的怎么办，我觉得如果是想矫正或者说找心理医生帮助的话还是比较容易转变的，我说的这个他很认可自己的这个状态或者说同性恋的这个性取向的话他就不会问这样的问题，他就问问我就是这样的人，我就很接纳自己，你要不接纳自己那么你还可以去通过别人帮助啊，医生的这种咨询啊，他还可以改变， **主持人：**对对对，所以事实上真的是不是，我们不能完全帮你做判断，但是看来你和你中学的哥们这个感情到现在我觉得可能是依赖性比较强的。 **吴若梅：**对，是很依赖这段感情的，这是肯定的。 **主持人：**还有就是判断下自己从青春期开始你有没有关注过女孩子，你现在有没有关注过女孩子，是吧？因为现在已经到大学了嘛。 **吴若梅：**实际上是这样，其实在高中时候的朋友可能比在大学时候的这些同学的友情更单纯一些，所以你可能对他的依恋啊，回忆啊就更深更刻骨一点吧。 **主持人：**对对对。	穿插讲授 播放音频	听讲、笔记、思考 观摩、思考
	情感类电台“有毒”在哪儿？ 现场感＋代入感＋伴听性＋亲切感 无论是直播还是录播，情感类广播节目都会营造出一种零距离的“现场感”，促使观众积极地参与其中。听着旁人通过热线电话和主持人交流，听众甚至也会产生某种“主人公意识”。此外，不似电视及网络节目，广播多数不插入广告的流畅模式也使其具有较强的“伴听性”。 除了节目形式上的特点，就节目内容而言，诉诸大众文化的情感类广播节目也致力于为听众带来亲切感。那些与普通百姓生活息息相关的话题，为用户广度和黏性提供了保障。 当下移动互联网时代，中国私人领域的主要意义及其功能“不在于理性的建构，而在于感性的狂欢；不在于意义的产生，而在于符号的消费；不在于精神的提升，而在于世俗的表达”，情感类电台亦然。 在聒噪喧闹的互联网公共空间中，图文声色所造成的视觉疲劳情势下，情感类广播节目反而赢得了一片声音天地，为繁忙疲惫的都市人群营造了一块慰藉心灵的私人空间，成为网络空间公共领域中的一片净土。	讲授	

（续表）

教学环节	教　学　内　容	教师活动	学生活动
新课讲授	一方面，情感类电台满足了现代人倾诉的欲望；另一方面，它们在某种程度上也起到了启迪的功效。心理学的引进与糅合使得情感类广播节目更加关注听众的自我内心活动与诉求，不再单纯追求问题本身的结果，而是让人们在审视自我、关注内心的同时学会正确看待问题。在一档情感类广播节目中，主持人犹如名片和标签，且担任着导演、场控等多种角色，具有较高程度的控制权和话语权。节目想要获得知名度，塑造一个极具特点的主持人必不可少。因此，当我们放眼那些知名的情感类广播节目，会发现它们在主持人的 IP 化上做得都很成功。以《伊甸园信箱》中的万峰为例，在那个探讨婚姻、家庭、性问题的波段里，他严厉的态度，高八度的声调与听众的哑无口言间充满了戏剧性的冲突。“在那个年代，熄灯后，寝室里的兄弟们喜欢把收音机调得很大声，就为听这老小子教训别人。”骂得越凶大家越爽快、越觉得刺激，仿佛能借此把积攒胸中的闷气一股脑地倾泻出来。 喜欢万峰的听众成了他的“蜂蜜”，讨厌他的人则一边骂他一边对他的节目翘首以待。正是因为这个“中国最富争议的两性节目主持人”，才造就了这档节目如此高的收听率。“虽然现在节目已经停播，但还清晰地记得当时节目的影响力和火爆程度，在每周一到周五的 22 点，几乎全杭州城的人都在收听他的节目。” 当然主持人的风格也并非严厉一种，在上海东方电台的《相伴到黎明·情感专线》节目中，主持人叶沙便擅以沉静优雅的态度对听众提出的各种情感问题抽丝剥茧、条分缕析。在她看来：“主持人是应答者、倾听者，而不是让听众成为你的倾听者。”与其形成鲜明对比的是《叶文有话要说》中火爆激烈的叶文，“站在当事人的角度，为其答疑解惑”，关于主持人的定位，叶文如是说。 在树立起品牌之后，一些情感类广播节目便意欲将触角伸向线下，希望以活动或事件为依托最大限度地发挥潜能、扩大影响力。《相约玫瑰园》“婚恋情景剧”大赛，《千里共良宵》主持人见面会，就连《伊甸园信箱》在未停播时，主持人万峰每年都会进各大院校为年轻学子现场答疑解惑，与听众面对面交流。 比较有代表性的是黑龙江电台，其推出的一系列情感类广播节目大都形成了集约化经营的节目群。例如在《叶文有话要说》节目播出同时推出由叶文主持的婚姻征友类节目，且《叶文有话要说：情感·婚恋新解码》一书销量也是不可小觑。 此外，由于情感类广播节目多涉及婚姻、情感的话题，多家电台已开始与众多商家开展婚庆、法律咨询等方面的合作，利用这种多元化的运营模式，在扩大节目社会影响的同时增加电台和商家收入，实现媒体和商家的双赢。 在移动互联网时代下，电话和短信早已不是节目与听众交流的唯一途径。借助微博、微信、QQ、论坛等社交平台及移动 APP 中的互动版块，情感类广播节目以全新的方式引导着听众参与节目互动。就 2013 年的数据来看，仅以《千里共良宵》为依托的互动 QQ 群，全国就有上百个，其中活跃人数已 1w+，而吉林新闻综合广播的《晓声长谈》创办的微信公众平台，早在 2014 年 6 月粉丝数量就达到了 8w+。	讲授	听讲

（续表）

教学环节	教　学　内　容	教师活动	学生活动
新课 讲授	当报纸、电影、电视、网络相继成为最普遍的大众传播媒介，广播一度失语，深陷消亡与自我身份重新认定的泥淖之中。可喜的是随着移动APP雨后春笋般地涌现，广播类APP的蓬勃发展使传统广播焕发出生机，再次开启了广播节目的新纪元。 如今的广播节目在内容上、运作模式及互动上都越来越向移动媒体靠拢，节目组通过成立新媒体部积极寻求与移动平台的合作和拓展，而节目内容也经过移动平台的二次包装拓展了新的传输渠道。诚然在移动化、社交化迁徙的过程中，情感类电台老树新芽，焕发出新的生机。但转型过程中依然难以绕过的是积久的桎梏，如何解决同质化、标签化、低俗化的问题成为未来很长一段时间内的重点突破口。 近年来，新媒体的崛起给传统媒体的生存和发展带来了巨大的挑战。虽然在大众传播的历史中，还没有新的媒体出现导致旧的媒体消亡的案例，但是，对于传统媒体如何在当下环境中继续保持生命活力的话题，在传媒业界和学界，乃至普通老百姓群体中引起了热烈的讨论。“媒介融合”“媒体融合”“新媒体制作传统媒体节目”“传统媒体开发新媒体平台”“传统媒体跳槽新媒体”等诸多话题不绝于耳。 尽管电视在新一轮的竞争中表现出了力不从心的一面，但是声音广播依旧在收获城市交通堵塞带来的意外“惊喜”之余，还在情感类话题互动节目中找到了一片天地。不过就目前的情况来看，我国的情感类广播节目创新瓶颈主要表现在两方面： 一是节目形式单一，层次感差。主持人和听众的交流模式固定，毫无新意。缺乏精细编排和包装，在激烈的传媒业竞争中前景堪忧。 二是节目抄袭、雷同现象严重。情感类广播谈话节目在中国的兴起已经有30多个年头，电台争相开办节目却难见差异性。以千篇一律的形式出现在电波当中，实在让人审美疲劳。 **十二、谈话节目主持人的话语方式** （一）进入话题的方式 （1）开门见山，揭示题旨：一般用于近在眼前或众所周知的热门话题，单刀直入切进话题，简洁明了拉开大幕。 （2）触景生情，借题发挥：援引眼前的景物，或环境因素（时间节令气候地域场合）发出感慨，诉诸情感，这种方式与现场气氛和谐，入题自然。 （3）议论导入，激发思考：常用于永恒的主题，即那些人生回避不了的，似有真理永存，却又总有千千万万不同情况的发生，人们总在议论的话题。一般从主持人的议论起，提问要具体，嘉宾和受众才能迅速进入情况。 （4）新闻由头，以小见大：从新近发生的事件发生开来，或是个案，或是现象，由此引发事件背后意义的深入讨论。新闻由头的真实，人们对新闻的关注及不同的反应，是激发受众谈话兴趣的重要缘由。	讲授	听讲

（续表）

教学环节	教　学　内　容	教师活动	学生活动
新课讲解	（5）侃谈聊天，兴趣盎然：多用于社会性的话题，由日常的身边事切入，看似信手拈来非常随意，实际要选择或常见或违反常规、有趣儿的现象或事儿做话头，使入题显得自然亲切轻松幽默。 （6）介绍嘉宾。 （7）其他：名言警句入手等。 （二）话语的衔接与转换 （1）适时小结，厘清思路：从各种不同的表达方式中拎出有代表性的观点，像树立路标一样，厘清思路，避免原地打转，把讨论引向深入。 （2）引用资料，转折推进：谈话前期准备时最好收集有关的统计资料，或调查研究的典型录音录像，以便为大家拓宽视野、开阔思路服务。典型材料的引用，常常能起到因势利导、自然转折或顺势推进的作用。 （3）提示对立，加温催化：讨论中，主持人要善于发现不同的观点，并善于"点燃"，凸现矛盾使讨论升温，催化讨论的观点深入。 （4）言简意赅，画龙点睛：主持人应有语言精辟时机恰当的评议，或是对众人发言的概括，或是对某位发言者观点补充引申和纠偏，言简意赅耐人寻味。 （三）结尾的方式 （1）首尾圆和，议论收尾：主持人在众人讨论的基础上，对有明确结论的，宜提炼主题，或升华或引申或寄语或祝愿或警示或激励，留下浓重墨彩的一笔，当然主持人最后的议论切忌居高临下、强加于人，而应情理交融平易近人。 （2）补充论据，加料收尾：主持人精心选择感人的事例或统计材料，用无可辩驳的或感人至深的事实论据，再起高潮，让结论更加可信有力。 （3）创造意境，触动心灵：事先有策划、设计和准备，运用不同的手段，即出人意料又契合题旨，使话题的立论和意义，意韵隽永回味无穷。 （4）安民告示，沟通传授：在结尾时，重申节目的宗旨、通报以后的选题、表示感谢等，在众人热情参与的气氛中进一步拉进传授双方的距离，吸引受众更多地参与节目。 十三、谈话节目主持人的幽默 1. 幽默的作用 （1）消除紧张，活跃气氛 （2）举重若轻，把握方向 （3）控制节奏，调解气氛 （4）以幽默方式礼貌地打断截流	讲授	听讲

（续表）

教学环节	教 学 内 容	教师活动	学生活动
新课讲解	2. 幽默的运用原则 （1）善意为本 （2）把握分寸 **示例 6** **北京台 《爱家小算盘》** 噼里啪啦噼里啪啦噼里啪啦噼里啪啦噼里啪啦，精打细算，算出你的幸福生活，《爱家小算盘》就要开课了，你准备好了吗？（片头） **主持人：**首先来认识一下今天节目的嘉宾陈凡，华夏银行财富管理中心理财师，有着多年的理财经验。 **嘉宾：**您好！主持人好！ **主持人：**大家现在呢生活水平高了，所以呢，压岁钱，这个数量也是越来越高了，我不知道你小时候收压岁钱都是多少？ **嘉宾：**我记得我小时候我爷爷可能是每次给我五块钱左右。 **主持人：**也挺多的。记得小时候，爸妈给我的压岁钱，为了显得多啊，都给那个角票。比如说两毛的五毛的，给的都是崭新的，然后，给一打，我就觉得特别有成就感。因为给得特多嘛，我还记得那时候会拿这些压岁钱，去买烤鱼片啊，买那个五分钱一块的糖啊，感觉特别好，后来渐渐的给得多了，反倒没有小时候给得少的时候那种感觉了，但是你要说理财那时候没有这种意识。 **男：**那个时候我们的这个生活水平相对来说低一些，没有现在好，没有现在那么高，所以给的压岁钱相对少一些，可以用于消费的地方也很少，所以我们感觉上就没有什么特别需要理财的地方。 **主持人：**知道现在的孩子一般一年会收到多少压岁钱吗？我们的记者做了一个随机采访，我们来听听： （录音片段）一千多块钱吧/一两千吧/三千到五千左右吧。 **主持人：**瞧瞧，现在这孩子比咱们那时候多太多了。 **嘉宾：**对呀，一方面呢说明我们的生活提高了。另外一方面呢，可能也说明家长啊，渐渐地也会有一些理财的意识，让孩子们去学习一下。 **主持人：**嗯，可是你说到这个压岁钱我想起来，前几天我看到一条消息，去年的时候就几个小孩，他们在商场一共花了几万块钱的压岁钱，买一些自己喜欢的玩具啊，服装啊，等等。听起来呢，一方面确实是说，孩子家境比较好，可另外一方面，它隐含的东西让人有一点点担忧。 **嘉宾：**对。呃，其实说到理财的话呢，我们不光是去管理自己的这个投资，其实更多的呢是管理自己的整个收入和支出，咱们从收入的情况看呢，如何做好投资，那么关于支出呢就是如何管理好消费，像你举到的那个例子，这些孩子们呢花了几万块钱，就属于有一点点过度消费了。这样的话呢，可能会对他未来的影响呢比较大。	音频播放	观摩、听讲、思考

（续表）

教学环节	教学内容	教师活动	学生活动
新课讲解	**主持人**：嗯，孩子他可能会有一种感觉，就是这个钱来得太容易了，花起来他也没有什么数，对吧？同时他也不太会珍惜父母的劳动成果，可是这钱毕竟也是父母一分一分地赚出来攒出来的，家境再好，那也不是凭空来的，所以这个压岁钱除了说可以打理之外，它也是让孩子养成一个很好金钱观的这样一个途径。 **嘉宾**：对对对，这是非常重要的。相对来说呢，给了孩子一笔钱以后，要帮助孩子养成一个记账的习惯，建立一个良好的理财习惯。咱们从这个理财的角度来说，做好账，来记好每一笔账，然后做好理财，对于整个理财规划了解自己的资产和支出情况。 **主持人**：你小时候记账吗？就是那些压岁钱拿到手里之后，花出去多少，一共收到多少，你心里有数吗？ **嘉宾**：我小时候没有，呃呵呵呵，而且那时候吧，钱也不是很多，然后呢…… **主持人**：基本上能数出来。 **嘉宾**：然后呢，基本上家里人也是鼓励花出去的比较多一些，一般情况下除了买一些这个鞭炮啊，玩一下以外啊，大部分钱都是储蓄。 **主持人**：哦？你那个时候已经有储蓄的意识了，你是把它放在一个钱包里面还是到银行真的去开一个账户？ **嘉宾**：呃，那时候很少有去银行开账户这种说法，我们那时候可能就是说会给一些这个硬币啊，或者是说给一些这纸币啊然后我们会有一个存钱罐，嗯，每一个孩子都有。啊，然后呢，就会把这些就放在这个存钱罐里，然后攒着，我那家里都有好几个存钱罐，还都保存着呢。 **主持人**：现在里边还有钱吗？ **嘉宾**：对啊，里面都是满满当当的。 **主持人**：你看看没准里边有的那种硬币现在已经升值了，就是它已经退出流通了。对，价值升了好多。呃对，其实比你攒钱的那个价值要高很多了。 **嘉宾**：嗯，对。但是，那个时候没有一种收藏的意思，更多的是处于一种储蓄啊，或者是从父母那里得来的一种习惯。 **主持人**：你那时候已经在尝试着理财规划哈。 **嘉宾**：嗯，哈哈哈，这谈不上，我那时候没有你那么幸运，就是父母还教给我储蓄之类的，干脆就是像那种角票，他们给我，你自己留着吧，你愿意花就花，剩下的那些钱啊，不好意思，我自己交给父母。比如说人家给的有一百的这种，比较多的，那我就得给父母，父母说帮我攒着，攒也是攒，给我花也是花了，都是一样的嘛。因为我那时候也没有什么收入来源，还不得什么都靠父母。	音频播放	观摩、听讲、思考

（续表）

教学环节	教 学 内 容	教师活动	学生活动
新课讲解	**主持人**：对对对，我那时候还看到过邻居家的孩子开那种账户，我还特别羡慕，我就跟我父母说，能不能给我也开一个。 **嘉宾**：好像在银行开账户也是后一阶段才出现的，刚开始的话就是中国人的一种习惯，中国的理财观念好像还有一段时间就是不是很接受银行。 **主持人**：如果说现在您孩子手里的压岁钱是现金，您也可以到银行去开一个生肖的银行卡，把钱都存在这张卡片上。这个生肖储蓄卡呀，是银行推出的一种新型的银行卡，也就是说呢，每年根据不同的生肖，推出一个生肖品种，那么由于一般卡片的造型都是比较卡通的，上面的图非常可爱，制作又比较精美，所以呢青少年都会比较喜欢这样的图片造型。而且啊，每年发行一张还具有一定的收藏价值，当然我们也不建议您年年都去买，年年都去积攒，毕竟这么多卡办下来光卡费每年就够您交一定数额的了。那么家长可以通过每年给孩子压岁钱的传统习惯，把钱存在这张银行卡当中，从小培养孩子勤俭节约、储蓄理财的好习惯。同时呢随着今后孩子逐渐地长大，比如说上大学啊等，那么家长可以通过这种生肖卡定期地把钱打进去，给孩子提供学费和生活费，方便孩子异地存取。好了亲爱的朋友今天节目就接近尾声了，感谢大家收听我们本期的《爱家小算盘》，今天呢，主要跟您讲讲怎么利用压岁钱对孩子进行理财教育，那么在明天的同一时间呢，我们会请陈凡，跟我们收音机前的听众朋友说一说如果把这个压岁钱用在投资，或者是这个资产配置的领域当中，那有一些什么比较好的去处，我们明天同一时间再见了！ **嘉宾**：好，再见！	音频播放	观摩思考
	十四、个性化语言 受众喜欢一个主持人无外乎有两种原因：语言和仪态。对广播主持人来说，语言就是他的标志，是一档节目的招牌。生活中到处是有魅力的人，除了人格魅力外，仔细想想大多是他们的语言魅力，而语言来自思想、态度、处世方式等。打开收音机，同一波段有十几个台可供听众选择，而如何让听众锁定你的节目，很大程度上要靠主持人的语言魅力。所谓语言魅力，一看语言个性，二看语言规范。生活中不乏语言有个性的主持人，但是为什么到了广播里却很难展现出来呢？原因很简单，他们对语言不太重视。其实，这是有办法解决的，即主持人要有树立语言风格的意识。实际上，真正做到语言充满个性魅力是比较难的，尤其是直播谈话节目。有鲜明语言个性的主持人，他的语言魅力来自日积月累，来自他对生活的体验。朱军说："主持人需要用智慧调动嘉宾的倾诉欲，这种智慧必须来源于生活积淀，书本上是学不到的，我真正的'阅读量'，是我在四十年的人生中完成的。"	讲解	听讲、笔记、思考

（续表）

教学环节	教　学　内　容	教师活动	学生活动
新课讲解	主持人除了要向生活学习语言，还应该在生活中利用好各种渠道充实自己，比如多看电视、多听广播、多练笔、多思考，所谓“功夫在事外”，时间一长，方能从量变到质变，才能避免在节目中说一些流畅的废话。广播节目，语言就是主持人的形象，而语言充满个性的主持人，听众一定会对他的节目“厚爱”有加。 十五、谈话类节目主持注意事项 （一）服务之外要有启示 伴随着情感节目收视率的飙升，“放大”隐私的现象也遭到了尖锐的质疑和批评。一些听众反映，不少情感节目的话题重复、形式雷同，走进演播室的男男女女几乎都有离奇曲折的情感经历，不是婚外恋，就是第三者，这些并不美好的情感故事被反复地展示，除了满足听众的窥视欲，作为他人茶余饭后的谈资以外，很难给人更多启示。这些问题产生的原因是与主持人的素质和主持艺术分不开的。 问题出在哪里呢？就是没有真的深入百姓生活，反映百姓的喜怒哀乐，最后成了只谈感情不服务的“姥姥不疼舅舅不爱”的节目。情感节目的生命力在于真实，那么，如何增强广播情感类节目的服务性和文化品位呢？笔者认为，在广播情感节目中巧妙地寓情于事、寓理于情非常重要。 节目要办出特色，才符合受众的个性化需求，才受听众喜欢。要办出特色，前提是定位要准确。情感类节目要“重在‘情’，根在‘爱’，淡于‘奇’，贵在‘引’”。节目的服务性要体现在通过节目中的交流帮助听众增强法律意识和公德意识。如有些听众对试婚、同居、不负责任的性行为等看作正常，而不知其危害性。针对这些，在做节目时，就要将案例融入话题中，将法律知识融于社会生活中，以案释法，以案论理，使听众在不知不觉中了解法律知识，自觉地以“法眼”来审视社会及家庭生活中的种种现象，以法来规范自己的行为，并通过热线讨论，培养听众的健康心理、心态和良好的社会公德意识。 （二）真诚倾听，张扬人文关怀 如果说交谈是艺术，那么，倾听则是更微妙的心灵沟通技巧。在情感类谈话节目中，主持人真诚、亲切、认真地倾听，可以迅速缩短与嘉宾、观众的距离，使现场气氛在一种朋友般的亲切谈话中把节目引向纵深，尽一切可能展现每位嘉宾的生命体验和心灵秘密，与听众一起见证历史，思索人生。 张扬人文关怀是媒体义不容辞的责任，具体到广播情感节目来讲，一是从伦理学层面关注个体的主体性及其存在方式；二是从哲学层面关注、探索和解答人在自身存在与发展过程中遭遇的各种问题。真名讲述，“真”字当头，取信于人，剔除虚构妄想，再现生活原生态，给人以亲切、鲜活之感；匿名讲述，“匿”字当先，尊重隐私、消除非议，关注生活问题，给人以思考和启迪。成功者、得意者、风光者，在讲述中吞吐沉浮，催人上进；失败者、失意者，在讲述中总结教训，提升自己，以鉴后者。	讲授	听讲、笔记、思考

（续表）

教学环节	教　学　内　容	教师活动	学生活动
新课讲解	**示例 4** **北京台　《今夜私语时》** 爱，是花蕊中即将吐露的甜蜜；爱，是风卷残云后天空的明亮；爱是润物细无声的阵阵喜悦；爱是真正明白后的轻松无隙；爱是很多东西，爱是你在《今夜私语时》我能听到的温柔心跳，城市沟通邀您共享，这里是《今夜私语时》。（音乐）（片头） **主持人**：晚上好收音机前的各位朋友，大家现在正在收听到的是《今夜私语时》，又是周六的晚上，我们《今夜私语时》青春版的时间，周六的晚上是和少男少女朋友一起聊一聊大家在青春期遇到的各种各样的问题和各种各样的困惑，我是主持人森言。在我们现在节目开始这段时间，也就是这将近一个小时的时间，在这个 23：55 分之前吧，大家还可以发短信把问题留在我们的节目短信平台中，特别是一些关于青春期的问题发送到 10628821025（音乐），来为大家介绍我们今天节目中的嘉宾，也就是和各位少男少女朋友们一起和大家说心事，给我们留下这些问题答案的是性健康教育研究中心的上官芳芳老师，上官老师好。 **嘉宾**：主持人好。 **主持人**：我们今天和大家交流的这些内容，都是上周六大家收听节目的时候留给我们的问题，其实我特别开心看到的是现在已经有越来越多的青春期的少男少女好像已经知道了我们这个节目，所以我们最近的这个短消息还有收听的人数啊我真的觉得开始越来越多了。先说一个不愿意透露号码的 26 岁的一位年轻的朋友，这 26 岁已经过了青春期了，他是这么说的：我已经 26 岁了，我今天听广播听到这些中学校园的弟弟妹妹们问的这些特可爱的问题勾起了我很多美好的回忆。他说得感谢我妈给了我正确的引导，现在我在经历的一场甜蜜的恋爱后今年终于要结婚了，我希望这些弟弟妹妹们别因为感情的事影响了自己的学业，因为以后的路还长着呢。 **嘉宾**：这是一个大哥哥吧。 **主持人**：不知道是大哥哥还是大姐姐，反正没说是男是女。 **嘉宾**：大哥哥或大姐姐给青少年朋友的祝福。 **主持人**：对，其实我记得我在青春期的时候就是这样，那时候总会有比如说比我大很多的 20 多岁的，比如说哥哥或姐姐啊总会对我说“你还小着呢”，我要是为点什么事特别烦，自己在那能郁闷半天的时候，要是碰上这种 20 多岁的哥哥姐姐们，那时候有家里的亲友啊什么的或者成年人总会说“这点事真的不算什么”，可那时候真不觉得，真觉得一点事就是事。 **嘉宾**：对，在我们每个人自己身上的是大事。	播放音频	观摩、思考

（续表）

教学环节	教　学　内　容	教师活动	学生活动
新课讲解	主持人：对对对，我发现和我们沟通青春期问题的，除了中学生，还有一些年龄还挺大的朋友，其实我们在周六的节目中主要是和青春期的少男少女聊天，每天都有《今夜私语时》每天我们会是不同的内容。在这建议各位按照相关的内容来发送短信，这样的话短信才能有效地达到。比如说各位大学生朋友收听我们周五的大学生版，其他的特别是一些关于成年的男性女性性健康的问题或者是一些情感的问题，大家可以关注一下我们相关内容的节目，比如说周四我们是情感的心理咨询、婚姻情感的心理咨询，周二我们是一个性心理的专题，所以今天我们还是把时间让给青春期的少男少女吧。（音乐）那么先解决紧急需要解决的问题，3568，18 岁的高三女生："一个月之前我怀孕了，现在我很害怕，我想问问我能去堕胎吗？""要是可以什么时候好，去哪个医院呢？" **嘉宾：**一个月之前发现的—— **主持人：**一个月之前怀孕的，那到现在这孩子已经？ **嘉宾：**一个月之前发现的至少已经有，在临床上说的话有四周左右了，三四周左右。 **主持人：**对对，至少是没有来月经然后才会发现怀孕。 **嘉宾：**对对，四周以上了一般就是，按临床上说的话那就已经怀孕两个月了，40 多天，这个时候应该还可以。 **主持人：**至少，这是至少。 **嘉宾：**对，至少。 **主持人：**这是至少，我们都不知道这个女孩子手机尾号是 3568 的女孩子今天在不在收音机旁，那到底怀孕多久了，这个假如说真的出现了意外的怀孕需要怎么处理？ **嘉宾：**真的出现的话应该是尽早去正规的医院去。我的建议就是说一定要到正规的三甲或二甲医院去，到妇产科确定一下是否怀孕然后做了 B 超，然后才能去预约门诊。因为这个女孩需要很详细的帮助，首先最好是能有大人陪同，另外呢要尽早去医院。为什么呢？医院通常是需要预约的，现在人工流产的门诊很忙，通常有些时候会等一星期左右，但是她这个很显然时间已经比较长了，就是这个女孩怀孕的时间至少有六周以上了，就是 B 超中看到的，所以应该尽快地去做处理，不然过了这个时间可能没办法做人工流产了，是吧？ **主持人：**对，没错，一般来说做人工流产是有一个时效的对吧？ **嘉宾：**超过了 40 多天的话恐怕就说是胎儿的时间有七周以上，发育七周以上的话稍微显得晚了一点，所以现在可能还是正好的时间，就是按照说的这个时间大概还是正好的时间。	音频播放	观摩、思考

（续表）

教学环节	教 学 内 容	教师活动	学生活动
新课讲解	**主持人：**那么这个女孩子如果今天听到节目的话，一定要早一点到医院。不知道为什么拖了这么久，一个月前就发现自己怀孕了一直到现在都没有处理。 **嘉宾：**那就是你的心目中认为女孩觉得什么样的男孩有魅力，好，有吸引力。但实际上通过我们的调查发现，性格上的坦诚、正直、有责任心、热情，才是女孩们看重的，不会是他们的外表。 **主持人：**对对，事实上真的是这样，女孩们真正看重的并不是这个人长得什么样，长得是不是方方正正或者如何，更重要的是性格。其实想一想我们的社会上也有很多这样的明星，他们长得并不漂亮但是他们非常有性格。 **嘉宾：**对，这个漂亮只能看一时，每个人都会老，但是让你能够和她长久的相处的肯定是他的性格。 **主持人：**对啊，其实包括这些年像比较红的无论是小沈阳也好，还是葛优也好还是赵本山也好，这些男生你看看他们哪一位属于漂亮的呀，是吧？其实真的是这样，所以真的不用在这个问题上去这么考虑，怎么男生会这么在意自己的相貌呢？ **嘉宾：**因为青春期的时候不管男孩女孩，都是特别在意自己的外表，在意自己在别人尤其是在异性中的形象，但实际上大家都错了，不管是男孩女孩，对方看重的都不是你的相貌，也许一时的大家会评论这个人漂亮那个人不漂亮，但是当他真正要相处的时候一定会选择那个性格上他喜欢的人。 **主持人：**对，好，谢谢上官芳芳老师和我们各位少男少女一起交流，谢谢！ **嘉宾：**不用谢，非常高兴。 **主持人：**今天发送了短信的各位少男少女，如果今天发送了短信下周六的时间一定要收听，下周六晚上的十一点收听《今夜私语时》青春版，我们会在节目中回答大家的问题，如果在现在节目结束之后还有问题或者其他时间遇到了青春期的问题，可登录私语的网页siyu. rbc. cn，在那留下问题，或者在北京广播网《今夜私语时》的青春版论坛留下问题。好，今晚的《今夜私语时》就到这，明天我们再见。 （三）掌控主流价值，塑造独特魅力 　　一档栏目的成功与否，与前期创意、策划、编导采编能力及后期制作水平有很大关系，但节目主持人本身的文化素养及驾驭节目的能力也对节目成败至关重要。情感类谈话节目要想取得听众的注意，创出品牌，主持人的声音形象、学识涵养、主持风格等都将影响到节目的质量。	音频播放	观摩、思考

（续表）

教学环节	教 学 内 容	教师活动	学生活动
新课讲解	1. 加强道德修养，“声”“神”和谐 从某种角度说，广播是一种语言的艺术、声音的艺术、想象的艺术。这里所说的“声”是指通过主持人的声音语态所表现出来的关切——声声关切总是情。听众通过收听节目，可以感受到主持人健康向上的内在精神气质和涵养。一个品牌栏目的声音形象、主持风格也折射出栏目的价值取向和艺术水准。情感类节目主持人的“声屏形象”与“内在气质”一定要与栏目定位达到和谐统一，栏目才会如行云流水，令人赏心悦目。 2. 加强知识修养，“智”与“才”时时闪现 主持是瞬间艺术，只有不断积累知识，才能在主持节目时做到胸有成竹，侃侃而谈，以一种深厚的文化底蕴体现节目宗旨，赋予节目厚重的文化感。 （四）广播节目主持人的诤友型亲切感 以黑龙江人民广播电台《叶文有话要说》为代表的情感类互动节目创办于2005年1月，至今已13年多了，经久不衰，可谓奇迹。该节目主要围绕当代婚恋情感生活开展互动，集新闻性、思辨性、参与性于一体，以主持人叶文和听众一对一电话沟通的方式，帮助百姓解决情感困惑和家庭难题。由于主持人鲜明的立场、爱憎分明的个性、直言不讳的表达方式，让听众对她的节目十分上瘾，节目中的话题经常成为百姓街谈巷议的热点，甚至叶文的精彩妙语也被听众结集成册发布在网上。 据央视索福瑞公司的最新调查表明，《叶文有话要说》节目的收听率在当地已经超过了24%，创造了一个广播收听史上的奇迹，并高居黑龙江省所有频率、所有时段、所有节目的第一位。 与此同时，全国各地也涌现出不少类似的广播节目，如河南人民广播电台的《陈思的夜空》、郑州人民广播电台的《今夜不寂寞》、吉林人民广播电台的《晓声长谈》等，都属于情感类话题互动节目，它们共同的特点，都是主持人态度立场鲜明、语言犀利直接、风格彪悍霸气。如今，太多的广播互动性节目，主持人都以“小音量、近话筒”为增强亲切感的技巧，而叶文“粗枝大叶”式的语言风格却给予亲切感另一种诠释。一时间，这种诤友型的主持人，以及诤友型的传授关系，在社会上流行起来。以此证明情感话题，除了“闺蜜型”的真心倾诉以外，还需要“诤友型”的直言规劝，哪怕只是对“头脑发热”时泼出的冷水。 在电视节目中，除了语言，主持人还通过表情、动作、着装、妆容等为观众带来主观的亲切感受，但是广播节目主持人只有有声语言，包括音色、音调、语气、态度、节奏，包括交谈过程中的话语控制（抢话），因此，广播节目主持人的语言风格成了节目风格的集中体现。 过去自上而下的教导式播音让如今的人们难以接受，于是主持人转为软甜亲美或滑稽幽默方式，以为只有另辟蹊径亲切的主持人才会获得受众的喜爱。时至今日，令人费解的是这种诤友型的主持人反而获得了巨大成功，不禁让传播者开始重新思考亲切感的含义。	讲授	观摩、思考

（续表）

教学环节	教 学 内 容	教师活动	学生活动
新课讲解	在《叶文有话要说》获得巨大成功和广泛好评的同时，也有质疑和思辨的声音出现。有些听众不满意主持人在节目中居高临下、盛气凌人的态度，尤其是地方台一些盲目模仿叶文的“山寨”节目中，主持人甚至谩骂听众，从而失去了人民广播特有的庄重、亲切等特点。以《叶文有话要说》为例，分析探讨广播节目主持人如何以诤友型的方式建立与听众的亲切感。 1. 诤友型亲切感可以直言不讳，但不能出口伤人 中国播音学泰斗张颂教授在《播音创作基础》中提到播音语言特点时曾指出：“播音语言应该具有亲切感。一般所说的亲切感，是言之有物、心中有人地结合在有声语言中的表现，最基本的社会效果是使人愿意接受。亲切感是一种营造沟通氛围、疏通交流渠道的融合，是一种互相理解尊重、彼此敞开心扉的契合，其中没有隔阂，没有疏远。”然而，播音语言对亲切感的描述，不是阿谀奉承受众、一味媚俗讨好听者。卑躬屈膝、矫揉造作的亲切，其实是对亲切感的误读。而诤友，是能够直言规劝的朋友，也就是勇于当面指出缺点错误，敢于敲打自己、帮助自己的朋友。 这种诤友间的亲切，应该是传者与受传者之间“平等”关系的体现。这种“平等”也是诤友中“友”的一个准则，它制约着主持人的传播心态，使其在节目语言中充满尊重、体贴、通达、友善，既不高高在上、颐指气使，又不唯唯诺诺、乞求怜悯。然而，诤友的“诤”，又为其关系披上一层敢于说难听话、敢于直言批评的“恶人”外衣。 叶文在节目中与听众坦诚相见、直言不讳，并且语言通俗、“接地气儿”。由于节目诞生于黑龙江，带有明显东北方言特色的词语，比如“埋汰”“磨叽”“膈应”等，都毫不留情地出现在她犀利的语言中。这种心直口快的特点，体现在与听众互动过程中，想到说到，甚至有点不顾及情面，不顾及当事人感受，勇于戳破真相，揭露实情。让当事者在被贬损之中清醒自我。当然，这种贬损，似乎也有为了提高节目收听率故意为之的嫌疑。更有甚者，为了达到良好的“节目效果”，主持人会在节目中指责当事听众“缺心眼儿”“脑子进水”等等，已经达到出口伤人的层级。也许这些话语在日常生活中的亲密朋友间使用，未必导致伤人结果，但照搬到影响力巨大的媒体节目中实属不妥。 知乎“如何评价《叶文有话要说》”问题下，部分回答说主持人动不动出口伤人，讽刺、挖苦，甚至谩骂当事听众，不仅没有影响节目效果，反而大幅提升了收听率。这种现象，不排除人们“看热闹不嫌事儿大”的“八卦减压”心理，就好像人们特别愿意关注电视娱乐节目中海选阶段的奇葩选手一样。但是，毕竟每个人都爱面子，而且“家丑不可外扬”。相信听众打来电话分享自己的曲折情感故事时，更希望得到帮助而不是被嘲笑与中伤。因此主持人可以直言不讳，但不能出口伤人。	讲授	听讲

（续表）

教学环节	教　学　内　容	教师活动	学生活动
新课讲解	2. 诤友型亲切感需要思维敏捷，但不必语出惊人 诤友的可贵，就在于他们能以高度负责的态度，对朋友的缺点和错误不予回避，敢于直言，促其改之。生活中的人们往往朋友很多，挚友不多，而诤友更是寥寥无几。广播节目中的主持人大多与听众不曾谋面，以亲切的朋友姿态出现一直以来得到广泛认同，而诤友的传授关系是过去的节目不敢想象的。在习惯于褒扬的人际关系中，诤友太容易因为敢于直言而得罪朋友，因此这种关系往往被所谓人与人之间的“面子”所扼杀。 叶文在节目中能言善辩，拥有超强的逻辑性和思辨性，反应敏捷。与听众的交流中，充满思辨和追问。例如在某次节目中，面对“情人和出轨的老婆我该选谁”这一话题，打来电话的听众从始至终一直强调自己老婆出轨的事实。叶文准确抓住这一点追问下去，很快得出当事人“以强调别人的过错来粉饰自己自私”的结论。这句话让当事听众一时语塞，无言以对。 听众对主持人的期待，通常都是平等、可信、真诚的。而且听众的期待往往也是新鲜的，过于陈旧的、尽人皆知的观点和想法，引不起人们的兴趣。近些年火爆的这些情感类节目，关于感情、婚姻的众多观点独到、犀利，应该也是节目走红的原因之一。 另外，诤友的身份除了“益友”以外，还要表现“良师”的一面，这也明确了主持人引导社会舆论方向的责任。《叶文有话要说》中，主持人“婚姻永远不是两个人的事，而是两个家庭的结合”“没有未来的感情不需要坚持”“洁身自好就是洁身为了自己好”等的观点；《晓声长谈》中主持人“性格不分好坏，乐观与悲观，对世界都有贡献；前者发明了飞机，后者发明了降落伞”“家不是讲理的地方，不管你在什么地方都得讲理，但家不是，家是讲情的地方”等的观点都在疾风暴雨般的批评中点醒当事者和听众，引人深思。这种语言的高度概括性，总能在不经意的话语中给人以醍醐灌顶、高屋建瓴的感觉，体现了以理服人、以情感人的广播电视语言传播特征。 面对当下社会众多的婚恋是非和道德底线问题，叶文无情地批判和揭露事实本质，以其敏锐的思维和概括性的语言厘清事实、引人向上、催人奋进，将节目引向社会主流价值观。从这一点来说，《叶文有话要说》是个成功的案例，但不是每个主持人都同时具备思维敏捷和语出惊人的特质。即便是叶文，也不是每时每刻都能说出可以计入“叶文语录”的精彩言语。如果在节目中过分追求“语不惊人死不休”的效果，势必夸大和神化主持人，反而失去“友”的平等身份。 3. 诤友型亲切感可以侠骨柔肠，但不能咄咄逼人 作为主持人，通常都希望自己给受众留下一个亲切温暖的形象。即便是需要在节目中不苟言笑的新闻节目主持人，也并不愿意自己给人以过于刻板过于严肃的印象。	讲授	听讲

（续表）

教学环节	教 学 内 容	教师活动	学生活动
新课讲解	在节目中，经常可以听到叶文一个人机关枪似的狂轰滥炸，说得打来电话的听众哑口无言。当事者叙说自己感受的时候也经常被无情地打断，主持人气势咄咄逼人，多少有些得理不饶人的架势。有时这种“痛骂”式的语言让其他听众感到解气和宣泄，却忽略了当事听众的感受和心情。 曾有一篇《妇女之友》中的文章以“快刀叶文”命名，听来很有些武侠气息，也让人想到一代宗师叶问的咏春拳被甄子丹演绎时那种快如闪电、虎虎生风的架势。但希望的是，她并非以痛骂听众为乐，而是以她的风格唤醒当事者，在关键时刻体现出那份发自真心的关切和关心，其最终的目的还是希望人们能够尊重感情，自重、自强、自爱。 这里需要强调的是，侠骨柔肠除了侠义之心和行事果断以外，不能忽视“柔肠”的存在，也就是人们常说的“刀子嘴豆腐心”。节目中除了直言不讳地指责和不留情面地揭露以外，还应有一些耐心认真地倾听和推心置腹地沟通。毕竟经验再丰富、动作再麻利的医生，也应该让病人做完各项检查，得到充分依据之后再治病救人。咄咄逼人的架势有时会吓退信任自己的人，除了博人一笑以外，恐难达到以事醒人、以理服人、以情感人的效果。 总之，在当下，受众对主持人越来越挑剔，对节目越来越苛刻，这已是不争的事实。无论是过分取悦受众的语言形式，还是傲慢、缺乏礼貌、出言不逊的语言风格都让人接受不了。但是现今人们工作生活的巨大压力，对物质的狂热追求和经济状况改善后的狂喜，导致了基本是非观被放逐，婚姻人生观被抛弃，感情价值观被扭曲。以叶文为代表的诤友型主持人的异常走红，也许说明了现在的受众正需要这样一个态度严厉、直言不讳的朋友言辞恳切、不留情面地教育自己。在温柔的道德和严苛的法律之间，以犀利的语言和教育者的姿态警醒听众。但这种形式不宜过分，不能为了“搏出位”“敢不同”而走向冷漠生硬的极端。 广播节目主持人作为听众的朋友，应少一些套路，多一些真诚；作为听众的诤友，应少一些讽刺，多一些关怀。		
	示例 5 **北京城市服务管理广播《北京夜未眠》** 匆匆在城市间，我们从不相遇，爱恨在心底，我们不相知。北京夜未眠，用声音温暖城市的每一个角落，用电波联系整座城市。每晚十一点，每天的最后一个小时，心灵不设防。北京城市服务管理广播，FM107.3，AM1026，杨晨在这里守候。（片头） **主持人：** 又在这样一个时间和你相会，北京又是下过雨的街，不知道此时此刻你正在哪里？正在家里看着窗外的雨吗？还是正在路上，脚踏着刚刚被雨淋湿的街？今晚我们来说说“分手”，可以来说说分手的方式，可以来说说分手之后的心情，可以来说说分手的不得已，分	播放音频	观摩、分析

（续表）

教学环节	教　学　内　容	教师活动	学生活动
新课讲解	手的种种原因。是啊，分手了，请给对方一抹牵挂，这是结束一段情感最好的方式。一段故事一段记忆，总有它的开始和结束，开始是美丽的，那结束呢？也让它至少是凄美吧。今天我们就来说说分手。北京夜未眠，我是藤冰。不知道在这样的时分，在 4 月 1 号即将到来，4 月 5 号也即将到来，好像悲伤唱主旋律的时刻，你的心情怎么样？会因为一些特别的事情变得很低沉吗？或者忧郁？今天又下雨了，会让你的心情更加失落吗？还是此时此刻正在思念着已经分手的他(她)？我们的短信平台是 10628821073，依然是这个熟悉的心情短信地址 10628821073。看看短信平台 2201 说，其实分手真的挺痛苦的，记得我们分手五年了，这五年我都生活在痛苦当中，好像没有笑过，这还是我吗？不敢相信，真的放不下。其实分手是一个起点，而并不是终点，当经过细细揣摩狠下心来结束一段苦心经营的感情的时候，无论是你或者是对方都会痛苦。就像今天下起的绵绵细雨，在有些人看来很浪漫，而在痛苦的人看来更加忧郁，分手不仅是起点也是成长的阶梯，感情要继续，爱情要奔跑，其实大家都要在这样的感情得到又失去当中不断地追逐，当我们守护硕果，携手相牵到白发的时候，才发觉分手是让我们在不同阶段和时间同步成长的，也许分手是快乐的终点，不管什么样的原因造成的分手，都将以快乐作为这段时间最美好的终结，但仅仅是这段时间。其实有多少人想过，当自己和他的幸福不在同一条起跑线上的时候，想想你曾经为他做过的事情，他是否满足？而你又是否曾经满意过呢？和曾经深爱过的他分手，也许你丢掉了一份爱情，但是将是另一段感情的重新地开始，也许离你最终的幸福又近了一步呢？想想看吧，梦终有苏醒的那一天，分手只是一个过程，而并不是结局，他也是爱情之路必经的一个过程，不管这是多么刻骨铭心，是多么疼痛，我们都要在挥手的时候为对方说一声，祝福你！同时也让自己快乐起来，努力让自己快乐起来，嘴上说祝福他，心里也要祝福自己，给他一次重生的机会，也给自己一次寻找幸福的机会吧。 FM107.3，AM1026。(片花) 十六、结构编排 　　对节目进行整体的布局，把握谈话主题与音乐、音响的准确衔接。核心问题是对谈话选题的把握与表现。 1. 切入话题：触动嘉宾和听众的心灵，引起共鸣 2. 话题展开：启发式、咨询式、触动式 3. 结束话题：(1) 抒发情感式；(2) 总结式；(3) 精辟点评式	音频播放	观摩、思考

（续表）

教学环节	教 学 内 容	教师活动	学生活动
新课讲解	**示例 7** **北京台 《家有儿女》** 不同的观点在这里交融，相同的亲情在这里流淌，这里是《家有儿女》，一个让父母和孩子对话彼此内心的地方，FM92.7 爱家广播，周一到周五晚 9 点到晚 10 点，我们一起敞开心扉。（片头） **主持人**：晚上好各位朋友，欢迎收听《家有儿女》，我是行云，今天我们的这个话题呢是“我和孩子一起成长”，今天呢我们的嘉宾是杜乃芳老师，她呢在一个很有名的杂志《父母必读》工作了应该是十七八年，当主编就当了 15 年，是吧？ 杜老师：是的。 **主持人**：我们平常总是说和孩子一起成长，而杜老师是和父母和孩子一起成长，在 15 年的主编生涯当中，看到了很多年轻的妈妈在和孩子成长的过程中一起焦虑呀，到最后帮助她们然后自己学习，最后成了理性的母亲。 **杜乃芳**：对，应该是这样的。 **主持人**：感受了到了一个母亲的成长过程，所以今天呢我们把杜主编请到我们的直播间，和收音机前的听众朋友一起来探讨和孩子一起成长的话题。总的感觉是现在的家长和若干年前的家长相比，其实压力更大了。 **杜乃芳**：对。 **主持人**：这就让我想到在节目开始之前，我就浏览了和孩子相关这些的信息，其中有一个题目特别吸引我，他说“我们拥有孩子多少年？”嗯——拥有孩子多少年了，他说 3 岁，孩子去上幼儿园了，看着他小小的坚强的背影，心中又是喜悦又有点小小的辛酸，整整一天之后到那去接孩子，孩子特别高兴地奔跑过来扑在你的怀里。跟你说妈妈我想死你了，那一刻，你就会觉得你抱着孩子就是抱有了整个世界。然后孩子 6 岁了上小学了，孩子 12 岁上初中了，你会感觉孩子离你的距离越来越远，当分开了一段时间之后，他见到你的时候也不像小的时候那么欢天喜地，那么高兴地扑过来，告诉想死你了。然后一直到 18 岁了他离开你去上大学，一年只回来两次，然后每一次呢可能和朋友待的时间会更长。然后大学毕业之后孩子留在远方，一年也难得回来一次，好不容易回来一趟，没过几天转身就走了，说这个时候呢家长期盼能就是够接到一个电话就满足了。那这样想起来是不是由于我们拥有孩子的时间真的不是很多，所以那么多的家长在拥有孩子这段时间对孩子给予太多的关心，太多的爱护，然后也给予自己太大的期望，所以就会让这段时间孩子很反叛，逐渐地会离你越来越远，不知道我的这个看法有多少人认同。	音频播放	观摩、思考

（续表）

教学环节	教　学　内　容	教师活动	学生活动
新课讲解	**杜乃芳**：是这样的，我觉得每一个父母，特别是母亲，对于孩子的爱是永远的，无论是孩子非常小的时候，是一个非常弱小柔弱的小宝宝那个时候，还是他长大离开家以后，父母的爱始终是一样的。 **主持人**：是一样的。 **杜乃芳**：是一样的，但是这个当中不可避免地发生一些时空变化，比如说，身体的距离可能会随着年龄的长大会越来越远，这个是个客观规律，如果这个孩子一生都不会离开你，那你可能会有新的焦虑。 **主持人**：对对对。 **杜乃芳**：但是当孩子离开你的时候，这个又产生了失落感，这个是非常非常正常的，就像我们看到的一本童话书是日本的一个画家画的，叫《鸡蛋哥哥》，孩子用鸡蛋壳保护自己，不愿意离开这个鸡蛋壳，因为他带着这个鸡蛋壳，随时能回到妈妈温暖的怀抱，可以不出去经风淋雨，他可以非常安全非常温暖地成长，但是他又有长大的渴望，他又想冲破鸡蛋壳到外面的世界里，然后呢当他真的有一天突破这个壳跑出去的时候，当爸爸的反而有点心酸，觉得孩子不需要自己了，这个我觉得是一个非常正常的过程。 **主持人**：所以说，我们应该说每一个母亲在孩子的成长过程中自己都在成长，所有的母亲都在和孩子一起成长，只不过可能成长的有的快一些，有的慢一些，有的和孩子更同步一些，科学一些，有的成长可能我们要在一边给一个助力，所以我们经常会在像《家有儿女》这类的节目中说你要和孩子一起成长。杜老师您当了15年《父母必读》的主编，我觉得，您和孩子成长的过程应该比其他家长我觉得更好一些，更快一些。 **杜乃芳**：呵呵，也不敢这么说。 十七、关于节目主持人·导播·听众 （一）节目主持人的工作 1. 开播前策划节目的主题 （1）选择那些带有普遍意义或积极意义的并且有讨论价值的话题。 （2）应该避免在电话直播节目中讨论会引起民事纠纷的问题。 （3）要自觉维护社会公德，禁止低级庸俗的内容进入节目。 2. 开播前要做好各种案头准备工作、心理准备、资料准备 3. 批评要准确，说事要慎重 4. 处理好与被邀嘉宾的关系 5. 语言的穿透力做到让内容在你心中成为“故事” （1）要帮助嘉宾尽快地适应话筒，创造出轻松和谐的谈话气氛，使其心态平和，能力得到更好发挥。	讲解	听讲

（续表）

教学环节	教　学　内　容	教师活动	学生活动
新课讲解	（2）在嘉宾遇到难以直接回答的问题时，要主动为嘉宾解围。 （3）当嘉宾暂时陷入语言困境时，应该及时帮助嘉宾走出困境。如恰当地提示，对其主要观点给予重复，或插入其他有关话题，使其思维得以调整，逐渐恢复正常。 （二）导播的工作 1. 接待作用 2. “审稿”作用 3. 引导听众尽快进入直播状态 （三）主持人与听众 主持人要做到以下几点： （1）以礼相待，不论贵贱。 （2）尽量让听众把话说完。 （3）让听众多讲。 （4）引导得当，把握节目节奏。 （5）兼顾直接与间接听众。		
分析总结	作业： 模拟主持一档谈话类广播节目，时长：10 分钟。 要求：有策划文案、片头。	布置作业	课后搜集素材，完成项目作业

项目五
广播音乐类节目主持

项目教学教案

广播音乐类节目主持项目设计

项目教学名称	广播音乐类节目主持		
项目教学 建议课时	8 课时	项目教学 时间安排	理论课时 2 节，实践课时 6 节
项目教学目标	知识目标	掌握音乐类节目的类型、功能、流程	
	能力目标	主持人言语组织及引导赏析；语言技巧把握及元素配合尺度	
项目教学任务	通过项目知识的讲解，典型案例分析，使学生掌握广播音乐类节目主持技巧，自备素材模拟制作一期广播音乐类节目		
课前准备 （设备、器材等）	教程教案、多媒体设备、PPT 课件、广播音乐节目主持音频案例；录音软件、硬件设备		
备注			

广播音乐类节目主持

教学环节	教　学　内　容	教师活动	学生活动
导入 新课 讲授新课	**课程内容提要** 1. 音乐节目主持人概念；节目类型及主持人类型；结构 2. 主持流程 3. 主持人话语权及语言技巧 4. 主持风格：娱乐性与文化性的统一 5. 总体要求	提问、演示多媒体	回答观察、思考
	教程具体内容 一、音乐节目主持人的概念 国外称之为DJ，即Disco Jockey，唱片骑士. 意指在歌厅或广播中放歌给人听的人。 二、节目主要类型 (一) 欣赏类音乐节目 音乐节目中最纯粹的一种形式，它基本以音乐为主要内容，语言完全以引导欣赏为目的。这种节目的参与性不强，来自主持人的观点和信息是节目的主导。	讲解、提问、分析	
	示例1 **安徽音乐广播《音乐任我行》** **主持人　汤昆** 音乐任我行，一路好心情，欢迎收听安徽广播电视台音乐广播，我是汤昆，首先来一起关注全省的天气情况，今天节目的第一个小时，《金曲串流行》，第二个小时，主题音乐《诗情岁月，画意如歌》。 (1)《金曲串流行》 SHE成军十年，终于分开，各自发展的她们也遇到了各方面的挑战，学会独自面对是她们今后必须面对的。SHE《波斯猫》爱乐团《天涯》ASOS《祝你新年快乐》。 (歌曲) Beyond作为中国香港的著名摇滚乐队，也是华人地区的殿堂级乐队之一，他们留下的歌曲一直都深受大家喜爱。Beyond《光辉岁月》豹小子《你说变就变》草蜢《爱不怕让你知道》。 (歌曲) 飞轮海在经过爆红和平淡期后，最近又再度人气飙升，频频亮相台前，我想，对于唱功不是很过硬的团队，重要的是多线发展吧。飞轮海《超喜欢你》动力火车《背叛情歌》两个女生《2人3角》 (歌曲)	播放音频	观摩、思考、分析

（续表）

教学环节	教学内容	教师活动	学生活动
讲授新课	合久必分是组合所要面对的，F4也是其中的典型代表了，但是组合的成员在解散后，都不太愿意谈及之前的话题，也算是个另类了。F4《流星雨》、南拳妈妈《决斗巴哈》、飘乐队《海蓝色》。 （歌曲） 听过太多演而优则唱的，也听过很多主而优则唱的，《快乐大本营》这一档节目的五个主持组成组合，对于快乐家族似乎又是顺理成章的。 快乐家族《快乐你懂的》、飞儿乐团 *LYDIA*、花儿乐队《大喜宙》。 （歌曲） 1995年就成军的锦绣二重唱，一直是推动新民歌的代表团队，她们的歌曲清新雅致，很多翻唱的歌曲也是佳作。锦绣二重唱《冬天里的一把火》、可米小子 *HEY HAH*、灵感《我的舞台》。 （歌曲） 大南方阎宗玉和小南方林瑀芳认识于1986年，在一场学校的民歌比赛中相识，之后就合作了很多年，也成就了很多经典的老歌。南方二重唱《不告而别》、龙宽九段《没人会像我一样》、蜜雪薇琪 *KISSY*。 （歌曲） 五月天是很多音乐迷的心头好，估计说到他们的歌，应该是如数家珍，他们歌中的各种励志和青春的气息，一直都激励着很多人。五月天《你不是真正的快乐》、SWEETY《樱花草》、TWINS《风筝与风》。 （歌曲） (2) 主题音乐《诗情岁月，画意如歌》 音乐任我行，一路好心情，欢迎收听安徽广播电视台音乐广播，我是汤昆，首先来一起关注全省的天气情况。今天节目的第一个小时，《金曲串流行》，第二个小时，主题音乐《诗情岁月，画意如歌》，分享诗词和流行音乐结合的典范之作，首先来听一首林俊杰《醉赤壁》。 （林俊杰《醉赤壁》） 汉语的诗歌两字是不分家的，但凡在华语歌词上有所造诣者，必然对诗词有着自己的独到见解之处，“声声慢”是词牌名，据传蒋捷作这首慢词都用“声”字入韵，所以有这个名字，听听熊天平是怎么用词入歌的。 （熊天平《声声慢》） 并不是说填词就一定要像写古诗那样讲究押韵的工整，要想讲述故事，或表达哲理则必要构建意境和讲究语言的精炼优美，华语填词大家如方文山在这两方面具有不俗的功底。 （周杰伦《兰亭序》） 现在整个华语乐坛放眼望去，能够将古典意境与诗意融入歌曲创作不在少数，这些充满诗情画意的歌曲，能够勾起我们对美好事物的向往，伊能静的这首歌，歌词的某句唱错了字，其他的意境还是不错的。	穿插解读	观摩、思考

（续表）

教学环节	教 学 内 容	教师活动	学生活动
新课讲解	（伊能静《念奴娇》） 古典的诗歌固然优美，现代的诗歌却也有不可取代之处，它比较贴近现代人的心声，往往身边的一些小对象，引入歌曲的创作，会营造出一种浪漫的气氛，虽然这不是一个诗歌的年代，但人们仍然需要诗歌的关怀。 （王力宏《花田错》） 其实歌曲与歌者，就像画家与手中的画，作家与小说，一旦完成，成了独立于作者之外的作品，每个读者每个听众都会在心中将这首歌和这幅画、这篇小说解读属于自己的情节，这便是文艺作品的魅力，它的意境能绵延出美丽的风景，这朵《蝶恋花》，一起欣赏。 （牛奶咖啡《蝶恋花》） 很多作词中三两句就能勾勒出人生百味的力道，黄安的这首歌，听起来软绵绵的，却是道尽人间沧桑，爱情真谛，那份聪慧与站立的高度，都令人感同身受，即便是译自他人的作品。 （黄安《新鸳鸯蝴蝶梦》） “中国风”是将中华民族的古典元素与现代音乐编排相结合的典型了，虽然早在方文山和周杰伦发轫之前，包括罗大佑在内的很多音乐前辈就已经在做这种尝试了，但真正让“中国风”火热起来的还有一位歌手功不可没，就是陶喆。 （陶喆《SUSAN说》） 歌曲《青衣》取材了京剧著名唱段“武家坡”王宝钏忠贞的爱情故事，在歌曲MV中，马天宇一人分别饰演四角色，力求能将传统国粹及中国元素通过流行音乐展现出来。 （马天宇《青衣》） 中国很多古典元素都极具诗意，引入流行歌词，往往简单几个字或一句话，就已经勾勒出一个完美的意境了，王菲的这首歌，堪称这方面的典范，这样直接把诗词拿出来唱的真的不多。 （王菲《明月几时有》） （结束语） （二）杂志类音乐节目 以音乐为载体，配合多元化的音乐节目，杂志类音乐节目并不是典型的音乐节目，出现在音乐台则成了以音乐为特色的杂志类节目。 （三）娱乐类音乐节目 大多数是开放性的，多是随意性的不确定性的，以听众的参与为主要形式。 （四）情感类音乐节目 此类音乐节目和娱乐类音乐节目是最需要沟通的，主持人的沟通能力决定了节目的形象。 三、广播音乐节目的功能 （1）美育功能 （2）娱乐功能	讲解	笔记

（续表）

教学环节	教 学 内 容	教师活动	学生活动
新课讲解	**四、音乐节目主持人类型** 1. 具有音乐专业知识的节目主持人 2. 由音乐编辑改行的节目主持人 3. 兼具音乐素养和播音能力的客座节目主持人 4. 播音员出身的节目主持人 儒雅型，就是以端庄、自然、典雅，以及知识的广博和丰富见长，在主持过程中往往如行云流水，波澜不惊，具有超凡的应变能力，时常给人以知识的启迪，其主持语言既不乏生动、含蓄与深邃，又口若悬河，娓娓动听。这样的主持语言风格适合主持一些以高雅音乐为主的节目。 恬美型，也就是以声音的恬静、娇然，以及语言的娴雅、温馨给公众留下美好的印象。这类主持人以女性居多，她们富有青春气息和天然的活力，与受众最为贴近，易于沟通，较少心理的距离，时常以情感的丰盈和热挚使公众受到感染。河北文艺广播《心笛音乐时间》的主持人心笛走的就是恬美路线。 幽默型，即以语言的幽默、诙谐充盈于主持过程之中，从而达到良好的效果。他们不苟言笑，却富有智慧的火花，不居高临下，却不乏精神的启示，以其个性的魅力，将人们带入一个风趣的、活泼的，又具有思想深度的境界。 活泼型，即以活泼的语调、独特的语言节奏，以及生动的语言来博得听众的开怀一笑。这类主持人以年轻人居多，主持的多为时尚流行的音乐节目。他们本身就热力四射、朝气无限，而听众也多为年轻人。所以，很容易和听众打成一片，产生心理共鸣。 **五、音乐类节目主持流程** 1. 直播音乐类节目 节目片头＋语言串词＋音乐素材＋听众互动 2. 录播音乐类节目 前期撰稿＋语言录制＋音乐剪辑＋后期合成	讲授	听讲
	示例2 **北京音乐广播《边走边唱》** （歌曲）（片花） Hi！边走边唱，周末绿色欢唱版。欢迎回来，我是麦麦，麦同学，刚刚这首歌呢正好反映出了现代人在感情世界里的孤独、恐惧症，害怕自己在情感中的孤独，害怕被遗忘，但是呢又拿不出勇气克服自己的问题，来自王力宏零三年的一首作品《你不在》，好的，我们继续听歌，有请周慧。	播放音频	观摩、思考、分析

（续表）

教学环节	教 学 内 容	教师活动	学生活动
新课讲解	（歌曲）（片花） 生活中真正的快乐是心灵的快乐，它有时不见得与外界的事物会有紧密的联系，真正的力量呢也是来自心灵的富足，来自一种教养，来自对理想的憧憬和来自于朋友，对不对？经常地切磋交流互动沟通啊太重要了。我们继续听到的是任贤齐《伤心太平洋》。 （歌曲）（片花） 这首歌来自郁可唯《伤不起》，用时下最流行的语句描述幸福存在虚拟群体中的认同感，或是感情世界里的可触摸的真实占有，这首歌的作词也是林夕，也是在描述爱不起只是伤不起，只知道今时脆弱浪漫。 （歌曲）（片花） 请听新学堂乐歌，古剑锋谱曲《长歌行》 （歌曲）（广告） 边走边唱，绿色欢唱版，欢迎回来，麦同学，刚才那首歌来自郑秀文的《出界》，接下来我们有请成龙《给我一片天》。 （歌曲）（片花） 一个人最好的心智一定是最自由自在的时候展现出来的，每个人都需要找到属于自己的那一片天空，接下来我们听到的是星星带来的这一首《我一直站在被你伤害的地方》。 边走边唱，周末绿色欢唱版，欢迎回来，刚才那一首来自沙宝亮的《无名指》，哇，无名指也是预示着一种幸福的感觉对不对，那接下来我们要继续听到的歌来自戴军《经过的人》。 （歌曲）（片花） 所有的不幸回头望其实都由于太过幸福，你以为得到东西在你拥有很快之后便失去，可是怕什么呢，我们努力过，幸福过，珍惜过，那些令人羡慕的，令人向往的，那些不曾起及的人或事，我们亲密过其实就足矣，接下来我们听到的是许茹芸《男人女人》。 （歌曲）（片花） 边走边唱，活力荡漾，绿色周末欢唱版。每每到了听节目的时候，就会发现时间不够用，时间过得好快好快，不知不觉，今天的节目要与您说声再见了，DJ 麦同学再次感谢大家的收听，还是要记得快快加入我们的麦家族，感受一下我们麦家族的温暖，快快通过新浪微博的方式关注 DJ 麦同学以及麦家族的新浪微博就会机会跟我们的互动，同时呢也可以在线下获得我们更多的信息，如果你听节目没有听够的话不妨啊可以登录我们的官方网站寻找节目回放，记得在每天上午 10 点钟到 12 点钟我们都会活力守候在这里为大的家放送最最好听，最最不一样的边走边唱，好了，我们明天上午再见了！ （片尾）	穿插讲解 音频播放 音频播放 讲解、提问、分析	听讲、笔记 观摩、思考 观摩、思考 回答、笔记、思考

（续表）

教学环节	教 学 内 容	教师活动	学生活动
讲授 新课	六、音乐节目主持人的话语权 （一）客观关注 时代潮流、社会风尚、民族习俗、地域特点、文化传统、语境语体等方面。 （二）主观积累 生活阅历、社会经验、思维方式、价值观念、文化素养、艺术修养、审美情趣和个性特征等方面。 （三）懂音乐 1. 音乐作品源自音乐家对音乐的理解、对生活的感悟，甚至是其坎坷经历的写照。 2. 主持人要具备一定的音乐理论知识，掌握一定的音乐评论能力。 3. 传递音乐＝传达文化。文化有一种极强的灌输力，主持人要懂得鉴别音乐，有审美体验。 点石成金、关注人性 主持人要对音乐进行二度创作，给听众中肯的建议，点拨作品。有对现实人性的深刻理解，有发言权。 **示例 3** **安徽音乐广播《音乐晨飞扬》** **主持人：**陈锐　彭可 **陈：**音乐晨飞扬—— **彭：**陪你在路上！ **陈：**大家好，我是娃哈哈冠名主播陈锐。 **彭：**大家好，我是娃哈哈主播彭可。 **陈：**您正在收听的是安徽音乐广播畅享 895 每周工作日早 7：30—9：00，全省最好听的点歌节目——《音乐晨飞扬》（合）！ **彭：**我们一起向收音机边各位问候一声：（合）“早上好嘞！” **陈：**亲爱的朋友，昨晚睡得好吗？ **彭：**周末恐怕容易睡得迟。据美国加利福尼亚大学伯克利分校一项研究发现，睡眠不足可能导致人不辨敌友，社交减少。 **陈：**可不是，忙啊，哪天临睡前不是唰唰批阅奏折？腾不出时间来睡觉啊—— **彭：**那你迟早会腾出时间生病！ **陈：**所以就没朋友了。 **彭：**不说别的，单就你跟朋友们作息时间不一致这方面，就没有人带你玩了。所以，今晚开始，早睡吧！ （歌曲） **陈：**哎呀彭可，昨天看到一段数据，真心为你惋惜！	播放 音频	观摩、 思考

（续表）

教学环节	教　学　内　容	教师活动	学生活动
新课讲解	**彭：** 哪方面的数据？ **陈：** 2014 年，全国有 363 万对夫妇依法办理了离婚，比上年增加 3.9%。 **彭：** 喂！人家离婚，跟我有什么关系！ **陈：** 你看看，那么多人都离婚了，可你还没结婚呐！ **彭：** 我就一张白纸，就一张白纸，成么！ **陈：** 大白，你好！跟我们一起对离婚这事儿操操心吧。回望过去 10 年，中国结婚率有升有降，但是离婚率只升不降。我们邻省江苏的情况十分惊人，平均每天约有 490 对夫妇离婚，不到 3 分钟就有一对夫妇成为陌路人。 **彭：** 我身边的 80 后已经整体迈进婚姻围城，我觉得，相比前人更为自我的"独一代"们正逐渐成为离婚大潮的主力军。 **陈：** 来自南京的数字，上半年南京 15541 对夫妻离婚，其中 30 岁到 49 岁离婚人数最多，占总离婚人数的近七成，其中又以 80 后居多。其中，仅 1980 年到 1985 年出生的人离婚人数就近四成。 **彭：** 那，90 后岂不是更生猛！ **陈：** 是哦，要说 80 后有一部分正在经历七年之痒，那么 90 后就可以说是任性而为。27 岁的林芳和 28 岁的陈俊一年内到婚姻登记处四次。除了头一次的结婚登记，后三次都是吵架后跑来闹离婚，最后一次终于离掉了。 **彭：** 哇，人家的人生咋能破那么多纪录！ **陈：** 除了"感情不和"的大帽子，"第三者插足"排在离婚原因第三，专家表示，现在网络发达，各种各样的机会、诱惑多了，出轨也变得容易。 **彭：** 摇一摇就把婚离了。 **陈：** 是啊，现在离婚太容易，还有一些所谓"政策性离婚"，是在经济利益的驱动下，让婚姻褪去神圣外衣，成为不少家庭规避政策的工具。 **彭：** 唉，我当了几次伴郎，就冲着办婚礼的那个费劲，能不能离婚的时候再冷静冷静？ **陈：** 对哦，所以有专家建议，可以设置离婚缓冲期。好比老一辈总说他们那一辈什么坏了都修，但现在，越来越多的人觉得婚姻坏了也该扔掉换新的，但婚姻的更新并不是要换个人哦。 **彭：** 有道理，离婚率上升在一定程度上反映了人们思想解放，但同时也带来一定的社会负面影响，尤其伤害孩子。 **陈：** 老话说，"宁拆一座庙、不毁一门婚"，减少一些欲望，把真心放在伴侣身上吧。 （路况＋资讯＋点歌信息）	音频播放 穿插讲解	观摩、思考

（续表）

教学环节	教 学 内 容	教师活动	学生活动
新课讲解	（四）在策划环节体现文化的内涵 1. 既要有音乐知识的储备，又要有整体文化素养 广播音乐节目主持人首先要有针对性地订阅大量专业音乐类报刊，既可以及时准确掌握大量最新最全音乐资讯，又能从专业领域的作品中学到不少音乐基础知识；其次，要加强与兄弟台的交流，研习其他主持人，尤其是资深广播音乐节目主持人的名牌节目，取其所长，分析其闪光点、语言优势和节目构思，能获得最直接有效的提醒与启迪；再次，多接触业内人士、专业学者、资深乐迷，所谓“三人行必有我师”，通过与他们交流往往可以收到事半功倍的效果；最后，还要注意收集典型的音乐作品，自己品味，加以领悟，在潜移默化中提高自己的音乐鉴赏能力和品评能力，逐渐形成自己鲜明的主持风格和权威而公正的乐评。 2. 既要熟练掌握音乐词汇，又要讲究编串技巧 一个成功的音乐作品，不论是一首短歌，还是一部交响乐，都可以使听众感受到一种内在的力量和艺术魅力。因为音乐节目是一部完整的作品，它像一根无形的链条，人们看不到，也摸不着，但这根链条安放得如何，是否流畅，脉络是否清晰，是否优美动听，就体现了主持人的气质和音乐功力了。主持人是融采、编、播、控为一身的新型广播音乐人。音乐节目从选题、构思、采访、编辑到现场直播，无不融进主持人对音乐作品的感情、理解、分析及编串技巧。 在音乐节目的制作上，主持人应遵循音乐章法，调动音乐语汇，运用音乐手段编串和制作节目，在一档板块音乐节目中，最好选择一个主题，其他为辅，忌杂乱无章。对音乐作品的成功编串主要体现在以下几个方面：① 音乐主体鲜明、突出不可诸多话题、音乐作品任意堆砌，应以一个音乐主题为核心，使其成为一档节目的框架与发展的基本要素，层层推进，立意鲜明。选择具有歌唱性、旋律性强的作品，使听者过耳不忘。运用力度强、弱，节奏快、慢，大、小调式的转换，音色明暗交替，对比变化的技巧，进行润色，不断造成听觉为之一振的效果。正确运用好垫音。它承上启下，转换过渡，使整档节目有机结合，一气呵成，运用得当，能起到画龙点睛的作用。我们往往忽视它，认为垫音不过是为填充时间而已，可以随手拈来，尤其直播节目更为常见，这样的想法是不正确的。垫乐有开场乐和过渡乐，我们都应该正确使用，使其为我们的节目锦上添花。把握音乐作品中的停顿。音乐作品中的停顿如同文章中的标点符号，至关重要，有严格的规范，并具有特殊的功能。如果没有停顿，前首曲子还没有完，后首曲子又推出了，拖泥带水，音响重叠，会造成听觉上的混乱、费解。适当的间歇停顿，令人回味无穷，正所谓此时无声胜有声。	讲解、提问、分析	回答笔记、思考

（续表）

教学环节	教　学　内　容	教师活动	学生活动
讲授新课	音乐的手法变化无穷，广播音乐节目主持人熟练掌握音乐词汇，就能编织出错落有致、有声有色的音乐节目。② 在策划环节融入娱乐的元素。因为广播音乐节目的特殊性，仅仅侧重文化性的渗入，必然导致节目的拘谨，这样的话，就会使节目流失很大部分的听众。所以，主持人在策划阶段就要把娱乐因素考虑进去，比如在策划时就要考虑选择哪些歌曲，选择哪个听众感兴趣的话题或者角度进行编排和串联，并要尽量考虑到在节目进行中听众可能有的反映；最好是要设计好每期节目的一个或者几个娱乐点，在饱含文化内涵的基础上，使节目呈现出一个或者几个娱乐化的亮点，以此来吸引听众。 　　但是需要注意的是，无论怎样融入娱乐元素，都不能偏离文化对于广播音乐节目的要求。	讲授	回答 笔记、思考
	示例 4 **北京音乐广播《爱得更久点》** （片花） **主持人：** 晚上的 9 点 04 分，欢迎各位来到《爱得更久点》，暖风习习的晚上，打开收音机，体会一份像上学的时候那种简单的浪漫，这就是点歌节目带给你的氛围，我是巧克力韩力。今天晚上点歌很简单，还是登录新浪韩力微博，开放口味之夜，希望每一首歌的播出都会把你带入到一段最难忘的回忆当中，下面这首歌是本周的主打歌，来自陈绮贞的《鱼》，送给各位，辛苦了一周的朋友。 　　这首歌叫作《鱼》，水煮鱼的鱼，酸菜鱼的鱼，但是呢，它可能带给你的不是触觉上的感动，更多的是在心灵上的一种感悟。生活之道呢，的确应该多一点爱，少一点恨，多一点微笑，少一点忧愁，多一点阅读，少一点低谷，多一点运动，少一点美容，生活本来平淡如水，放一点盐，它就会是咸的，放一点糖，它就会是甜的，放一点咖啡，它就会是苦的，放一点茶，它就会是香的，想调出什么味道，全凭你自己。在这样的夜晚，如果想调成你的夜晚的味道，也通过你选择的巧克力口味来决定，是黑色浓重，还是白色清淡，以及榛子复杂口味，都要看各位的了。今天晚上的主料呢是你享用的，各位喜欢的歌曲都可以点播，写上“订购人”“想为人”还有“自加配料”就可以如愿以偿了。那我们来看一下下面这张订单，“订购人”呢是来自叮当阿童木，“想为人”呢是安安，小朋友的妈妈，“自加配料”中他这样写道，善解人意的小叮当会一直关心你，勇往直前的阿童木会一直支持你，叮当阿童木为明天的你送上最衷心的祝福，生日快乐，同时呢，祝全家快乐健康，为您送上一首励志歌曲，来自范玮琪演唱的《最初的梦想》。我们都是有梦想的人，一定会梦想成功的，提前对你说一声生日快乐，因为我们《爱得更久点》是周一到周六晚上 9 点钟，而明天呢，就关门一天，所以提前为她送上生日祝福，不要忘了我们《最初的梦想》。 （播放歌曲）	播放音频	观摩、思考

（续表）

教学环节	教　学　内　容	教师活动	学生活动
新课讲解	**主持人：**梦想和希望真的是好宝贝，我们只有想到他们的时候才会觉得有了力量，人生有两大幸运，一是做自己喜欢的事，二是和自己喜欢的人在一起，而实现这两大愿望呢，一半靠运气，一半靠努力，运气再好的人自己不努力，好运也会渐渐走远，运气再不好的人只要够努力，总有一天呢，会打动幸运女神的，而且就是不能放弃，所以《最初的梦想》呢总会在我们颓败的时候，想放弃的时候再一次在耳畔响起，提醒自己坚持下去，坚持就是胜利。 　　晚上9点16分，点歌也是靠坚持的，如果你在这一秒钟放弃了，那么下一秒钟的奇迹就不属于你了，来看一下下面的奇迹是在哪两位朋友身上诞生的？“订购人”碎布格子，“想为人”呢是一位叫作狐狸的朋友，她选择的是来自苏醒口味的巧克力，在他的配料中这样写道，狐狸谢谢你陪我一起过，时间其实会让一些东西，越来越加深，根深蒂固的，我记得的咖啡糖，还有两个月，那又怎样，不是吗，这属于你们之间的小密语，我已经帮你们表达出来了。一个“订购人”跟你一样，很想听到苏醒的歌声，而他的“想为人”呢是叫作小四，订购的是来自苏醒口味的《身旁》，“自加配料”中他这样写道：有你在身旁时时刻刻都有力量，不怕任何风雨，不怕在黑暗中跌倒。春天来得完美，我们一起去玉渊潭，去剪头发，去看球，一个女生球迷，还有一个女生球迷做闺蜜，真是上天的恩惠。我们一直在一起吧，哭哭笑笑，多么好啊。“闺蜜”这个词汇真的是让女人倍感珍惜的两个字——《身旁》。 （广告，片花） **主持人：**谢谢各位亲，这里是北京音乐广播FM974《爱得更久点》。我是巧克力，韩力。这张订单来自这位叫作小点点绿茶的朋友，他想订购的巧克力来自×××的*SUME LIKE YOU*。 　　听了这首×××的*SUME LIKE YOU*，换句话说，好像在恋爱当中真的是这样吧，随着感情的深入，男人呢会越来越自信，女人呢会越来越不自信，这个世间给予恋爱男女最不同的礼物，所以呢有时候别总觉得男人把你看得太轻，也许只是你把他看得太重了，这首里面藏着×××的一个非常伤感的，用他的话说，谁没有几段垃圾似的感情呢，但是如果你真的清醒地走出来了，也许这笔痛苦的财富，也许让你更加坚强，更好地在其他的领域当中发光、发热，找到真正的自己。听完这首歌呢，时间已经到了晚上的9点27分了，我们必须转个身了，《爱得更久点》还有半个小时。如果各位还想点歌的话呢，请登录新浪韩力微博，韩非子的韩，巧克力的力，在上面留下你的订单，记住写清楚订购人，想为人和自加配料就可以呢，中间的休息时间非常短暂，希望各位记得回来，北京音乐广播《爱得更久点》。 　　晚上9点35分，继续《爱得更久点》，欢迎来到北京音乐广播，月光中的点歌节目，我是巧克力韩力，这档节目很简单，只要下一张节目订单，就可以听到在电波中传送的音乐巧克力。当然了，	穿插讲解	观摩、思考

（续表）

教学环节	教　学　内　容	教师活动	学生活动
讲授新课	请到新浪韩力微博才能完成这个动作，那登陆韩非子的韩，巧克力的力，在下面留下订单就好了。点歌的确是顺其自然，希望各位都不要太急躁，但是顺其自然呢，并不代表我们可以不努力，而是努力之后有勇气接受失败，所以呢，今天晚上就看一看我们能不能再一次挑战一下自己这种极限呢，奇迹会不会在今天晚上诞生，就是几分钟之后的事情了。下面这张订单是来自这位朋友，他的名字是叫作TT，“订购人”TT，“想为人”呢是缺缺，订购的是来自温岚的《夏天的风》，“自加配料”中这样写道：夏天是一个美好的季节，是我们共同喜欢的季节，我们一起走过了11个夏天，在这高三即将结束的日子里，我们要一起加油，只希望美丽的花朵，在第12个夏天绽放，加油！ （歌曲） 虽然夏天还没有全面到来，但是今天走在路上享受春光的朋友都依稀体会到夏天的滋味已经非常浓重了，尤其是今天已经迫不及待穿上裙子的朋友，依稀感觉到了夏天可能在下周就要到来。 4月14号的晚上，欢迎各位继续来到《爱得更久点》当中。我们来看一下下面这张订单，一位给妈妈送歌的朋友，“订购人”呢叫作紫宸，“想为人”呢是她的妈妈，在“自加配料”中他这样写道：“妈妈今天收拾鱼的时候把手给划破了，好心疼啊，老妈不但是驰骋职场的女强人，干起家务来也很卖力，妈妈是我的骄傲，未来呢希望我也可以成为妈妈的骄傲。在这样的晚上，我也想通过《爱得更久点》为辛苦的妈妈送上一首歌，妈妈最喜欢的歌曲就是陈奕迅的《十年》，所以在这个晚上我想让妈妈听到，让妈妈高兴。”好吧，一起重温一下。 （歌曲） 爱不是逃避，是努力，不是逃避着给彼此幸福的责任，而是努力实现让彼此幸福的义务。当初离开时为了不让对方受到伤害的时候，你已经给对方造成了最大的伤害，不要因为害怕彼此离开，而体谅，爱是一种责任，不可以轻易地离开，也许离开之后会有很多的声音，而你听这首歌的时候都会不禁心虚不已，何必让自己的人生留下那么多的遗憾呢，在可以担当的时候千万不要逃避。 继续《爱得更久点》，晚上9点44分，来看一下这位朋友，刚才的那首歌就已经把你的情绪撩拨得非常难过，而此刻你的这首歌，希望就是电波里为你做的一个结尾。“订购人”叫作你的丈夫，“想为人”呢是五星级的爱，在今天晚上，他想带出的这款巧克力呢，是来自张敬轩的《断电》，他在“自加配料”中说了这样一番话，你要结婚了，可能我们永远不会再见面了，这首《断电》是我认识你后第一次在一起听的歌，希望你永远幸福吧！希望此刻，听完这首歌的四分钟以后，你也能够彻底地释怀了。 （片花） 晚上9点49《爱得更久点》，这里是北京建外大街14号，我	穿插讲解	观摩、思考

（续表）

教学环节	教　学　内　容	教师活动	学生活动
讲授新课	是在五层直播间的巧克力韩力，下面这张订单来自“订购人”泡芙小姐，“想为人”是萧十一郎，“自加配料”中她这样写道“此时不管你在不在收听，我都想告诉你，我是真的喜欢你”。 （歌曲） 真爱和流星一样，一辈子可能只看见一次，错过了大概就是一辈子吧，不过我相信也许人生当中对于真爱的寻找，如果你情商够高的话，也许会很容易把握那唯一的一次爱。《爱得更久点》已经到了晚上的 9 点 53 分了，我们要把今天的最后一项订单公布出来了，这张订单呢也是一张友情订单，他写着“加急加急加急”，“订购人”呢是小猪 BT，“想为人”呢是小影，明天 4 月 15 号就是你的生日了，但是明天晚上没有《爱得更久点》，所以呢，她要提前和你说一声，生日快乐。他在“自加配料”中写道：“虽然我们认识的时间不是很长，但是你却很懂我，其他的就不多说了，希望早日收到你的红色炸弹。”一首张韶涵和范玮琪的《如果的事》送给你们，希望你能开心无比。每天晚上呢有人会感谢我带给他快乐和惊喜，也有人会抱怨，为什么又一次会失败。我不可能让所有人都会开心，但我只想让你听一小时的《男左女右》，不，是一小时的《爱得更久点》的时候是开心的，是因为有一个人走进房间，所以刚才我说错话了，他就是今天的男左，好吧再过几分钟就会亮相了，我们一会《男左女右》再见了。 （歌曲）	播放音频	听讲、笔记、思考
	七、广播音乐节目的语言技巧 （一）给听众留下足够的想象空间 （1）语言的留白：要给听众留下足够的空间，让听众透过音乐去完成自我的想象和感知，语言要含蓄、朦胧，不能过于全面、直白。 （2）语言少而精：言不需要多，用一到两句话直指人心和灵魂，碰触到人们在音乐中共鸣的最强点即可。 （二）加入佐料，营造浓厚的文化氛围 （1）为了使不懂音乐的人也能听明白音乐的内涵，广播音乐节目的语言可适量简单介绍一些所放音乐的背景知识和音乐术语，增加节目的知识含量。 （2）用生动、有趣、短小的音乐创作故事等具体鲜活的音乐生活，为节目营造浓厚的文化氛围。 （3）与音乐相关的电影、美术等艺术作品的简单描述可增强人们对音乐本身的多角度理解和回味。	讲授	
	八、娱乐性和文化性的统一 （一）在语言表达上实现二者的统一 有人说，主持人应该算一个语言工作者，因为每天都在“说话”。	讲授	

（续表）

教学环节	教 学 内 容	教师活动	学生活动
讲授新课	“说话”不仅是主持人表达节目内容最重要最直接的手段，而且也是反映主持人个性和才学的重要方面。一直以来我们可能都有这样的困惑，为什么节目主持人特别是音乐节目主持人的有声语言创作总是摆脱不了“千篇一律”“千人一腔”的窠臼呢？其实除了传播的内容和形式不够丰富外，语言样式的“趋同化”是造成这一“顽疾”的最主要原因。这里所说的“趋同化”简单地说就是追求“模式”。 我们都知道，广播音乐节目主持人的个性语言越鲜明越突出，就越能表现出其特殊的魅力和感染力。在日常生活中，每个人的语言就呈现出各自不同的特点。语言的表述，不仅可以实现交流的目的，同时，还可以通过不同特色的语言，呈现出自身的个性和世界观。 1. 要在语言表达中体现文化性，主持的语言要规范，并具备逻辑性和美感 （1）语言要规范准确 对于一个主持人来说，无论主持的是什么节目类型，语言的标准是首要的要求。不仅要在吐字发声、重音选择等方面严格要求自己，时刻不忘自己是一名节目主持人，身上担负着推广普通话的责任；更要在语气、节奏方面根据节目类型进行调整。 （2）语言要富有逻辑性 音乐是很感性的艺术形式，因此很多音乐节目主持人在做节目时通常也是毫无拘束、天马行空、乱说一气，而且很多听众也认为做音乐节目主持很简单，只要随便说几句随想就可以。其实不然，音乐节目的主持也要有逻辑性。相较于其他的节目形式，音乐节目的主持更强调情感的外露和对语言的修饰，但是，如果主持人的语言具有一定的逻辑性，就可以比较清晰有条理地安排歌曲的串联，体现不同形式不同风格的音乐之间的内在联系，具有突出的文化性和深刻性。而主持人这种富有逻辑性的语言，往往可以体现出自身思想的敏锐与睿智，也可以显现出思维的敏捷与精神的超越。 比如，陕西音乐广播的《唱游朝九晚五》节目，主持人晨风往往能在节目中穿插自己对音乐的与众不同的看法，明明是几首看起来没有关联的歌曲，在她巧妙地用语言“穿针引线”之后，就会呈现给听众耳目一新的感觉。 （3）语言要富有美感 音乐往往是和文学联系紧密的，广播音乐节目主持人在做节目时一般也比较注意遣词造句。音乐节目要体现文化性，首先语气要温和委婉，富有磁性，彰显出知识的渊博和知识的魅力。在音乐节目的主持语言中，时常不乏对遣词造句的不露痕迹的追求，以及对词汇的造型和形象化的关注，使语言表达的流程体现出一定的韵律和节奏性，呈现出音乐之美。而在语言的表述过程中，又间或融入象征、拟人、双关、比喻等修辞艺术手法，更能体现出主持人的智慧与才华。	讲授分析	观摩、思考

（续表）

教学环节	教 学 内 容	教师活动	学生活动
新课讲解	2. 语言表达中，在文化感的基础上要具有娱乐气息 （1）语言要具有幽默的风格 如果时常体现出风趣、诙谐的语言特色，往往最能够反映出主持人的机敏与才智。主持人时常使用巧妙的比附、欲扬故抑、旁敲侧击等语言技巧，就会把听众从一个沉重和压抑的境地引导到和谐的充满谐趣的氛围里。诙谐幽默“能使大家在宽松愉快的氛围中，引发对主题浓烈的兴趣，从而把大家迅速带入一种比较热烈、活泼的语言环境”。 （2）语言要富有生活气息的表现 虽然我们在语言上会做很多的雕饰，但是有时却不能使听众感觉到智慧与才气的外露，雕饰过多的话反而会让听众觉得虚假和做作，因此我们在语言表述过程中，要突出温馨、恬静、可亲的特色，要在一种平和与自由的气氛中体味到平等对话的愉悦。所以，广播音乐节目的主持，要呈现出清新淡雅、洒脱清纯、活泼明丽的气息，这样才能使听众感受到主持人的亲切和平易，以及对话的自由和交流的畅快。 **示例5** **安徽音乐广播《音乐随心聊》** **主持人　晓静** 午后3点，欢迎收听《音乐随心聊》，我是晓静，午后的时光陪你听听故事，聊聊心情。微信用户可以关注我们的公众号“安徽音乐广播”，新浪微博搜索895DJ晓静找到今天的工作帖。 你知道吗？不坐电梯走楼梯上下一层楼能减排0.218千克；少开空调1小时减排0.621千克；少用10双一次性筷子，减排0.2千克。 你知道吗？淘米水可以用来洗脸洗手，茶叶渣可以晒干做茶叶枕头，这些看似不经意的举动，都是在为地球减碳。低碳生活，其实不仅仅关系到环境保护、节约资源之类的宏大命题。即便在个人生活层面上，它也是好处多多的——既节省生活开支，又有利于身心健康。比如，选择自行车、步行、公交车等绿色出行方式；又比如，少用一度电、少用一张纸、节约一滴水；再比如，使用环保购物袋、认养一棵绿化树……其实，节能低碳离我们并不遥远，它应该成为一种自然而然的生活习惯。让我们行动起来吧，低碳生活，从身边的小事做起。 （歌曲） 广州一对90后新婚夫妻的DIY旅拍照片，近日在朋友圈被疯狂转发。他们用8天时间游览了西安、乌鲁木齐、吐鲁番、敦煌、西宁等地，在绝美的风景里拍婚纱照，网友们眼前一亮，直呼“心都要跟随他们飞起来了”！新郎小卢介绍，带上婚纱旅行的灵感来自俄罗斯摄影师与女友“牵你的手环游世界”系列照片。结婚之后，两人考虑	播放音频 分析讲授	观摩、思考

（续表）

教学环节	教　学　内　容	教师活动	学生活动
新课讲解	到找影楼拍摄动辄几千甚至上万元，于是想到DIY旅拍，妻子带上从淘宝买来的婚纱，丈夫担任摄影师。他们的旅行计划相当随意，甚至没有刻意将此定义为蜜月。而正是这一份随意自然，打动了成千上万的网友。新娘小梅笑着说："其实身边很多朋友也想来一场说走就走的旅行，但由于时间、工作等原因未能如愿。我们恰好有时间、计划和婚纱，也许这正是让网友动容的原因吧。" 　　这一路，让他们难忘的除了沿途美丽的风景，还有路遇的好心人们。最让小梅感动的是在乌鲁木齐去往吐鲁番的路上，两人完成了"在火车上拍婚纱照"的愿望。小梅回忆，两人登上火车后兴奋不已，她马上找洗手间换上婚纱。而列车员在得知他们旅行的目的后，竟主动表示能为两人专门腾出一节车厢拍照。除了火车的温暖回忆，一位戈壁滩上的独居老人也给两人留下了深刻印象。在夫妻俩拍照时，老人起初只是远远观望，之后走向他们，主动帮忙提箱子。攀谈之下，夫妻二人才得知老人一个人长期住在这里，看到婚纱觉得"非常新奇"。小梅表示，发自内心对大自然的热爱及被美景触发的愉悦心情支持着他们走完全程。他们不要求品牌婚纱照、不求效果，更想要的是自然、淳朴状态下的真实记录。我想，这一张张独特的旅行婚纱照，一定会在以后的岁月中给他们留下铭记一生的美好回忆。 （歌曲节目互动　半点广告） 　　半点后欢迎继续收听"音乐随心聊"，我是晓静。午后的时光继续陪你听听故事，聊聊心情。微信用户加我们的公众号"安徽音乐广播"，新浪微博搜索895DJ晓静，找到今天的工作贴。乔布斯曾说，有句话对他影响很大，那就是始终拥有初学者的心态，也就是"不忘初心"。拥有"初心"是件了不起的事，尤其是在物欲纷乱的时代，很多时候，我们走了太远的路，却忘了当初为什么出发。不忘初心，方得始终，只有怀揣最初的意念，为了那一份"初心"而坚持、努力，你才不会迷失方向，才会找到自己真正要走的路。 （歌曲） 　　有一位母亲非常生儿子的气，感到不知所措，于是常常向她的同事诉苦。她说："我实在不了解他，因为他太不听我的话了！"猛一听，这句话好像没有什么问题，但从逻辑上仔细一分析，你们就会发现问题了。你想，那位母亲说"我实在不了解他"，那"不了解"的原因是什么呢？原因是"他太不听我的话了"。这在逻辑上是不是有问题？ 　　你要了解孩子，你就要去听孩子说话。你认真去听，你就会知道孩子在想什么，他希望什么，他埋怨什么。可现在反过来，你要了解孩子，却不去听他的，而是要他听你的，你老是在那里"叨叨叨，叨叨叨"的，你当然不会了解你的孩子。因此，从这句话引出一个结论：要了解别人，善于倾听是最简单的一种方法，但这往往却最容易被我们忽视。 　　有人说，上帝创造人的时候，为什么只有一张嘴却有两个耳朵，那是为了让我们少说多听。	穿插讲解	观摩、思考

（续表）

教学环节	教 学 内 容	教师活动	学生活动
新课讲解	在美国，曾有科学家对同一批受过训练的保险推销员进行研究。因为这批推销员接受了同样的培训，业绩却差异很大。科学家取其中业绩最好的10%和最差的10%对比，研究他们每次推销时自己开口讲多长时间。研究结果很有意思：业绩最差的那一部分，每次推销他说的话累计为30分钟；而业绩最好的10%，每次累计只说12分钟。很显然，他说得少，自然听得多。听得多，对顾客的各种情况、疑惑、内心想法自然了解得多，他就会采取相应措施，结果业绩自然优秀。 美国最有影响的人生导师卡耐基，有一次到一个著名植物学家家里做客，整个晚上植物学家都津津有味地给卡耐基讲各种千奇百怪的植物。而卡耐基听得津津有味，目不转睛，像个特别喜欢听故事的孩子，中间只是偶尔忍不住问一两句。半夜离开时，植物学家紧握着卡耐基的手，显得特别高兴和满足，还兴奋地对卡耐基说："你是我遇到的最好的谈话专家。" 你看，卡耐基一个晚上根本就没有说什么话，只是听，却居然获得了"最好谈话专家"的美誉！这就是"善于倾听"的魅力所在。 （歌曲　节目片花　节目小单元"私房歌推荐"节目互动） 时间关系结束今天的音乐随心聊，代表监制童尧、总监安妮、汪茜感谢收听，明天再见。 (3) 在与听众进行热线或短信交流时，要用热诚的语言感染听众 随着传播技术的进步，几乎所有的音乐节目都开通了热线或者短信交流平台，于是，主持人在节目当中与听众的交流和沟通也充满了艺术。这时的交流是最直接的，也最能体现主持人与听众沟通的娱乐化情绪。尊重听众是必须的前提，更需要主持人用一颗热诚的心去感染听众。一直以来，"语言苍白"是广播音乐节目主持人的致命伤，很多人认为音乐节目，尤其是流行音乐节目不能登大雅之堂，与部分主持人文化素质较低，语言贫乏不无牵连。只有自己首先成为一名热爱人生和社会，积极进取永不言败的人，才能使节目呈现积极向上、明朗开阔、热情欢跃的精神面貌，才能使流行音乐成为人们生活的鼓舞者。 每一位有水平的音乐节目主持人都会用心去热爱节目的每一位听众、每一个歌迷，而不是高高在上、颐指气使地抬高自己。其实，每个歌迷都是最好的鉴赏家。他们喜爱音乐，喜爱音乐节目，并经常为节目出谋划策。节目的每一次改版，每一个小栏目的推出，都有他们的热情建议和全情参与，甚至提供资料帮助。热爱每一位歌迷，善待和尊重每一位听众，才会全身心地投入到节目中，才会从他们身上汲取营养，提高自己。 其实，音乐节目主持人的语言表达实际上就是一种感性的流露。这种流露应该是自然的发自内心的，而绝非矫揉造作的。同时，它又	穿插讲解	观摩、思考

（续表）

教学环节	教 学 内 容	教师活动	学生活动
新课讲解	要显而易见，令听众可以轻易捕捉到。必须注意的是，个性语言应该根植于丰富的性格和深厚的文化内涵之中，一味地模仿，或者崇尚港台腔，甚至满口怪腔怪调都是主持人语言中要不得的，更谈不上什么风格和个性了。只有不断学习，扎实练功，主持人才能更好地展现自己，服务受众。 （二）在主持风格上体现二者的统一 1. 广播音乐节目主持中要将深厚的文化涵养在主持风格中体现 主持人是节目的灵魂和二次创造者，主持人的表现直接影响听众收听节目的意愿。主持人在与听众交流有两个层面，一是以高质量的服务吸引听众收听。好的主持人善于在极短的时间内抓住听众，吸引其驻足收听，因此主持人给听众的最初印象非常重要。广播没有直观性，语言就是主持人的外在形象。如果主持人经常读错字，说错话，或者语言低俗、模仿港台腔、主持节目敷衍了事，就会使听众感受不到所期望的服务，体会不到应有的尊重，他也不可能继续听你的节目，更不可能认同你的节目继而成为基本听众。因此，认真做好节目，为听众提供高质量的服务，是节目主持人吸引听众的起码的要求。二是主持人以人格魅力吸引听众。这是主持人与听众长期真诚面对、平等交流的过程中，被听众认可、逐步建立起来的新型的互动关系。要以自己的真诚和努力，赢得听众的真心回报。这种高层次的听众与主持人的交流，使广播节目在人性化的互动中得到进一步的升华。 主持人的内在风格魅力，是指他具有较高的学识、修养等优秀的品行，加上他通晓并掌握有声语言的发声特性、表达技巧，以及随机应变对节目的把控能力，由此产生的一种为受众认可的、有别于他人的、符合主持人职业需求的一种气质和力量。这种有别于他人的差异较难模仿，往往被赋予某种神秘色彩而为人们所喜爱甚至崇拜。 主持人的风格特性必须与节目融为一体，只有当主持人的特性与节目内容、形式相统一，水乳交融的时候，主持人的风格才能得到充分展现，才会具有迷人的魅力。在主持音乐节目时，要注意感情真挚、善解人意、温和积极，不论是接听热线还是信件交谈，都能恰到好处地与听众共享快乐和忧伤。 优秀的音乐节目主持人最善于创造和谐的交流氛围和寻找最佳的感情交流点，真诚敞开心扉，以赢得受众信赖。北京音乐广播《零点乐话》是一档和听众互动、交流性很强的节目，听众参与的热情很高，积极性很强，许多听众朋友写信给节目主持人说，两个小时的节目他们一分钟也不想错过，生怕漏掉一句话，很多听众坐几个小时的车来到电台要和主持人见上一面，表达他们对节目的喜爱和对主持人的感谢。该节目之所以受到欢迎，最重要的就是主持人和听众心贴心，不管在节目内外都真诚做听众的知心朋友。主持人在节目中和听	讲授	听讲

（续表）

教学环节	教 学 内 容	教师活动	学生活动
新课讲解	众交流的时候，高兴时会笑出声来，动情时会流下眼泪，因此感染了众多的听众。很难想象，如果不全情投入，不首先打动自己，怎么会真正地打动听众的心。 职业赋予主持人不可或缺的社会公信和社会良知代言人的角色，己不正，焉能正人？主持人必须秉持敬业奉献、诚实公正、团结协作、遵纪守法的职业道德。 **示例 6** **北京音乐广播　《零点乐话》** **主持人　伍洲彤** 当你在异乡的夜伴下醒来，请把身边的手机打开，（没有一盏熟悉的灯可以……）午夜 12 点，午夜乐话，与你同在，（我在异乡的街道徘徊，听着完全陌生的对白，当初那么多的勇气让我离开，我却连时差都调不回来）午夜时差［头发是长的（花儿盛开）花儿是开的，（昨天是今天……）梦想是现实的，零点乐话是你的，（人生是苦的，被爱是甜的，自由是不自由的，你是我的，你曾经是我的，我的，你曾经是我的］听零点乐话，在那种温馨的小屋里，我拥有了许多美好的东西，真、善、理解、友谊还有爱，（沿着风向前行，我们毕竟走到这里，我想到过去，点点滴滴如春风化作雨，你是一滴雨，想问天你在哪里）告诉我你在哪里，告诉我你此刻的心情，欢迎收听零点乐话，当一个人独处时，在耳边轻轻敲响，又要共同挨过新的一天。（片头） **主持人：**我是伍洲彤，欢迎光临零点乐话诊所，温暖的音乐秀，有些记忆永远都在那里，但可以肯定的是你已经决定不再碰那段记忆了，于是你把记忆的窗改成了墙，刷上白色的漆，再在有洞的地方挂上一幅画，可惜啊，这样一来它就再也进不来了，它只能在墙外轻声地歌唱，也许这样记忆可以搁浅，和那幅画里面那熟悉的脸庞，就永远留在眼前。（记忆的搁浅音乐起）“记忆的搁浅有时让人无能为力，恼人的春风吹上了他的脸庞，如果再来一场雨，几束花盛开，它也会残破不堪，入土为泥，可是在我心里，它永远那样亭亭玉立，含苞待放，让人感觉无心复制，手太脏。”这是昨夜的一段新集，当时在听肖邦的《夜曲》，感触也变得格外的细腻，当走到门口，转过身，从现实再到理性当中，再一次看到你的时候，我会突然觉得自己的内心再一次变得柔软细腻起来，你也可以把你今夜的心情告诉我，通过微博，不用担心我声音的低落，虽然有点力不从心，但我依然会聆听，会用我的眼睛，我的心去感受你的心情，在新浪伍洲彤上都可以，有首歌一直想送给你，一直都没有机会，今夜可以，就叫《明白》。 在四月里听五月天的歌是不是早了一点，可这正是我的心情，我本想谈给你听，可你好像并不习惯这种见面的方式，在我显得有些无措，最后只能是我开口了，任涵今天在微博上说：“今天终于可以和他在一起了，突然很想让全世界都能知道，今天的我是透明的。”三	播放音频	观摩、思考

（续表）

教学环节	教 学 内 容	教师活动	学生活动
	分钟之前说："一个人坐着默默地戴着耳机，我没有回忆可以回忆，脑海中闪过的是属于别人的电影情节，有时候，当你无法设定情节的时候，你可以用另外一种方式，来把耳朵凑过来，让我来告诉你一句我刚刚听到的很肉麻但很动人的情话，在我的心里，我们的爱情花开不败，你听到花开的声音啊，犹如亲吻你的眼睛，浅浅的睫毛，扑朔你的眼角，你心都融化了，午夜的梦醒时刻总让人充满幻想，我不想持续这种感觉，哪怕好像已过了这个年龄，时间就像风一样，而我们是风起的叶子，有时候以为学会了飞，却不知道那只是一场风而已，风一停我们便要落地，便要接受现实，便要分开，当然有风的时候，我们可以把我们的希望、愿望，甚至梦想在天上有一根线，在天上紧紧地抓着，而对于感情而言你是愿意做风筝还是那个放风筝的人呢，想一想好像各有其难，也各有晴天，对吗？ 《灵感》（音乐起）		
新课讲解	陈升的《风筝》，我非常喜欢的一首歌，刚才说到无论是放风筝的人还是风筝都挺好的，但也都挺不好的，放风筝的话，那种掌控感会让你觉得很满足，可是万一线断了怎么办？你原以为有的东西也许连残骸都找不到，而如果你愿意做风筝的话，你首先不会担心被风刮走，你会有一种安全感，可是问题是你会永远那么安全，永远被拴着，你是否会心甘？于是听歌的时候，我就会忽然故意慌慌张张，就像风筝坠落下来时左右晃晃，只为了和你多待一会，哪怕是几个小节的音符，smell说今天一个人去看了《泰坦尼克号》，一晃十五年过去了，时间真是一个可怕的东西，苍老真是一个让人无奈和恐惧的东西，我们终有一天会变老，或幸福，或遗憾，可是错过的人真的回不来了。好像今天看电影的人还挺多的，盛依然，六分钟之前在微博上说，我是在网页上听你的节目，刚喝了点酒，又看电影《春娇和志明》，突然哭了，又突然笑了，一直在说哥我很累啊，可是又不知道叫谁哥，有时候宁愿醉了，也不想清醒，我突然发现你和我一样，都无法投入地感受这个春天，该忘的也都忘了，忘不掉的也都埋了，清明节的时候连祭都没祭，剩下的生活我想也不会有什么波澜，所以最近梦都少了，可是依然会有后悔莫及的时候，我不能说想跟你分享这种感受，我只能说这是我当初后悔莫及一切最自然平常的事情了，我们甚至可以换一种姿势，换一种心情，我们甚至可以跳着、唱着、闹着、跳着说，没关系，我们可以后悔。 （《后悔莫及》音乐起）	音频播放	观摩、思考
	后悔莫及，我看见一个人站在树的下面非常忘情地呼吸着，那陶醉的样子让我有点好奇，于是我轻轻地问了声："嗨，干吗呢？"那个男孩睁开眼，却没有看我。并用一种漂浮的语气说我在享受它呢，我有些奇怪说为什么，他说：他们是我不久前同时认识的两个女人。我微微一笑，把这几句话送给他，送给这位桃李双雕的人，可问题是他刚听那首歌时好像哭了，不知道为什么，游晨说终于能等到听《零点	穿插讲解	

（续表）

教学环节	教　学　内　容	教师活动	学生活动
新课讲解	夜话》了，这次我不会让自己睡着，一定会坚持，百花凋零后的沉默留言说，日子一天天过去，假装不在乎，却还是骗不了自己，还是放不下，很多事情你不知道也不必知道。 （《消失》音乐起） 这首歌叫《消失》还记得是一年前我们坐在树前唱一首《仰望星空》，憧憬起来，幻想未来，11 年了，当我再一次坐在那张长椅上却依旧能感受到当初的那一份纯净，而你依旧对他说，豁然，等我，我不知道乐话能不能帮你，但我想这至少是一种安慰和感受，至少说明在这个城市里，你不是一个人，我还在这里，倾听着你，我是伍洲彤，等我，我马上回来。 （片花） 告诉我你在哪里，告诉我你此刻的心情，欢迎收听《零点乐话》。赵丹丹在微博上说，刚刚听你放一首《风之韵》想到自己四个月的台湾交换生的生活，在高雄音乐会献上这首歌更有别样的感觉，（《向前走》音乐起）三天前和姐妹打着找回台湾感觉的厦门之旅，好像过去了就再也回不来了，我们谁也没有闻到曾经的气息，怀念只能藏在记忆里，我们能做的就是放松之后继续不回头，向前走。奥特曼夫人两分钟之前说，有些事情以为随时间，随记忆就可以淡化了，但那只是骗自己的一个理由罢了，因为它不会从你的记忆中抹去的，就像用了橡皮擦，以为擦掉了还是有痕迹，是永远抹不掉的……其实我应该跟我另外的一个好朋友说，谁也别否认藏在心里的那个人，对现实的妥协让他只能永远被你囚禁在心里，可你也别太残忍了，答应我，找个时候，比如说每周的这个时间，给他放放风，把他领出来感受一下你的爱，哦，咱们不提爱，把它领出来感受一曲美丽的乐话，这总行吧？小格调几分钟之前说，曾经以为忘不掉的人，也不知有多久没有想到你了，也许这就是时间，这就是成长，曾经以为比天大的东西，现在看来没什么大不了，我才 21 岁，一切还禁得起折腾。我是鹤鸣，五分钟之前说，对于过去的她我不能奢望什么，一切都在心里默默地祝福，一切都是那么自然，一切都是命运的缘故，还好我和她成了最真实、最淳朴、最简单的朋友，不去多想。我会给你调一首歌，不过说之前，我想说说我最近的一些感受，我越来越喜欢安静了，这是不是变老的象征呢，也许吧，万一哪天不小心看见了一根白发，别忘了提醒我一下，我已经适应了生命的迁徙，但我们也可以在途中留下一些印迹，好让离开的他们在需要的时候还可以找到活路。人们说黄手帕代表幸福，那白手帕呢？好像那根白发就是我留给他的白手帕。给你的歌找到了，却不知道在歌声想起前跟你说点什么，春天来的时候我以为我找到一些感觉，特别是穿上那件松松皱皱的白衬衫，我似乎又回到了从前，可此刻我只想说今晚只想你更快乐，所以别总羡慕他。 （音乐起）	音频播放 穿插讲解	观摩、思考

（续表）

教学环节	教 学 内 容	教师活动	学生活动
新课讲解	节目可以让你更快乐，不管这种快乐是不是加了引号，就当是一种自我安慰的方法，你说呢？我是伍洲彤，这里是《零点乐话》，五分钟之前说，任何人都不可能真正地懂你，所以有时候，他会用自己认为最好的方式来爱你，这就是这些年坎坎坷坷走来最好的结论，我们不是错过了，而是失去了，是因为我们太年轻，很多人在感叹春天，春天，怎么还会有人在用它感叹自己的人生和期盼，我们不能说点别的了吗？聊聊化妆品、时装、排行榜、股票、足球，什么的，非得谈感情吗？感情是这个世界上唯一不会过期、不会消失、没有荣耀、不含激素、防腐剂的东西，有时说到感情很俗、很碎，但在这样一个越来越乱的社会里，你能拥有的只有感情，你自己的，你给他的，他给你的，来听这首歌，也许我会听到一半就换，可是，生活没有断点…… （《断点》音乐起） 有人说第一次说爱的人也许永远不会在一起，思念过，泪流满面过，满心欢喜过，面对面过，一起听过同一首歌，到最后那是一种相互的鼓励，到最后那是一个断点，一种回忆，还曾有人满意过自己的生活，就算满意也不想让人看出来。于是很多人都在埋怨，连听歌的时候都不忘为自己感叹一番，看窗外已是春天，难道就因为看不见，就不肯低下头去闻闻花的芳香吗？好吧，在这一切还没实现之前我决定跟你说晚安，就现在！ 天不冷了，不用外套，那就在你的衣襟上别一朵花，一朵我为你挑选的花，他的名字就叫春天。唱歌的女孩，声音沙哑，但心挺单纯的，歌中有一句话，你有很多话要说，所以选择沉默，所以你是一本书…… 2. 广播音乐节目主持在外在风格主要是语言风格上要体现娱乐性 由于广播音乐节目主持人主要是通过声音与听众进行交流和沟通，所以主持人的外在风格主要是指在主持节目过程中所表现出来的语言风格。在上文关于语言表达的阐释中，也提到了一些技巧性的因素，无论是幽默，还是亲切，都要注意带给听众愉悦的享受。 音乐节目的主持强调主持人的风格魅力，也就是主持人的个性，但是个性不是无度的个性，如果超出了度，必然令人生恶。如果一位主持人只停留在靠感官刺激来满足听众的话，那就走入了个性的极端。主持人要想常变常新，创新自己的思维模式，只能靠平时的积累和思考，以及自己的社会责任心，处处关心社会变化、关心群众，做富有爱心、富有知识的人。 **示例 7** **安徽音乐广播《嘻哈二人行》** **主持人　黑米、阿木** （片头）＋（暖场开场白） **黑：**哎呀！总算又看到你了！我还以为看不到你了！	穿插讲解	观摩、分析

（续表）

教学环节	教 学 内 容	教师活动	学生活动
新课讲解	**阿：**你能再晦气一点吗？大周一！ **黑：**是这样的，上周六，阿木坐公交车去市里买东西。一小姑娘在包里装的一香水小样盖子掉了，车厢里顿时香气四溢，小姑娘拿纸巾开始擦自己的包，周围大家开始看笑话。突然，坐小姑娘旁边的阿木脸色大变地指着小姑娘说："你，你，你，你让人家怎么回家啊？"怎么样？弟妹闻到之后没说什么吧？ **阿：**托您吉言！没说什么！不是……我怎么觉得你老盼着我倒霉啊？ **黑：**这话说的！我这不关心你么……嗯，没说什么……竟然没说什么……（嘿???） 来关注今天节目的主要内容： 瑞士小镇公投放弃开采12亿美元金矿； 日本一大学为留级学生举办"留级典礼"； 美一司机路上多次帮忙接生，获"公路天使"美誉； 今天话题：对不起，我误会你了！ （歌曲） **黑：**我们说一个人幸运，会说他们家门口挖到金矿了！瑞士阿尔卑斯山脉山谷深处一小镇被发现拥有一座价值达12亿美元的金矿，然而该镇的450名居民经过辩论和公投，拒绝了加拿大开发商的开采要求，理由除了保护环境，还有拒绝外来人口进入。人不要金矿，人就要寒舍！就要家！我想要有个家，一个不需要金矿的地方…… **阿：**按理说，不能够啊！…… **黑：**我也这么觉得。但是那个小镇太漂亮了！清泉淙淙，松林繁茂，人们依山而居，宁静祥和……但是你说吧，欧洲金融危机闹得挺凶的，开金矿也不白开，在10年开采期，每个居民将收到40万瑞士法郎（约合274万元人民币）的特许权费。相关的商业活动也会给小镇带来可观收益，例如削减地方税收、低利率贷款等。 **阿：**有些东西是钱买不来的！这么说吧，真正美好的东西往往都是不需要花钱，比如空气、阳光、雨露…… **黑：**太同意了！还有爱情、友情…… **阿：**谁说爱情不用花钱？谁说的？啊？花老些钱了！ **黑：**又心疼你那0.001克拉的大钻戒了？ **阿：**什么乱七八糟！ **黑：**你知足吧！有媳妇，有家的！瑞士那个小镇的居民除了担心金矿被开采之后环境遭破坏，还有一点很重要，小镇的小伙子还担心外来矿工可能会抢走他们的女朋友。 （歌曲） **黑：**上个月，是日本樱花盛开的季节，日本各地的大学生们都开开心心地迎接新学期，但其中有一部分人不是很开心。 **阿：**甭说了，留级的！ **黑：**要不说你有经验呢！	穿插讲解	观摩、思考

（续表）

教学环节	教 学 内 容	教师活动	学生活动
新课讲解	**阿**：嘿！谁有经验？我从不挂科！ **黑**：留级其实也没什么过不去的。常在河边走哪有不湿鞋？ **阿**：这比喻不合适啊！ **黑**：让我想想……也没啥更好的比喻了！反正因为挂科留级总比靠着作弊蒙混过关的人要好！（嗯，对！）日本国立大学上个月就特别为这些留学生们举行了“留级典礼”。 **阿**：不是……黑爷，不是留学生，是留级的学生！ **黑**：简称嘛。 **阿**：没有这么简称的！ **黑**：多较真儿啊！ **阿**：不是我较真儿！留级的学生跟留学生不是一回事儿！真不是一回事儿！ **黑**：那留级的叫…… **阿**：留学生嘛！ **黑**：你听！不是一个意思吗？ **阿**：嘿！给你绕进去了！得得，不跟你瞎咧咧了，接着说吧！ **黑**：就是……日本举行的这个“留级典礼”还挺正式，跟毕业典礼有得一拼。还现场颁发“留级证书”，证书中说：“该生未修满规定学分，予以留级，特此证明。” 据说日本的大学包括研究生部，留级的现象还挺普遍的。有些人情愿留级，为了在学校里多做一些研究课题。 **阿**：别逗了！谁告诉你的？那就是为了多参加几次新生联谊会！嗳……我懂！都是过来人！ （歌曲，整点，互动，歌曲） **黑**：你帮人接生过么？ **阿**：什么？What？纳尼？ **黑**：接着惊讶……惊啊！我听听你还会哪国语言。 **阿**：三国足矣！ **黑**：正是因为有阿木的惊讶做铺垫，才格外显得下面这位仁兄的了不起！ 　　美国一位卡车司机最近紧急停车，为另外一辆车上的妇女接生，赢得各界赞扬。值得一提的是，这已是他第3次在路边帮忙接生。除此之外，他还在路边拯救过其他人的性命，得到“公路天使”的美誉。这位司机名叫霍桑！ **阿**：了不起！太了不起了！据我所知，不晕血的男人都不多，更别提接生了！这玩意儿也能无师自通吗？怕不能吧？ **黑**：问到重点了！小霍打小耳濡目染，他的母亲与外婆都是助产士，所以从小就知道接生是怎么回事。那是1999年，美国西岸的加利福尼亚州。蓝天白云，水清沙幽，一派美丽的海滩风光…… **阿**：看黑爷表情，怕是想到海鲜了……回来吧！	穿插讲解	观摩、思考

（续表）

<table>
<tr><th>教学环节</th><th>教 学 内 容</th><th>教师活动</th><th>学生活动</th></tr>
<tr><td rowspan="2">分析
总结</td><td>**黑**：对不起……小霍正开着车在路上行驶着，他听到有辆车拼命按喇叭，原来是车里的女子将要生产。他于是一面安抚当事人，一面在那辆车的后座成功为女子接生。有了这次经验，霍桑于是在车上备齐了接生所需设备，诸如酒精、饮水、棉花球、医疗手套、剪刀、胶布等，甚至还有吸盘。2010 年，果然再次派上用场！
阿：如果说第一次接生是凑巧干了件好事，那么后面两次小霍都是有备而来的。值得表扬！我深受感动！我也想去帮助别人。你说，我能帮别人做些什么呢？
黑：只要不指路，什么都好……
（歌曲）＋（结束语）

九、音乐类节目主持的总体要求

1. 语速要和音乐作品的节奏吻合
2. 语言要服务和突出节目的主题
3. 主持风格要与节目风格和谐统一

十、走出直播间

1. 征集音乐作品
2. 举办歌手大赛
3. 可视化直播</td><td>穿插
讲解</td><td></td></tr>
<tr><td>项目作业：策划制作广播类音乐节目一档，时长 10～15 分钟，音频作业为 MP3 格式，要求有完整创意文案。</td><td>布置
作业</td><td>按要求
完成作业</td></tr>
</table>

项目六

广播娱乐类节目主持

项目教学教案

广播娱乐类节目主持项目教学设计

项目教学名称	广播娱乐类节目主持		
项目教学 建议课时	8 课时	项目教学 时间安排	理论讲授学时：2 节 实践学时：6 节
项目教学目标	知识目标	了解娱乐节目的形态及特点，掌握尺度及标准	
	能力目标	掌握娱乐节目表现元素及手段运用	
项目教学任务	通过项目知识的讲解，典型案例分析，使学生掌握广播娱乐节目主持技巧，模拟制作一期广播娱乐节目作品		
课前准备 （设备、器材等）	教程教案、多媒体设备、PPT 课件、广播娱乐节目主持案例；录音软件、硬件设备		
注意事项			

广播娱乐类节目主持

教学环节	教 学 内 容	教师活动	学生活动
引入 新课 新课 讲授	**课程内容提要** 1. 娱乐及节目概念；表现形式；特征；结构 2. 娱乐节目表现的基本元素：幽默语言、才艺演播、互动游戏 3. 娱乐节目类型：娱乐脱口秀 4. 娱乐节目主持技巧 5. 优秀娱乐节目标准及尺度 **教程具体内容** 一、关于娱乐的概念 “娱乐”，按《辞海》的解释，就是“娱怀取乐、欢乐”的意思。娱乐节目必须具有可乐性。 二、广播娱乐节目概说 广播娱乐节目是以使人快乐为本质特征，以幽默语言、才艺展示、互动游戏为主要表现元素，以广播技术为制作手段的一种节目类型。 《简明广播电视词典》中，脱口秀被定义为“通过讨论对新闻或社会问题进行评论、表达观点的一种形式”，主要特征是脱口而出，强调主持人的现场即兴发挥。广播脱口秀最早起源于美国，到了20世纪60年代，以新闻评论为主的舆论表达成为当时脱口秀的主要内容。20世纪80年代，大众传媒消费呈现出明显的媒介娱乐化和文化娱乐化倾向，于是娱乐脱口秀节目大量涌现出来。 现在，广播脱口秀已经有了丰富的节目内容和多种多样的节目形式。脱口秀按人数，分为单口秀、双口秀和多口秀。按性别，有男女声单挑和男女声混搭。按节目内容的不同，分为娱乐脱口秀、新闻脱口秀、商业财经脱口秀等。娱乐脱口秀节目，是指在脱口秀中融入幽默语言和才艺表演等娱乐元素的一种娱乐节目形式。这类节目结合社会热点话题，幽默地反映众生百态，评述世间万象，感悟人生真谛，让听众身心愉悦，缓解疲劳和压力，给传统广播带来了一缕清新之风，拓展了广播节目的发展空间。 在广播娱乐脱口秀节目中，主持人就像在和好友聊天一样，将发生在身边的趣事、笑话娓娓道来，与听众的进行情感上的互动。具体来说，广播娱乐脱口秀节目具有以下几个要素：首先，节目以谈话为主；其次，“脱口秀”一词暗含着脱口而出之意，要求主持人不预先备稿，所谈内容应具有很强的随意性；最后，主持人是整个节目的核心与灵魂，强烈的个人魅力和鲜明的个人风格是广播娱乐脱口秀节目不可或缺的要素。总体而言，广播娱乐脱口秀节目在语言特色、话题选择、表现手法等方面都有着鲜明的娱乐风格。	提问、 演示 多媒体 讲解、 提问、 分析提 示项目 讲授	回答 思考 笔记 回答、 思考、 笔记

（续表）

教学环节	教 学 内 容	教师活动	学生活动
新课 讲授	三、表现形式 1. 益智游戏类 这类节目使人在饶有兴味的游戏中，获得一些有意思的知识，通过游戏活动体验到欢笑的愉快情感。 竞猜博彩：是指为了得到某种物质奖励或者奖金，在一定规则下，普通百姓参与的竞猜节目。多采用短信方式（多有陷阱：吸钱电话）。 2. 喜剧闹剧类 广播情景喜剧通过一个个日常生活的小故事，讲述生活的种种烦恼，让人在笑声中感悟平凡的生活道理。 3. 笑话逗乐类 这类节目的内容多为从笑话集中搜集而来，把一个个笑话或幽默故事加以串联而成。 **示例 1** **达人文化传播公司《娱乐双响炮》** 片头—— **赵本山**：想开心有绝招，别打针，别吃药，下一个节目是？ **群众语**：娱乐双响炮。 **赵本山**：耶，都知道了。 **男 1**：别说了，开始了。 **男 2**：有请《娱乐双响炮》节目主持人，蝈蝈、江南。 **蝈蝈**：欢笑纵情燃烧—— **江南**：音乐激情引爆—— **合**：欢迎收听《娱乐双响炮》！ **蝈蝈**：你好，我是蝈蝈！ **江南**：大家好，我是江南——！ **蝈蝈**：怎么了？哈，不就是戴了块新手表吗，看你这个现世劲儿，唉，我看看——真挺漂亮的这表，在哪买的啊？ **江南**：不是买的，不是买的，这表是奖品呐！ **蝈蝈**：奖品？ **江南**：对呀！ **蝈蝈**：怎么得来的呀？ **江南**：我跟你讲哈，我们赛跑，知道不？三个人赛跑，我跑第一！ **蝈蝈**：三个人赛跑你跑第一？ **江南**：对呀？ **蝈蝈**：那着两个人谁呀？ **江南**：一个警察，一个丢表的！（特效声，群众笑声）	播放 音频	观摩、 思考

（续表）

教学环节	教学内容	教师活动	学生活动
新课讲授	**蝈蝈**：上班时间，小王和小李摆开象棋，厮杀正欢，结果，被厂长给发现了！厂长十分生气，要求他们在全厂职工面前认错检讨，小王做了一番深刻检讨后，小李上了台。 **江南**：我确实犯了一个不能忽视的，严重的错误哈—— **蝈蝈**：厂长听了，心里是快为得意啊，只听小李继续说。 **江南**：我呀，不应该攻卒（特效声，群众笑声，鼓掌声）。 **蝈蝈**：有一位已经和一位年轻女子交往了很长时间的男子，终于在一天晚上来到了这位女子的住处，他口袋了装了一个小盒子，就在他认为合适的时候，他把那个小盒子拿了出来，送到了那位女子的面前，原来，里面装着的是一枚那位男子非常喜欢的订婚戒指，上面还刻着女孩的名字。 **江南**：我希望你可以成为我的妻子。 **蝈蝈**：啊？可是我，我不知该怎么对你说，我，我…… **江南**：怎么了？ **蝈蝈**：我早已经爱上了另一个人。 **江南**：什么？你爱上另一个人了？ **蝈蝈**：是的。 **江南**：你要告诉我他的名字。 **蝈蝈**：不，我不能。 **江南**：你一定要告诉我。 **蝈蝈**：我不能这样做。 **江南**：为什么？ **蝈蝈**：要不然你回去找他打架的。 **江南**：我才不会找他打架呢。 **蝈蝈**：啊？ **江南**：我只是想把这个戒指卖给他！ **蝈蝈**：额——（特效声，群众笑声） **江南**：哎呀—— **蝈蝈**：怎么了，你唉声叹气的。 **江南**：我现在，我苦恼啊！ **蝈蝈**：什么苦恼啊？ **江南**：我太太一天买手套的钱，得花老多了！ **蝈蝈**：买手套？ **江南**：是的啊。 **蝈蝈**：她有这收藏爱好啊？ **江南**：问问你啊蝈蝈，什么时候能让她不买手套啊？花这么多钱买手套，不实惠啊！ **蝈蝈**：哦，你想让她不花这些冤枉钱去买手套是吧？ **江南**：对呀！	播放音频	观摩思考

（续表）

教学环节	教 学 内 容	教师活动	学生活动
新课讲授	**蝈蝈**：我给你出个主意，你给她买一个钻石大戒指！（特效声，群众笑声） **蝈蝈**：父亲叫儿子去买骨头，儿子买了很久都没有回来，父亲怒气冲冲地吼道。 **江南**：无花果呢？ **蝈蝈**：让你做一件事，你不会做两件啊？ **蝈蝈**：这一天，父亲病了，他吩咐儿子去请医生，不一会，医生来了，父亲问儿子。 **江南**：那是谁呀？ **蝈蝈**：那是挖墓坑的。 **江南**：什么？你这个混蛋东西，你怎么把挖墓坑的给叫来了？你气死我了—— **蝈蝈**：你不是说，叫办一件事，必须同时办两件吗？ **江南**：啊？（特效声，群众笑声） **江南**：（电话铃声）妈，电话，（电话铃声）小妹，电话！（电话铃声），喂，小丽啊，听娱乐双响炮呢吗？ **蝈蝈**：欢迎。 **合：欢迎收听娱乐双响炮。** **蝈蝈**：税务局老刘的妻子去市场买菜，她想…… **江南**：如果说出自己是老刘的妻子，那价钱肯定会便宜点的。 **蝈蝈**：于是，她走到鱼摊前面，边挑鱼，边说出了自己的身份。卖鱼的听后，眼睛看着她，好久才惊讶地问…… **江南**：你是，你是税务局老刘的妻子啊？那，你是他第几个老婆啊？今天，已经来了他第五个老婆了！（特效声，群众笑声） **蝈蝈**：下面这个笑话是由一个叫海房的朋友给我们邮寄过来的。 **江南**：嗯。 **蝈蝈**：一个旅客问一个旅馆的经理。 **江南**：我们一个水果没吃，怎么收我们30块钱的水果钱呢？ **蝈蝈**：每天给你们房间送水果，你们吃不吃都得付款！ **江南**：原来是这样。 **蝈蝈**：旅客说着，把账单上30块钱的水果费给划去了，哎，你要干什么？ **江南**：你吻我的妻子，每天收费10块钱。 **蝈蝈**：你说什么？你的妻子？我碰也没碰过她呀。 **江南**：但是她在你们旅馆住了三天，碰不碰，吻不吻也得付钱（特效声，群众笑声） **蝈蝈**：下面这个笑话，叫作馊主意。 **江南**：嗯。 **蝈蝈**：话说江南第一次去看医生，医生是这样问他的。	穿插讲解	观摩思考

（续表）

教学环节	教　学　内　容	教师活动	学生活动
新课讲授	**江南**：你这是病呀，你得治呀，不过咧，这在于你的病情。来这之前，请教过其他的什么人吗？啊？ **蝈蝈**：我只问过拐角上药房的老板。 **江南**：药房的老板呐！ **蝈蝈**：医生最讨厌那些不是医生的人常提出些医疗方面的建议，他并不掩饰那一点。他接着对江南说。 **江南**：那个傻瓜给你出了什么馊主意了啊？ **蝈蝈**：他让我来找您了啊！ **江南**：嗯——（特效声，群众笑声） **主持人**：（中间片花）《娱乐双响炮》通信地址：辽宁省沈阳市和宁区光荣街10号，蝈蝈专栏收。邮政编码：110003。《娱乐双响炮》网址：www.fm98.com。娱乐双响炮，今天，你娱乐没有？ **男1**：我这牙多亏了娱乐双响炮，嘿，牙好，胃口就好，吃嘛嘛香，身体倍儿棒。您听准了，娱乐双响炮。 **蝈蝈**：嘿，欢迎继续收听—— **合**：《娱乐双响炮》 **蝈蝈**：我是蝈蝈。 **江南**：我是江南。 **蝈蝈**：下面这个笑话呢是一位叫豆子的朋友给我们邮寄过来的。 **江南**：啊—— **蝈蝈**：说，有夫妻二人去离婚，法官问—— **江南**：你们为什么要离婚？ **蝈蝈**：妻子回答说—— **江南**：他晚上睡觉总是爱抽烟儿。 **蝈蝈**：法官又说—— **江南**：这不是什么理由吧？ **蝈蝈**：只见妻子这回吞吞吐吐—— **江南**：抽烟是抽烟，只是，他把我的耳朵当烟灰缸了。（特效声，群众笑声） **蝈蝈**：有一位外国游客在参观果园，炫耀到—— **江南**：在我们国家，橘子看上去就像是一个足球，香蕉就像埃菲尔铁塔一样—— **蝈蝈**：正当他胡吹的时候，突然倒到堆积如山的西瓜上，一位农民看到后，大叫道—— **江南**：哎呀妈呀，当心我的葡萄！（特效声，群众笑声） **蝈蝈**：有一个小孩在路边啼哭，这个时候过来一个过路人，他对孩子说—— **江南**：孩子，你为什么哭？ **蝈蝈**：呜呜呜—— **江南**：别哭了，别哭了，你赶紧说啊，你为什么哭啊？	播放音频	观摩、思考

（续表）

教学环节	教　学　内　容	教师活动	学生活动
新课讲授	**蝈蝈**：呜呜呜——我弄丢了一块钱。 **江南**：一块钱？不就一块钱吗—— **蝈蝈**：嗯。 **江南**：我给你一块钱不就得了嘛。 **蝈蝈**：你给我。 **江南**：给给给给—— **蝈蝈**：呜呜呜—— **江南**：你不是有一块钱了吗，怎么还哭啊孩子？哎哟，孩子，别哭了—— **蝈蝈**：要是我那个一块钱不丢的话，我现在就可以有两块钱了。（特效声，群众笑声） **蝈蝈**：一个罪犯被押到绞刑架上，他要求把绳索套到腰上千万不要套到脖子上。他是这样说的—— **江南**：我跟你们说，我的脖子呀，特别特别怕痒，只要把这个绞索套套到我的脖子上，我就会笑死的。（特效声，群众笑声） **蝈蝈**：军官命令士兵说：嗨，汤姆，你去检查一下杰克以前是干什么的。 **江南**：是的长官，可是为什么长官—— **江南**：因为他每次射击后总要拿起手绢擦一下手枪上的手指印儿。（特效声，群众笑声） **江南**：海军司令在一艘巡航舰上召集全舰的士兵训话：你们都是这艘舰上的一分子吗？ **蝈蝈**：是的，长官。 **江南**：那我要问你们一个问题，在战斗当中，炮手阵亡的时候应该怎么办呢？ **蝈蝈**：炮手阵亡的时候？ **江南**：对！ **蝈蝈**：报告长官，我什么都不做。 **江南**：我是问啊，炮手阵亡的情况下，你应该怎么办？ **蝈蝈**：报告长官，我什么也不做。 **江南**：我们海军里怎么会有你这么没有的东西？ **蝈蝈**：报告长官，我就是那个炮手啊。 **江南**：啊——（特效声，群众笑声） **蝈蝈**：汽车兵萨姆考驾驶证，在考试的时候，主考官问他说—— **江南**：当你看到一只狗和一个人在你车的前面，你是轧狗呢，还是轧人呢？ **蝈蝈**：当然是轧狗啦。 **江南**：哦，你不及格啊。 **蝈蝈**：那我不轧狗难道轧人不成？ **江南**：你不轧狗，也不能轧人。 **蝈蝈**：那我怎么办呢？	播放音频	观摩、思考

（续表）

教学环节	教　学　内　容	教师活动	学生活动
新课讲授	**江南**：应该刹车。 **蝈蝈**：嗯——（特效声，群众笑声） 片花——**女**：最近我的朋友都在听娱乐双响炮，都说娱乐效果不错，信不信，你不妨听听，娱乐双响炮，娱乐效果真的很不错。 **蝈蝈**：江南，娱乐双响炮，娱乐效果很不错吧？ **江南**：真的很不错。 **蝈蝈**：下面这位朋友的名字叫作张红霞，他给我们邮寄过来这样一个笑话。 **江南**：好。 **蝈蝈**：有一个顾客来到裁缝铺里面，他指着自己的衣服气愤地对裁缝说—— **江南**：你给我做的这是什么衣服啊，啊？大家一看见就笑。 **蝈蝈**：大家一看见就笑？我跟你说，这可是件好事啊，哈哈哈—— **江南**：好事？ **蝈蝈**：这对我来说是第一次成功。 **江南**：成功，什么成功？ **蝈蝈**：要知道，以前那些顾客来到我这儿—— **江南**：怎么样啊？ **蝈蝈**：都是哭哭啼啼的。 **江南**：啊——（特效声，群众笑声） **蝈蝈**：说，有这么一对大学同学，他们是恋人—— **江南**：嗯—— **蝈蝈**：经常是一起上下学，开车上下学—— **江南**：嗯—— **蝈蝈**：这一天是风和日丽啊，他们开车去兜风，就误了上课的时间，没想到呢，老师当天临时来了个小考—— **江南**：啊—— **蝈蝈**：他们在回到教室的时候对老师说—— **江南**：对不起老师，我们迟到了，可不可以给我们一次补考的机会啊？因为我们的车在回学校的路上，轮胎被扎了，所以才耽误了上课啊。 **蝈蝈**：老师想了一下，对他们说—— **江南**：好吧，我就给你们一次机会，如果你们答错了，你们这科成绩就是不及格。 **蝈蝈**：于是呢，老师把两个人分开，给每个人发了一张试卷，上面呢只有一道问题： **江南**：请问，汽车的哪个轮胎被扎了——（特效声，群众笑声） **蝈蝈**：刚才那个笑话呢是由一位叫周艳君的朋友给我们提供的。来认识下一位朋友吧，来看看这个笑话！笑话是这样的—— **江南**：嗯—— **蝈蝈**：老板对工人说—— **江南**：早上你往牛奶里掺水了是不是？	音频播放	观摩、思考

（续表）

教学环节	教学内容	教师活动	学生活动
新课讲授	**蝈蝈**：老板，不是你亲口吩咐的吗？ **江南**：对呀，我是对你说的，应该先兑水，然后再往水里掺牛奶。 **蝈蝈**：老板，这有什么区别呀？往牛奶里掺水和往水里掺牛奶没什么区别啊？ **江南**：你这个脑袋怎么就转不过来弯儿啊，我告诉你啊，我们这样做的话，就可以问心无愧地告诉顾客了，我们从来就不往牛奶里掺水。 **蝈蝈**：嗯？——（特效声，群众笑声） **蝈蝈**：开会的时候，会议主持人强调说—— **江南**：今天会议的精神，大家要深刻地领会，掰开了，揉碎了，把它吃进去，消化吸收，然后拉出一个提纲来。（特效声，群众笑声） **蝈蝈**：感谢您—— （总体就是：先片头片花，然后主持人登场，介绍自己以后开始在人们不经意间，进入主题，开始讲笑话！总体语言风格，要随着所饰演的角色，也就是笑话中的角色来扮演，比如，医生就要有医生的感觉，老板就要有老板的感觉，语言要幽默点！语体多以东北那边的语言为主，但是，主持旁白时还是普通话） 4. 演艺展示类 演艺，是娱乐节目的一个重要手段。在众多参评节目中，主持人多才多艺的展示，既增添了节目的娱乐特色，也丰富了广播娱乐节目的表现形式。 **示例 2** **北京文艺广播《演艺群英汇》** **片头**：都市的纷繁，成长的脚步，从青葱岁月到而立之年，闺中密友间的心酸，苦涩与美好，吴朱红戏剧工作室创作演出，以色列剧作家阿耐克格夫经典话剧，《三个好朋友》，FM87.6，北京文艺广播“演艺群英汇”正在播出…… 主持人开场白：北京时间 20 点 05 分，各位听众朋友们大家晚上好！ **罗斌**：你是…… **朱红**：我是朱红。 **罗斌**：我是罗斌。你干吗天天要采取这种与众不同的方式？ **朱红**：因为这是咱们虎年的第一期直播方式。 **罗斌**：然后你就开始不说自己的名字了？ **朱红**：我决定在新年呢有一个新面貌。 **罗斌**：我跟你说吧，你今天说不说的吧，有点不吃劲。 **朱红**：什么意思？	播放音频	观摩、思考

（续表）

教学环节	教 学 内 容	教师活动	学生活动
新课讲授	**罗斌**：今天我们的嘉宾和你的名字有点撞车你知道吗？ **朱红**：对。 **罗斌**：是吧，今天我们邀请的几位朋友，说实话，让我感觉到我们今天直播间很漂亮。 **朱红**：没错。 **罗斌**：是吧？ **朱红**：我今天得把眼睛再睁大一点。 **罗斌**：对，今天啊我们有可能我们朋友不知道，在上节目之前我还说呢，哎我说朱红你的屁脸哪去了？她说这个我得好好养养我这头发脸，然后… **朱红**：你能不能把这个发脸别叫屁脸行吗？ **罗斌**：好吧，反正总之是今天就很难看，跟人一比你就比下去了。 **朱红**：对，今天我们直播间有四位女士在场，人都说三个女人一台戏，这五个女人怎么办？ **罗斌**：五个女人？ **朱红**：那你今天可以不说话了。 **罗斌**：今天我要多说。 **朱红**：美女当前的话你说什么？ **罗斌**：你说什么？更没你说话的份儿了，赶紧赶紧…… **朱红**：赶紧赶紧介绍一下。 **罗斌**：我们今天的做客群英会是这个青年戏剧家，戏剧硕士，来自北京人民艺术剧院的副研究员，也是这部戏的导演制作人，吴朱红，首先欢迎。你好！ **朱红**：你好，你好！ **吴朱红**：你好，主持人好！ **罗斌**：还有三位女演员。 **朱红**：三位女演员，来，自我介绍一下，好吧？ **演员一**：大家好，我叫郭新，来自中国戏曲学院 06 级的影视表演专业 **朱红**：就是大四对吧？ **演员一**：对。 **罗斌**：嗯，咱们就顺序来吧。 **演员二**：好的，各位听众朋友们大家好，我叫王玉璇，来自北京电影学院 05 级表演系本科班。 **罗斌**：嗯，还有一位…… **演员三**：大家好，我是张雪。我毕业于中央戏剧学院。 **罗斌**：郭新，张雪还有王玉璇三位—— **朱红**：哎哟，这眼睛都放电啦，这—— **罗斌**：这个没有关系，你有定力就好，我有没有定力倒无所谓啊——	音频播放	观摩、思考

（续表）

教学环节	教 学 内 容	教师活动	学生活动
新课讲授	**朱红**：这个……不是…… **罗斌**：今天总之我很高兴，而且今天我们谈的是相对于有水准的小剧场小话剧，叫《三个好朋友》，我们首先请这个导演谈谈，这部戏…… **吴朱红**：我觉得从引起大家共鸣这点意义上来讲这个戏还是很有普遍意义的。 **朱红**：而且在这样一个感情比较脆弱的年代，可能友情很多人更看重一些。 **罗斌**：就是说没有那么多戏剧化的故事，当然在平淡之中其实讲了很多人生的成长的故事。 **吴朱红**：是的是的。 **朱红**：说实话我现在有点起鸡皮疙瘩的感觉，因为我就有一帮跟我已经有了12年友谊的朋友。 **罗斌**：那买票啊。 **朱红**：女生，女生—— **罗斌**：来看这个《三个小朋友》。 **朱红**：我说真的，我现在回忆起来风风雨雨的好多好多事儿。 **罗斌**：你说你都应该有实际行动，在这个剧场。 **朱红**：对对对，一会咱们接着介绍，感兴趣的朋友和我一样啊，我在这问着，您可以通过手机短信问着，好吧？ **罗斌**：对，10628821876，10628821876，我们现在正在进行的是文艺广播的《演艺群英汇》，采访了四位嘉宾，她们都是来自《三个好朋友》剧组，在广告之后我们会再次回来，然后呢，各位朋友，有什么问题通过刚才的地址就可以问到了，我们待会再见。 **朱红**：一会见。 5. 新闻趣说类 主要有两类：一类是娱乐“星”闻；另一类是社会新闻。 **示例3** **安徽音乐广播 《嘻哈二人行》** **主持人：黑米 阿木** **流程**：片头＋主持人主持＋名人贺词＋主持人主持＋歌曲＋主持人主持＋搞笑广告＋主持人台词＋说唱歌曲＋主持人主持＋主持人结束词＋片尾曲片头词 **阿木**：亲爱的，我们去看大片吧？ **黑米**：不行。 **阿木**：我们去吃大餐？ **黑米**：不行。 **阿木**：要不我们去旅游吧，去马尔代夫？ **黑米**：不行，不行—— **阿木**：那要怎么才行啊？	播放音频	观摩思考分析

（续表）

教学环节	教 学 内 容	教师活动	学生活动
新课讲授	**黑米**：嘻哈二人，行！ **阿木**：啊？ **阿木**：没错，就是嘻哈二人行，每天下午五点半到六点《嘻哈二人行》，嘻嘻哈哈伴你行。嘻哈二人行！ 主持人台词： **阿木**：《嘻哈二人行》 **宇航**：嘻嘻哈哈伴你行！ **阿木**：亲爱的听众朋友们，你现在收听的是安徽音乐广播 FM89.5—— **合**：爱 MUSIC！ **阿木**：我是宇航。 **宇航**：我是啊莫，你觉得放声大笑有困难吗？我们帮你解决。 **阿木**：你觉得放声大笑没有困难吗？我们创造困难——再帮你解决—— **阿木**：瞧一瞧，看一看啦——走过的路过你可千万不要错过，这里有新鲜出炉的笑料。 **宇航**：这里有火热烫手的好歌。 **阿木**：还有，本周的嘻哈奥运榜也将为大家揭晓悬念，我们在探索地球上翘得最高的家伙。 **宇航**：你觉得地球谁翘得最高呢？发挥你的想象力，尽情地给出答案。如果你的理由够搞笑，获得够多的支持，那你将赢得《嘻哈二人行》为你送出的精美大奖！ **阿木**：听众朋友们，推选的候选人已经出现在我们的主页上了，你可以通过以下两种方式及时为他们投票！网络投票登陆 www.ahredio.com，点击安徽音乐广播《嘻哈二人行》即可看到投票页面！ **宇航**：短信投票发送 617 加上候选人名，移动、联通、小灵通都可以发送到 10629100895！ **名人贺词**：嘻哈二人行，嘻嘻哈哈伴你行，支持宇航，啊莫，大家好，我是满江。 **阿木**：好了，马上走入今天的《嘻哈二人行》—— **宇航**；Stop！ **阿木**：干吗？ **宇航**：先别播！《嘻哈二人行》是吧？ **阿木**：是啊—— **宇航**：听一次要多少钱？ **阿木**：不要钱呐——听《嘻哈二人行》不要钱呐—— **宇航**：不要钱是吧，你确定吗？ **阿木**：当然确定啦——确定一定以及肯定！哎，你今天不正常吧你今天！ **宇航**：我没不正常啊，我是给吓到了—— **阿木**：吓着了？告诉你多少次了，不要一个人照镜子，你就是不听你！	音频播放	观摩思考

（续表）

教学环节	教　学　内　容	教师活动	学生活动
新课讲授	**男二：**不是那回事啊，我从来不照镜子啊—— **阿木：**从来不照镜子？ **宇航：**不，不是，照镜子我也不害怕啊—— **阿木：**那你怎么回事啊？ **宇航：**我啊—— **阿木：**嗯—— **宇航：**我是让一个理发店给闹的—— **阿木：**你去理发店照镜子啊？ **宇航：**喂，喂，喂，你可不可以把那个镜子放到一边先啊，我已经很难受很难受，很窝心很窝心啦—— **阿木：**OK，想知道啊莫在理发店看到了什么呢？请听下回分解—— **黑米：**你个倒霉孩子不学好，赶紧给我往下讲！ **宇航：**想一想，黄金万两，闲言碎玉不要讲，朗里格朗，朗里格朗，（被打特效） **黑米：**好好说！ **宇航：**让我好好说你就说嘛，你打我干什么啊？事情是这样的，郑州俩女学生啊，在一家名为“保罗国际理发馆”剪发之后啊，竟然被要价1.2万元！啊，38元的理发费为什么变成了一万二？缴费清单上写有水洗剪吹38，资生堂特护1800，资生堂酸性1860，春丝蛋白680，戈薇果酸洗60，戈薇果酸护60等几样，经过调查以上的这些东西最多也就一两百块钱，难怪有人评价，老板很黑，很暴“利”！ **黑米：**啊？老板还动粗啦？ **宇航：**不是，是利润的利！几百块钱的东西转手就是一万二啊！几十倍的利润，不是暴利是什么啊？（特效：我的娘，好复杂） **阿木：**嗨，原来是这么回事，难怪你听节目之前你都先问价啊！ **宇航：**可不是嘛——这节目真的不要钱啊？我要是笑了收钱吗？ **阿木：**听到号啕大哭我们都不收的！ **宇航：**不收是吧—— **阿木：**发现你还真来劲了，我跟你说，别怕，善恶到头终有报，多行不义必自毙！这个天价理发店呐，自然有人处理哈—— **宇航：**好！ **阿木：**前一阵啊，这个郑州的二区区物价局呢对“保罗国际理发店”呢下达了刑事处罚告知书，并且开出一张50万元的罚款单！因为啊，这是对价格欺诈违法行为最高数额的罚款，目前呢在全国还是首例，所以呢，几天前，郑州市政府成立“保罗国际理发店”事件专案组，从各个部门抽调人员，处理这事—— **宇航：**大家掌声鼓励啊—— **阿木：**来看一下咱们的短信平台啊，136尾号是8888的这位朋友他说，剪个头发一万二，我看罚50万还有点少！ **宇航：**的确不过瘾！	音频播放	观摩、思考

（续表）

教学环节	教 学 内 容	教师活动	学生活动
新课讲授	**阿木：**132 尾数 9999 的朋友说枪打出头鸟，宰一万二是宰，宰十元就不是宰了吗？希望各大宰客店家，以后引以为戒！ **宇航：**是滴 **宇航：**同时呢，我们向你郑重承诺，收听《嘻哈二人行》—— **合：**不要钱！我们的口号是，没有蛀牙—— **阿木：**错，错，错了啊！ **宇航：**是，是，是…… **阿木：**在来一遍，1、2、3—— **合：**没有不开心！ 四、基本表现元素 以幽默语言、才艺展示、互动游戏为主。 （一）娱乐脱口秀 1. 语言特色 广播娱乐脱口秀节目主要以幽默语言作为表现元素，讽刺、戏说、调侃，还有故作正经的无厘头。节目通常包括演绎笑话、趣说新闻、笑谈世事、调侃人生等内容。以常州音乐广播早高峰时段的脱口秀节目《悠悠甩吧》为例，主持人悠悠以自己的视角看待周围的小快乐，从生活的点滴出发，自然延伸，无厘头的语言特色给听众留下深刻印象。说到天气风大的时候，会延伸到玛丽莲·梦露“裙摆飞扬”的性感撩人；说到开车，最开心的是发现油表不动；说到早起，可以遇见晨跑的帅哥，等等。语言风格轻松自如，来自生活的趣闻让节目充满活力。 除了主持人自己说笑话之外，还通过短信、微博和 QQ 留言的方式，和听众互动，共同创造快乐、分享快乐。节目中，主持人化身趣闻中的人物，捕捉生活化的笑点。角色化演绎多种人物，丰富了节目的形式，也增强了语言的喜剧效果，比如主持人描述自己在国外某个小镇偶遇“BUT”的字牌，联想道：“就像人生当中冷不丁总有‘但是’出现。”然后将话题抛给听众，让听众结合自己的生活用“但是”造句，再由主持人加以即兴诙谐的演绎： 虽然我儿子很调皮，但是一看到他可爱撒娇的样子，气都生不起来。 我很忙，但是我很充实。 我喜欢一个人，但是她不知道。 娱乐脱口秀节目也往往截取社会生活的一个侧面，在简短的情节中展开矛盾，在矛盾冲突发展到高潮时，突然揭底，造成强烈的语言喜剧效果。以江苏交通广播网名牌节目《嘀嘀叭叭早上好》一档节目为例：	讲授	听讲

（续表）

教学环节	教　学　内　容	教师活动	学生活动
新课讲授	**磊磊：**昨天，我爸去香港城的一家音像店挑选音响，当然他只喜欢看不喜欢买，这个时候，就听到柜台里传来了我们节目的声音。 **娜娜：**是吗？ **磊磊：**这个时候，我爸就看到柜台上的人突然都矮了一截。 **娜娜：**啊，为什么？ **磊磊：**都在笑，笑得一抖一抖呢。 语言中保持了生活的原生态，一切都很自然。主持人磊磊、娜娜说到开心处，时不时会自然地哈哈大笑，毫不造作。而且普通话和方言相结合，使节目别有风味，让听众感觉到一种亲近的幽默。 2. 话题选择 娱乐脱口秀节目在话题选择上通常是以与百姓日常生活密切相关的“软新闻”为主，看人间趣事，聊新鲜话题，长生活智慧，消郁闷烦恼。即使是购房、医疗、教育这样比较严肃的话题，主持人也会用一种比较幽默的方式解读。以宁波交通广播袁雳、陈晔主持的一档《DJ 夜总会》为例，节目中调侃交通堵塞时的众生相。 **陈晔：**眼看一条条宽阔的马路成了巨大的停车场，瞧！这位小朋友在津津有味地盯着车窗外的那只蜗牛，从自家车后一直跟到了前面的那个轮胎。 **袁雳：**那位大姐趁堵到这儿的工夫已经织出了一个领子。 **陈晔：**那位朋友遇事从不急吼吼的，他的哲学观点是：人生的终点不过是个死字，何必向这死的终点飞奔呢！ **袁雳：**这是属于若无其事型的，而更多的则是火爆型的，抱怨型的，骂骂咧咧型的，电话诉衷情型的，如此等等。总之，堵车是一样的，心态却大不一样。 **陈晔：**交通拥堵时段，我们让大家欣赏轻快的音乐，放松放松心情吧。 （出音乐：《命运交响曲》） **袁雳：**放错了，放错了。 主持人通过轻松调侃，既是一种宣泄，也是一面镜子，让大家平衡心态，用欢笑来面对生活中的无奈。再以北京文艺广播朱红、盛博主持的《全世乐》的一档节目为例，话题谈的是整容时尚。节目一开始，演绎了几个小笑话： **朱红：**老公，我要整容！ **盛博：**咋整？ **朱红：**我要左脸林志玲，右脸刘嘉玲，上脸蔡依林，下脸关之琳。 **盛博：**哦，天呐！整完之后一定是张铁林。 然后主持人朱红假扮一位想整容的女士给某美容院打电话，问一些“愚蠢”的问题，看“美容师”盛博如何回答，在“假”与“真”的对答中让听众感受到快乐。这档脱口秀节目从整容主题出发，通过娱乐的方式，把这一社会热点话题演绎得有声有色，给人以欢笑后的启示。	播放音频 讲授	观摩、思考、分析 听讲

（续表）

教学环节	教　学　内　容	教师活动	学生活动
新课讲授	3. 表现手法 　　娱乐脱口秀节目通过多样的表现手法为听众营造一种轻松惬意的氛围，奉献精彩纷呈的娱乐效果。节目中，主持人往往以第一人称的身份出现，进行角色化演绎，以此彰显自己“秀”的本领和功夫。以常州音乐广播名牌节目《哈哈乐翻天》为例，主持人莫克、高飞将时下流行的笑话与现实生活巧妙对接，一捧一逗，角色化的生动表演，通过夸张对比的娱乐方式，讽喻生活。 　　原版本笑话： 　　一家小吃店老板正为生意惨淡发愁，儿子提议更换菜单，老板问：“如何改？”儿子说：“南瓜饼改成甜点微烤黄金小甜饼，牛肉盖浇改成五分熟神户小牛肉配珍珠甜米饭，肉夹馍改成西安精炖小牛肉浇汁配蒜蓉小面饼或者美式上选鲜嫩猪肉汉堡！”第二天食客蜂拥而来要吃西餐。 再来看看主持人加工处理后的改编版： **莫克**：拿你爸爸来说吧。老爷子忙惯了，闲不住。趁着空闲，他爸爸想开个饭馆儿，创业！花 10 万块钱，盘了个店面，装修一新，配置好了，请了厨子，开张！ **高飞**：怎么样？ **莫克**：一个多月吧，赔了 5 万！不懂经营，撑不住了，赶紧转让！ **高飞**：少赔就算赚了！ **莫克**：赔本儿的店，谁肯接手？也就是我们家人，我爸，心眼好，瞧着老高天天愁眉苦脸，挺可怜的，我爸宁肯自己吃点儿亏，一万块钱，接手这个店。接手以后，店里的装修、配置、厨子，一律不用换，还是原来的，就单单把店里菜单给换了！你看原来这个菜单，土豆烧牛肉 28 块，谁要吃？太没新意了！ **高飞**：那依着你？ **莫克**：换！改成意大利小牛肉焗马铃薯，180 块！ **高飞**：这不还是土豆烧牛肉吗？ **莫克**：这一换就是西餐了，价钱就上去了。你看原来这个白斩鸡 15 块，换成北欧美味鸡肉拼盘，98 块。最可气是这道，南瓜粥 5 块一盆，换成南美小南瓜薏米羹，58 块一小碗！ **高飞**：太黑了吧，你这个！ **莫克**：改好以后，不到两个月，客人那个多呦！都奔西餐来的！我爸爸挣了 20 万！ 　　节目加大了笑话类节目的再创作成分，把“小吃店老板”换成了主持人高飞、莫克的爸爸，这样的表演借鉴了传统相声“砸挂”手法拿自己搭档或者熟人开玩笑，从而使原本普普通通的笑话变得丰满。通过主持人的重新演绎，听众更容易理解和接受。在这一节目中，一些传统的手法由于巧妙的全新组合，令人耳目一新。	讲授	听讲

（续表）

教学环节	教　学　内　容	教师活动	学生活动
新课讲授	再以北京文艺广播朱红、盛博主持的《全世乐》为例，这档娱乐脱口秀节目表现手法为话题演绎和针锋相对，将多种娱乐表现形式穿插其中，根据每一期的主题和内容组合运用。如《演绎笑话》专场，在话题讨论之间，插入跟主题相关的笑话，主持人扮演笑话里的人物，重新演绎；《人物志》专场以某位当红明星为话题，幽默演绎明星人生经历和作品片段；《娱乐大盘点》专场以当下娱乐热点为话题，以演绎方式还原事件，加重人物心理猜想，寻求新闻以外的创作空间。当然，不同特色音效、音乐的使用也起到烘托情绪、突出主题的显著效果。 4. 娱乐脱口秀的要求 主持人幽默感强，反应机敏，语言节奏和火候把握到位，显示出冷幽默的特色和脱口而出、即兴发挥直播节目“说”的魅力。 这些节目通过主持人诙谐的语言，讲述人生百态，评述世间万象，感悟人生真谛，享受生活乐趣。幽默语言的表述是需要下大功夫修炼的，这是娱乐节目主持人的一门基本功，要刻苦学习、借鉴相声艺术的语言表现技巧，不断提高自己说笑逗乐的水平。除了幽默语言的表述外，还与话题的设置、节目内容的趣味性有着密切关系。 “秀”就像掠城夺地，是利用语言诱惑听众或者攻击对手。欲望强烈的人，从语言就可以表达出来。所以，语言应该能够再现基层广播节目主持人的才华，绝顶的聪明，或成大业者的远见和霸气，能表现出个人的不同风格。基层广播节目主持人要有意识地使用语言这种工具为节目的对象，为塑造节目的形象，为达成节目的目的服务。广播节目主持人要有语不惊人死不休的精神，找到语言崭新的角度和最佳切入口，使听众耳目一新。 5. 脱口秀的技巧 （1）借题秀 这在基层广播节目主持中较为常用，即借对方话题旁及另一事物来阐述另一事理，也就是借题发挥。运用这一技巧可以承上启下，或阐明超出节目范围且具有普遍指导意义观点和看法，使广播节目内容丰富而完整。 （2）暗换秀 暗换转移是运用反逻辑的方式构成的语言策略。在广播节目中，应遵守逻辑思维的同一律这一基本规律，要求在同一个思维过程中，所运用的同一个概念，同一个判断，所讨论的同一问题，在含义上必须保持自身的同一。只有这样，基层广播节目主持人的语言才能保持思维的确定性，做到语言表达的和谐顺畅。 （3）双关秀 双关是基层广播节目主持人常用的手法之一。在一定的语言环境中，利用语言或语义条件，有意让一句话产生双重意义，包含着两种解释，即表面意思和暗含的意思，而又言此意彼，暗含的意思才是基层广播节目主持人要表达的意思，这就被称为“双关”。它使语言表达含蓄幽默，语意加强，给听众留下深刻印象。	讲授	听讲

（续表）

教学环节	教 学 内 容	教师活动	学生活动
新课讲授	（二）才艺展示型 在娱乐节目中突出体现一个人在说、学、逗、唱、演方面的表演才能。 主持人角色化、拟人化的表演是其戏剧表演才艺的一种展示。在这方面，有些主持人的造诣可以用“惟妙惟肖”来形容，显示出主持人的表演功力。 **示例 4** 大家好，欢迎来到高冷老王脱口秀。我是老王，隔壁的那个老王，是的，没错，其实我——还是一名高冷（把印有逗逼的眼镜戴上）。我就知道我这高冷的气质往这一站，这个场子就沸腾了！下面我将在摘下我高冷的眼镜开始我的脱口秀。我今天要谈的就是那些年，那些人，那些不可磨灭的回忆。 记得小学，那是一个最纯真的年代，我们每天背着小书包去上学，那个时候我们每天都会幻想着能在马路边捡到一分钱，然后把它交到警察叔叔手里边。（唱一遍然后停下说：呀，介是个嘛，哦，啤酒瓶盖。重复一次：介是个嘛，一块钱，不要。作扔掉状），于是就这样，直到现在我都没有捡到一分钱，我本人也表示十分郁闷啊。记得那个时候，我们还时不时能够从父母那里得到几分钱，那时候还能买到一毛钱一根的棒棒糖，还能买到一毛钱一根的辣条，我们就能买来一捧的东西找个地方舔它个一天。慢慢地，我们走进了初中时代，初中真是一段奇妙的时光，青春期啊，会出现感情的萌芽，这个时候大多数的男生的心中都会住进一个女生，于是他们的行为也会变得奇怪起来，他们这时最经常干的事情就是买个水，犯个贱，献个殷勤，又或者是让女生追着打。然后慢慢地就会进入老师的法眼，然后就在老师的关心爱护下，将这种萌芽掐死在萌芽晨。再然后呢，我们就发现我们开始排位子了，然后你又惊喜地发现，男生都是和男生坐在一起，女生都是和女生坐在一起，话说现在社会上同性恋的团体越来越庞大，我好像明白了什么。 （三）互动游戏型 游戏是一种有趣味的娱乐活动。游戏类娱乐节目，内容和形式轻松活泼，适应人们的参与欲、窥视欲和求知欲，有广泛的参与性，具有老幼咸宜、雅俗共赏的特征。构思巧、立意巧、串联巧，急中生智，别出心裁，以小而巧见长。 （四）整蛊（恶搞）型 整蛊类节目在节目形态和创作理念上确实是一个创新，但不可控性大，节目驾驭难度大，对主持人要求很高。做这类节目，亲善之心不可无，戏弄之意不可有，情要真，扮得像，度要把握得好，玩笑不能开过头，随机应变，适可而止，游戏过后，彼此皆大欢喜，又耐人寻味，操作起来很不容易。为此，必须加强策划。		

（续表）

教学环节	教 学 内 容	教师活动	学生活动
新课讲授	五、娱乐节目的主持 1. 主持人是受众的“玩伴”——主持人的角色定位 2. 主持人的即兴表达是节目现场的“兴奋剂”——调节气氛的重要技巧 3. 主持人善于控制场面——保证节目成功的主要手段 六、优秀广播娱乐节目的标准 1. 快乐感受：情不自禁 2. 健康内容：必要条件 3. 精湛技艺：品质保证 4. 创新表现：艺术追求 娱乐节目并不要求承担沉重、严肃的宣传和教育任务，但作为一种精神产品，娱乐节目同样是文化和意趣的载体，具有一定的格调和文化内涵，其品位有文、野、高、下之别。 娱乐而不乏文化，搞笑而不失品位，至少要做到无害，若能使人在笑声中得到一些有益的启迪，给人以真、善、美的回味，并在某些方面有所创新，则是上品。这是一个更高的境界和追求。 七、尺度问题 我们的精神家园？娱乐节目的底线——不能颠倒黑白，反庸俗——媒介的责任：不能缺乏道义，不能独自狂欢。 当娱乐泛滥成灾时，就需要有人扼守渡口。 八、娱乐节目主持应规避的三大误区 1. 娱乐节目主持要“通俗”而非“低俗” 2. 娱乐节目主持要“平等”而非“霸道” 3. 娱乐节目主持要“娱乐性”而不能丢失“公益性” 九、怎样评判过度娱乐 一是功能原则。在广播电视具有的新闻宣传、舆论引导、文化教育、社会服务和审美娱乐等多重功能中，宣传教育应作为主功能放在首位。凡是追求娱乐至上，忽视思想内涵，排斥审美追求，拒绝承载社会责任、主流价值的，应当属于过度娱乐化。 二是元素原则。有些广播节目从主题定位、类型上划分虽然不是娱乐节目，但在节目创作过程中，添加了过多娱乐元素，结果喧宾夺主、娱乐泛滥，冲淡了原有主题，湮没了节目的理性精神和人文情怀，这样的情况应属过度娱乐化。	讲授	听讲

（续表）

教学环节	教　学　内　容	教师活动	学生活动
新课讲授	三是效果原则。判断一个节目是不是过度娱乐化，要看其最终传播效果，是主题积极、格调健康，能够振奋精神、愉悦身心，还是以吸引眼球和提高收听率为主要目的，追求浅层次情感宣泄和快感满足。比如矛盾调解类节目的出现，本意是为了解决矛盾，但是有的节目却热衷披露隐私绯闻，展示阴暗心理，甚至为了制造看点，故意挑起、激化矛盾冲突，满足一些人窥私围观、幸灾乐祸的心理，对人们价值观形成误导，这样的节目应属过度娱乐化。 四是总量原则。单个节目可能过度娱乐化的问题并不十分突出，但娱乐性较强的节目过于集中时，总量上就会呈现过度娱乐化倾向，就需要加以调控。 作业：模拟主持一档广播娱乐节目，时长10分钟，有策划案及文案	 布置作业	 准备作业

附录（样本）：

广播节目主持

项目教学实训报告手册

（20　　——20　　学年第　　学期）

专　　业：________________

班　　级：________________

学　　号：________________

姓　　名：________________

项目教学实训报告手册说明

一、项目实训手册目录要与教学计划安排符合。

二、学生应该根据项目实训手册的格式认真填写每次实训报告，要做到字迹工整，图文排列结构合理，资料完整。

三、每次实训学生应该填写该次实训所需的学时数、地点、实训日期。（若实训内容较多，可另附页）

四、评阅教师应为每个学生每次实训评定成绩（可用优秀、良好、合格、不合格四个等级来衡量），同时应填写实训评语、并签具指导教师的姓名和日期。

五、学生应该妥善保管项目实训手册，如有丢失，请及时补办。

六、每个学生的项目实训手册在学期结束时均应上交，作为该课程成绩的重要构成之一，由教研室统一保存。

项目实训一

项目实训名称________________________________指导教师____________________

<table>
<tr><td rowspan="3">实
训
目
的</td><td rowspan="3"></td><td>学　时</td><td></td></tr>
<tr><td>地　点</td><td></td></tr>
<tr><td>日　期</td><td></td></tr>
<tr><td>实
训
设
备</td><td colspan="3"></td></tr>
<tr><td colspan="4">实训要求：</td></tr>
<tr><td colspan="4">实训内容（附文案）：</td></tr>
<tr><td>实
训
小
结</td><td colspan="3"></td></tr>
<tr><td>指
导
教
师
评
价</td><td colspan="3">评语：

评定成绩____________教师签名____________日　期__________</td></tr>
</table>

主要参考文献

[1] 陈雅丽．广播播音与主持［M］．北京：中国传媒大学出版社，2002.

[2] 董旸．广播节目策划与制作［M］．北京：中国传媒大学出版社，2007.

[3] 应天常，王婷．主持人即兴口语训练［M］．北京：中国传媒大学出版社，2009.

[4] 吴郁．提问：主持人必备之功［M］．北京：中国广播电视出版社，2008.

[5] 李丰，宋丽萍．主持人场景应对技巧［M］．北京：中国广播电视出版社，2011.

[6] 吴郁．主持人思维与语言能力训练路径［M］．北京：中国广播电视出版社，2005.

[7] 毕一鸣．语言与传播［M］．北京：中国广播电视出版社，2005.

[8] 王佳一．广播直播主持艺术［M］．北京：华夏出版社，2011.

[9] 赵多佳，许秀玲．广播专业化概论［M］．北京：中国国际广播出版社，2008.

[10] 陆锡初．节目主持人概论［M］．北京：中国广播电视出版社，2006.

[11] 吴洪林．主持艺术［M］．北京：三联书社，2007.

参考网络·音频播出平台

1. 北京广播网
2. 安徽广播网
3. 百度文库
4. 百度百科
5. 人民网—传媒频道
6. 喜马拉雅—FM
7. 荔枝—FM
8. 蜻蜓—FM

后　　记

广播节目主持教程终于面世了。从2006年起，这本教材准备了十多年，五易其稿并经过了多年校内教材的试用梳理。它集结融合了国内鲜有的文献成果，凝结了作者近20年播音主持创作实践体会，并结合了当下最新广播主持人节目的典型案例。

本书编撰的过程也是一个自我积累、学习、提高和磨炼的过程。由于国内学界研究广播节目主持学术氛围冷清，专著甚少，因而参考起来较为困难，即使是示例的选择也耗时费力，因为广播节目主持艺术有着深深的时间烙印，由于市场的需求，广播节目创新研发成为一线工作常态。当下广播主持人节目一年一小变，三年一大变，无论是内容和表现形式都算“易碎品”，因此，我认为高校专业教学也应该跟上节拍，与时俱进，抽丝剥茧，把握其创作规律。编著过程中，本人对理论部分也多次“为伊消得人憔悴”，思维阻塞，“山重水复疑无路”，但凭着执着耐力，冥思苦练，聚沙成塔，终成一席。

在成书过程中，我得到了专业同仁的支持，特此致谢。特别感谢安徽广播电视台音乐频率总监、著名主持人安妮老师，副总监汪茜老师的鼎力相助；感谢安徽广播电视台播音指导、、名主持人闻罡老师关爱支持；安徽广播音乐频率《音乐晨飞扬》主持人陈锐、彭可，《音乐随心聊》主持人晓静，《音乐任我行》主持人汤坤，《嘻哈二人行》主持人黑米、阿木等知名主持人所提供的节目文本。需要指出的是，编著中引用、借鉴了许多著述文献，未能一一注明出处，特此致歉并鸣谢。

经过多年教学教研努力，本课程在 2015 年被立项为省级精品资源共享课程。团队主讲教师万文莉、蔡正兰、费滢滢等老师不辞辛苦，乐于钻研，为课程建设做了大量基础性工作，提升了团队整体教学水平。

在成书过程中，合肥工业大学出版社责任编辑疏利民先生及其团队认真负责审稿，精益求精的精神令我感动，特此致谢！

本书的不足之处有很多，主要是示例与理论的知识点结合有待更加准确对位，分析解读示例需要教师积累专业知识，当场即兴评析，理论的提升凝练不够“学术”等。这些缺憾只待再版时加以弥补修订，期待着您的建议或意见。

邮箱：xa905@163.com

徐　翔

2018 年 6 月 18 日

图书在版编目(CIP)数据

广播节目主持教程/徐翔编著．—合肥：合肥工业大学出版社，2018.6(2024.1重印)
ISBN 978-7-5650-4054-2

Ⅰ.①广…　Ⅱ.①徐…　Ⅲ.①广播节目—节目主持人—语言艺术—教材　Ⅳ.①G222.2

中国版本图书馆CIP数据核字(2018)第148366号

广播节目主持教程

徐翔　编著　　　　责任编辑　疏利民

出　版	合肥工业大学出版社	版　次	2018年6月第1版
地　址	合肥市屯溪路193号	印　次	2024年1月第2次印刷
邮　编	230009	开　本	787毫米×1092毫米　1/16
电　话	理工图书出版中心：0551-62903018	印　张	16.5
	营销与储运管理中心：0551-62903198	字　数	398千字
网　址	press.hfut.edu.cn	印　刷	安徽昶颉包装印务有限责任公司
E-mail	hfutpress@163.com	发　行	全国新华书店

ISBN 978-7-5650-4054-2　　　　定价：38.00元